Anning liaohu yu shengqian yuzhu lifa yanjiu

安宁疗护与生前预嘱立法研究

王 岳 ◎ 主 编

孙也龙 徐靖仪 王 雨 ◎ 副主编

中国检察出版社

图书在版编目（CIP）数据

安宁疗护与生前预嘱立法研究 / 王岳主编；孙也龙，徐靖仪，王雨副主编 . -- 北京：中国检察出版社，2025. -- ISBN 978-7-5102-3091-2

Ⅰ . D927.103.54

中国国家版本馆 CIP 数据核字第 2024JA9448 号

安宁疗护与生前预嘱立法研究

王　岳　主　编

孙也龙　徐靖仪　王　雨　副主编

责任编辑：王伟雪
技术编辑：王英英
美术编辑：徐嘉武

出版发行：	中国检察出版社
社　　址：	北京市石景山区香山南路 109 号（100144）
网　　址：	中国检察出版社（www.zgjccbs.com）
编辑电话：	（010）86423797
发行电话：	（010）86423726　86423727　86423728
	（010）86423730　86423732
经　　销：	新华书店
印　　刷：	唐山玺诚印务有限公司
开　　本：	710mm×960mm　16 开
印　　张：	19
字　　数：	278 千字
版　　次：	2025 年 4 月第一版　2025 年 4 月第一次印刷
书　　号：	ISBN 978-7-5102-3091-2
定　　价：	66.00 元

检察版图书，版权所有，侵权必究
如遇图书印装质量问题本社负责调换

主　编

王　岳　法学博士，北京大学医学人文学院副院长，医学伦理与法律学系主任，教授，博士生导师；担任全国高等院校医事（卫生）法学教育联盟理事长、国家免疫规划专家咨询委员会委员、北京市人民政府法律咨询专家委员会委员等；主要研究方向：医药卫生法律与政策研究、公共卫生应急管理等；先后承担国家社科基金、国家卫健委、国家发改委、教育部、司法部等部门课题30余项，智库报告先后8次被人民日报《内部参阅》等刊发。

副主编

孙也龙　法学博士，华东政法大学卫生健康法治与政策研究院副教授；兼任中国卫生法学会理事，《卫生法学》期刊青年编委；研究方向：卫生健康法学；出版学术专著1部，发表卫论文40余篇，入选2024中国知网高被引学者TOP5%；主持教育部人文社会科学研究项目等课题10余项；作为核心成员参与地方人大、政府部门、群团组织等委托的立法项目10余项。

徐靖仪　法学博士，北京大学医学人文学院博士后；研究方向：卫生健康法；在SSCI、CSSCI等中英文期刊发表卫生健康法领域论文10余篇，主持和参与多项国家及省部级课题；担任全球卫生学会全球健康和人权委员会委员、全球卫生公约委员会会员、中国卫生法学会会员、北京市卫生法学会医事法律工作委员会委员、《中国医学伦理学》《卫生法学》杂志青年编委会委员、Discover Public Health 编委会成员、Nature Health Commission 法律小组成员。

王 雨 理学博士，山西医科大学讲师；主要从事卫生健康法、医学人文与医患关系、医药政策与制度史研究；现任《卫生法学》期刊青年副主编、山西省医学会医史学专委会委员兼任秘书；参与国家卫健委、中国医师协会、北京市法学会等部门课题 10 余项，参编多部卫生健康法领域教材，发表卫生健康领域相关论文多篇，获国家级、省级教学比赛奖项 5 项。

编写说明

伴随人口老龄化加速，恶性疾病、慢性终末期疾病患者的增多，传统医疗模式执着于"治愈"，忽视患者对舒适、自主与尊严的迫切需求，而安宁疗护成为守护生命尊严、提升终末期患者生存质量的关键环节。将安宁疗护纳入国家公共卫生战略，并以生前预嘱保障患者自主权，已上升为健康中国建设的核心议题。

从国际视野看，安宁疗护与生前预嘱立法已在全球范围内形成广泛共识。世界卫生组织（WHO）早在1990年就将安宁疗护纳入全球公共卫生政策，美国、英国、日本等国家均已建立成熟的安宁疗护法律体系，并普遍认可生前预嘱的法律效力。相比之下，我国相关立法仍处于探索阶段，国家层面尚未出台专门法律，地方实践也因缺乏统一规范而面临诸多挑战。因此，系统研究安宁疗护与生前预嘱立法问题，不仅关乎公民生命权的保障，更对我国医疗法治体系的完善具有深远意义。

然而，尽管社会各界已普遍认同安宁疗护对于保障生命尊严与提高终末期患者生命质量的重要意义，但全国性统一立法仍受制于区域差异与伦理争议两重障碍：东中西部及城乡间医疗资源、文化认知差异显著，统一规则难以兼顾多元需求；加之"放弃积极治疗"与传统孝道观念的冲突，社会共识尚未充分形成，仓促立法易引发伦理争议。基于此，现阶段可在政策完备、实践成熟、观念领先的地区先行试点，以地方立法积累可复制、可推广的经验。

作为国家首善之区，北京在安宁疗护与生前预嘱立法研究中兼具制度、实践与社会优势：自 2017 年首批试点以来，北京已构建多层级政策体系，2022 年《北京市加快推进安宁疗护服务发展实施方案》更明确"到 2025 年基本建成制度规范体系"，为立法奠定坚实政策支撑；服务供给实现跨越式扩容，床位三年增逾十倍，形成"社区—居家—机构"一体网络，蒲黄榆社区等本土经验鲜活可鉴；生命教育领先全国，"选择与尊严"公益网络平台注册预嘱超五万例，六成市民认同临终关怀，志愿体系成熟，社会共识深厚；且依据《立法法》第 80 条、第 82 条，北京作为直辖市享有地方立法权，专项立法既合法合规，又能为全国探路示范。

鉴于此，本书立足北京实践，通过系统研究地方立法路径，旨在为构建中国特色安宁疗护法律体系提供理论参考和实践指南。我们期待这项研究能够推动生命关怀事业的法治化进程，让每个生命都能获得有尊严的谢幕。

目 录

第一章 安宁疗护与生前预嘱立法背景研究 1
 第一节 安宁疗护与生前预嘱的概念与理论基础 1
  一、安宁疗护概述 2
  二、生前预嘱概述 12
  三、安宁疗护与生前预嘱的理论基础 14
 第二节 安宁疗护与生前预嘱的国际实践与立法概况 22
  一、英国安宁疗护与生前预嘱的实践与立法概况 22
  二、美国安宁疗护与生前预嘱的实践与立法概况 26
 第三节 安宁疗护与生前预嘱的国内实践与立法概况 29
  一、我国安宁疗护与生前预嘱整体概况 29
  二、我国台湾地区 33
  三、香港特别行政区 36

第二章 安宁疗护与生前预嘱立法的必要性与可行性 38
 第一节 安宁疗护与生前预嘱立法是保障临终患者权益的
    客观需要 38
  一、人性尊严 38
  二、健康权 40
  三、知情同意权 41
 第二节 安宁疗护与生前预嘱立法是回应高龄化趋势的必要举措 43
  一、我国人口老龄化程度 43

二、我国老年人对安宁疗护与生前预嘱的需求……………………… 44
　第三节　北京市安宁疗护与生前预嘱地方性立法研究 ……………… 46
　　一、北京市安宁疗护与生前预嘱立法的制度基础………………… 46
　　二、北京市安宁疗护与生前预嘱立法的实践支撑………………… 49
　　三、北京市具有对安宁疗护与生前预嘱的地方立法权…………… 52

第三章　安宁疗护与生前预嘱立法框架…………………………… 55
　第一节　安宁疗护与生前预嘱的立法模式与立法名称 ……………… 55
　　一、比较法上安宁疗护与生前预嘱的立法模式分析……………… 55
　　二、我国安宁疗护与生前预嘱的立法模式与立法名称分析……… 61
　第二节　安宁疗护与生前预嘱的立法目的与基本原则
　　一、安宁疗护与生前预嘱的立法目的……………………………… 65
　　二、安宁疗护与生前预嘱的基本原则……………………………… 68
　第三节　北京市安宁疗护与生前预嘱立法结构与条文安排 ………… 72
　　一、《北京市安宁疗护与生前预嘱条例》的立法结构 …………… 72
　　二、《北京市安宁疗护与生前预嘱条例》章节安排 ……………… 73

第四章　安宁疗护制度的实施主体………………………………… 75
　第一节　我国安宁疗护服务的供给主体 ……………………………… 75
　　一、实践中安宁疗护服务的供给模式……………………………… 75
　　二、构建主体多元、模式多样的安宁疗护供给体系……………… 80
　第二节　安宁疗护实施主体准入的基本原则 ………………………… 82
　　一、准入规则应始终贯彻人文关怀理念…………………………… 82
　　二、准入规则应充分考虑不同类型机构的共同性与差异性……… 84
　第三节　安宁疗护机构准入的标准 …………………………………… 85
　　一、机构资质………………………………………………………… 85
　　二、建筑、环境要求………………………………………………… 86

三、设备要求 ·· 87
　第四节　安宁疗护从业人员的准入 ······················· 88
　　一、核心团队成员 ·· 89
　　二、团队辅助人员 ·· 90
　　三、居家安宁疗护的特殊要求 ···························· 93
　第五节　安宁疗护从业人员的培养制度 ··················· 95
　　一、学科建设 ·· 95
　　二、人才培养 ·· 97

第五章　安宁疗护的行为规范与生前预嘱制度 ············ 101
　第一节　症状控制的行为规范 ······························ 101
　　一、症状控制的服务内容 ································· 101
　　二、疼痛控制的双重效应原则 ·························· 104
　　三、医助死亡（包括安乐死和医助自杀）的禁止 ··· 109
　第二节　舒适照护和心理支持的行为规范 ··············· 113
　　一、舒适照护 ·· 113
　　二、心理支持和人文关怀 ································· 114
　第三节　法律服务支持的建议 ······························ 115
　　一、安宁疗护患者法律服务支持的缘起 ··············· 116
　　二、安宁疗护患者法律服务支持的国际现状 ········· 117
　　三、安宁疗护患者法律服务支持的模式 ··············· 118
　第四节　生前预嘱制度 ······································· 124
　　一、生前预嘱的订立 ······································· 124
　　二、生前预嘱的撤销 ······································· 130
　　三、生前预嘱的执行 ······································· 143
　　四、生前预嘱的登记 ······································· 149

第六章　安宁疗护服务对象相关制度 ………………………… 157
第一节　安宁疗护服务的适用对象 ……………………… 158
一、安宁疗护的医疗实质及准入标准 …………………… 160
二、我国安宁疗护准入标准建议 ………………………… 162
三、医患双方在安宁疗护准入中的角色定位 …………… 163
四、关于构建未来安宁疗护准入标准的价值探讨 ……… 164
第二节　安宁疗护服务对象的准入程序 ………………… 167
一、安宁疗护服务对象准入程序的重要性 ……………… 167
二、安宁疗护服务对象准入程序的实施步骤 …………… 168
三、安宁疗护服务对象准入程序的特殊注意事项 ……… 176
第三节　安宁疗护与其他医疗护理制度的衔接 ………… 178
一、安宁疗护与医疗多学科会诊 ………………………… 179
二、安宁疗护与医疗门诊 ………………………………… 180
三、安宁疗护与医疗远程照护模式的交叉与研究 ……… 181
四、安宁疗护与医疗教育的衔接 ………………………… 182

第七章　安宁疗护的保障责任 ……………………………… 185
第一节　安宁疗护社会保障的国家义务 ………………… 185
一、安宁疗护国家义务的理论基础 ……………………… 185
二、安宁疗护国家义务的权利内容 ……………………… 195
第二节　安宁疗护与社会保障制度的衔接 ……………… 198
一、安宁疗护的财政支持 ………………………………… 199
二、安宁疗护的价格体系 ………………………………… 204
三、安宁疗护的支付机制 ………………………………… 211
第三节　安宁疗护与医疗服务体系的完善 ……………… 222
一、医院与人员绩效考核 ………………………………… 222
二、机构设置与技术标准 ………………………………… 224

三、安宁疗护的分级与转诊 ·· 225
　第四节　安宁疗护质量提升的支持措施 ·· 228
　　一、安宁疗护的社会参与 ·· 228
　　二、安宁疗护镇痛药物供给 ·· 230

第八章　安宁疗护的法律责任与救济制度 ·· 235
　第一节　安宁疗护责任豁免机制 ·· 235
　　一、医疗法律责任豁免制度 ·· 235
　　二、安宁疗护责任豁免机制概述 ·· 237
　　三、安宁疗护责任豁免机制设置的基本原则 ···································· 240
　　四、安宁疗护责任豁免机制的完善 ·· 243
　第二节　违反安宁疗护规范行为的民事责任 ······································ 250
　　一、民事责任概述 ·· 250
　　二、民事责任类型 ·· 251
　　三、医疗损害责任 ·· 253
　　四、民事责任的承担方式 ·· 259
　第三节　违反安宁疗护规范行为的行政责任 ······································ 260
　　一、行政责任概述 ·· 260
　　二、追究行政责任的基本原则 ·· 261
　　三、行政责任的构成要件 ·· 263
　　四、行政责任的承担方式 ·· 265
　　五、安宁疗护法律规范中对行政责任的规定 ···································· 269
　第四节　违反安宁疗护规范行为的刑事责任 ······································ 270
　　一、刑事责任概述 ·· 271
　　二、刑事责任的构成要件 ·· 272
　　三、刑事责任的承担方式 ·· 274
　　四、安宁疗护可能涉及的刑法罪名解析 ·· 274

第五节　患者及其家属的法律救济方式 …………………… 278
　一、传统医疗纠纷救济方式…………………………………… 278
　二、检察公益诉讼……………………………………………… 284

第一章　安宁疗护与生前预嘱立法背景研究

第一节　安宁疗护与生前预嘱的概念与理论基础

在 2021 年全球死亡质量专家评估报告中，我国居民的死亡质量在 81 个国家中位列第 53 位，相较于 2015 年的评估排名上升了 18 位，客观反映了近年来我国在临终患者照护工作方面取得的长足进步。[1] 安宁疗护被公认为能够有效缓解临终患者痛苦，提高死亡质量。安宁疗护重点关注临终患者的症状管理，缓解疼痛、促进舒适，让患者能够有尊严、不留遗憾地离开。随着"生物—心理—社会"现代医学模式的提出，医疗工作逐渐从过去"以疾病为中心"转变为"以患者为中心"，开始关注患者的整体需求。同时，健康中国建设强调要为人民群众提供包括安宁疗护在内的全方位、全周期的健康服务，因此如何尊重和提高生命终点的尊严与质量，逐渐成为社会广泛关注和讨论的话题。安宁疗护服务的开展和推广让无数临终患者及其家属从中获益。[2] 然而，由于立法情况不同，安宁疗护在不同国家或地区的实践存在较大差异。

---

[1] See Finkelstein E. A., Bhadelia A. & Goh C., et al., Cross Country Comparison of Expert Assessments of the Quality of Death and Dying, Journal of pain and symptom management, Vol.63, p.419–429（2022）.

[2] 参见姜姗等：《安宁疗护与缓和医疗：相关概念辨析、关键要素及实践应用》，载《医学与哲学等》2019 年第 2 期。

一、安宁疗护概述

（一）基本概念

安宁疗护是指为疾病终末期或老年患者在临终前提供身体、心理、精神等方面的照料和人文关怀等服务，控制痛苦和不适症状，提高生命质量，帮助患者舒适、安详、有尊严地离世。[①]

安宁疗护实践是以临终患者和家属为中心，以多学科协作模式进行，主要内容包括疼痛及其他症状控制，舒适照护，心理、精神及社会支持等。[②]

美国国家医学图书馆（National Library of Medicine，NLM）提出，安宁疗护（hospice care）是一种临终关怀服务（end-of-life care），旨在为患者提供医疗、心理和精神上的支持。该服务通常由一个包括健康照护专家和志愿者的专业团队提供，通过缓解病痛和其他相关症状，使患者能够尽可能保持清醒和舒适，进而实现帮助临终患者获得尊严、舒适和心灵平静的目标。同时，安宁疗护服务还会为患者家庭提供相应的支持服务。[③]

上述定义揭示了安宁疗护的本质：为临终人士提供富有同情心、全面的照护，重点是舒适和生活质量，同时也为他们的家庭和照顾者提供支持和帮助。

（二）安宁疗护起源与发展

安宁疗护一词来源于英文"Hospice care"。"Hospice"的拉丁词根是"hospes"，表达了主人好客、款待与欢迎的意思，意在让旅途劳顿的人感到

[①] 参见《对十二届全国人大五次会议第 8274 号建议的答复》，载中华人民共和国国家卫生健康委员会网，2018 年 1 月 3 日，https://www.nhc.gov.cn/wjw/jianyi/201801/a93e2760594a40939ba19852a10b61f3.shtml。

[②] 参见《国家卫生计生委办公厅关于印发安宁疗护实践指南（试行）的通知》，载中华人民共和国国家卫生健康委员会网，2017 年 2 月 9 日，https://www.nhc.gov.cn/yzygj/s3593/201702/83797c0261a94781b158dbd76666b717.shtml。

[③] See. Hospice Care Also called: End-of-life care, MedlinePlus（October 13, 2016），https://medlineplus.gov/hospicecare.html.

安适。由于修女主办的 Hospice 收容的多是癌症晚期患者，所以 Hospice 随之被引申为具有慈善性质的"济贫院"或教会医院。

现代 "Hospice care" 起源于英国，由西西里·桑德斯女士率先提出，特指一种对临终患者实施的，包括生理和心理的整体关怀医疗照护体系。第二次世界大战期间，西西里·桑德斯女士作为一名护士和医务社会工作者参与患者的救治工作。由于当时癌症晚期患者缺乏完善的照顾，西西里·桑德斯女士在工作中目睹了他们在临终时的凄惨景象，深受触动，开始思考如何才能为临终患者提供更好的照护。于是，西西里·桑德斯女士转而开始攻读医学，取得了医师执照，还在具有天主教背景的伦敦圣约瑟夫救济院（St. Joseph's Hospice）进行临终照护实践。经过长达十几年的理论知识学习与实践，西西里·桑德斯女士将护理学、医学、社会学等学科相结合，提出了 "Hospice care" 理念，并于 1963 年在美国耶鲁大学演讲时首次介绍了这一专门照顾临终患者的工作模式。1967 年，经过多年筹备，西西里·桑德斯女士在伦敦创立了圣克里斯托弗安宁疗护中心（St.Christopher's Hospice），这是世界上第一所具有现代意义的安宁疗护机构，由此开启了现代安宁疗护事业。此外，西西里·桑德斯女士在实践过程中目睹癌症晚期患者所遭受的身体疼痛，仅靠止痛药物无法完全缓解，由此率先提出整体性的疼痛照护理念。这种理念认为疼痛不单单是一种躯体上的感受，还会影响个体的情感、社会和精神等方面的状态，并且相互作用、相互影响。因此在照护癌症晚期患者时，除了帮助患者缓解身体上的不适症状外，还要关注患者心理、精神和社会层面的需求，以及患者家属的需求。[①] 在这种背景下，安宁疗护的出现成为缓解癌症晚期患者痛苦的一剂"良药"，迅速得到英国和其他国家的积极响应和支持。[②] 安宁疗护机构也如雨后春笋般开始在英国蓬勃发展，为终末期患者提供关怀和支持。在国家政策的大力支持和保障下，英国的安宁

[①] 参见陈传勇：《我国安宁疗护法律制度体系的构建研究》，江西财经大学 2022 年博士学位论文。

[②] 参见方洪鑫、甄橙：《安宁疗护的起源与发展初探》，载《中华医史杂志》2021 年第 4 期。

疗护服务水平始终位于世界前列，英国也被公认为是全球死亡质量最高的国家。①

随后，安宁疗护理念在世界范围内迅速传播。到了20世纪中后期，包括美国、加拿大和日本在内的超过60个国家和地区相继开展了安宁疗护服务。美国的安宁疗护服务是系统化现代安宁疗护的代表，呈现快速且多样化的特点。20世纪70年代初，随着美国社会老龄化的加剧，公众对死亡问题的讨论日益增多。在西西里·桑德斯女士的影响下，时任耶鲁大学护理学院院长的弗洛伦斯·沃尔德（Florence Wald）女士于1968年前往圣克里斯托弗安宁疗护中心进行学习和实践。回到美国以后，她开始积极推动安宁疗护的理念和实践，并于1974年在康涅狄格州创办了美国第一个安宁疗护机构——康涅狄格安宁疗护中心（Connecticut Hospice），标志着美国安宁疗护服务正式开始。1978年，国家安宁疗护组织（National Hospice Organization，NHO）成立，推动了安宁疗护理念的普及。一年后，美国的医疗保健融资管理局（HCFA，后来重组为美国医疗保险和医疗补助服务中心，CMS）启动了一个在16个州26家安宁疗护机构的示范计划，旨在建立清晰的安宁疗护服务内容，并评估这些服务的成本效益，最终确定了美国安宁疗护机构应当提供的服务范围和性质。截至2021年，超过170万的美国医疗保险受益者接受了安宁疗护服务。美国芝加哥大学NORC研究机构一项关于安宁疗护对医疗保险计划、受益人、他们的家庭和照顾者的价值的评估报告中显示在生命的最后一年中，使用安宁疗护服务的Medicare受益人的护理总成本比未使用安宁疗护服务的受益人低3.1%，相当于在生命的最后一年为受益人节省了大约35亿美元的Medicare医疗保险支出。② 这些数据表明，安宁疗护服务不仅帮助患者在生命的最后阶段以尽可能舒适的方式生活，而且还在一定程

---

① 参见陈小鲁、罗峪平：《中国缓和医疗发展蓝皮书（2019—2020）》，中国人口出版社2021年版，第3页。

② See NORC at the University of Chicago: Value of Hospice in Medicare, nhpco（Apr.23, 2024），https://www.norc.org/content/dam/norc-org/pdf2023/Value%20of%20Hospice%20in%20Medicare_Final%20Report.pdf.

度上降低了医疗保健成本。安宁疗护的服务范围也从早期关注癌症晚期患者扩大到老年人的临终照护需求。

加拿大肿瘤外科医生巴尔弗·蒙特（Balfour Mount）博士将英国早期安宁疗护理念和干预措施与北美大陆的死亡哲学相融合[①]，丰富了安宁疗护的内涵，并于1976年在蒙特利尔的皇家维多利亚医院建立了全球首个驻院缓和医疗团队。此外，巴尔弗·蒙特博士还提出安宁疗护应该与整个社会卫生医疗体系在管理和财务上进行融合，即安宁疗护服务不应仅限于特定的专业医疗机构，而应当根据不同的卫生体系进行调整，以使安宁疗护服务能够更好地满足不同地区和群体的需求。这一整体理念的提出，为安宁疗护的发展开辟了新的方向。

加拿大安宁疗护另一个显著特点是把医院作为提供安宁疗护服务的核心平台，不仅在医院内部为患者提供服务，还包括门诊、住院社区和居家照护等多种形式。这种综合性的服务体系确保了患者能在不同阶段和不同环境中接受适宜的关怀和治疗。值得一提的是，加拿大还是全球最早开展儿童安宁疗护实践的国家。自20世纪90年代中期以来，新斯科舍省的哈利法克斯市就在格里·弗拉格医生（Dr.Gerri Frager）的带领下开展了儿童安宁疗护实践。自此以后，加拿大各地相继建立了多个儿童安宁疗护中心和家庭护理服务，为处于生命最后阶段的儿童提供了全面的关怀和支持。法语也是加拿大的一种官方语言，而"Hospice"在法语中的意思是养老院。为了将普通养老院与安宁疗护院区分开，巴尔弗·蒙特博士提出使用具有"遮蔽"语义的"Palliative"一词代替"Hospice"，即使用"Palliative Care"表示安宁疗护。因此，最初的"Palliative Care"与"Hospice Care"属于同一个意思的两种表述方式。然而，"Palliative"一词早已在姑息医学领域里被应用，所以"Palliative Care"在我国最初被翻译成姑息治疗。考虑到"姑息"在中国文化中带有放弃的负面含义，因此后来的学者使用"缓和医疗""舒缓医

[①] 参见陈小鲁、罗峪平：《中国缓和医疗发展蓝皮书（2019—2020）》，中国人口出版社2021年版，第18页。

疗""舒缓疗护"等词语进行代替。也正是因为这种翻译，在随后的研究和实践中逐渐将"Palliative Care"与姑息（缓和）医学联系在一起，慢慢与早期的"Hospice Care"理念区别开来，这也为以后对"Hospice Care"和"Palliative Care"两者的概念和实践产生的争议埋下伏笔。

（三）安宁疗护与缓和医疗的联系与区别

"Palliative"一词早在16世纪就被应用于医学领域，描述对疼痛、痛苦的缓解。在医学中多以Palliative Medicine表示以减轻患者痛苦而非治愈疾病为主要目的的医疗，即缓和医疗。此时的缓和医疗与安宁疗护在理念与实践上是一致的。但是随着缓和医疗的发展和学科化，Palliative Care不断被赋予新的含义与内容。世界卫生组织（WHO）1986年首次给出明确定义：Palliative Care是一种向对积极治疗不产生效果的患者提供的，控制疼痛和症状同时解决心理、社会及灵性问题的积极的全方位治疗。WHO的定义使Palliative Care成为比Hospice Care外延更广、更现代、发展更迅猛的医学专业术语，逐渐取代Hospice Care成为表示临终照护更通用的用语。然而，随着安宁疗护实践的广泛开展，人们开始意识到治愈性治疗与安宁疗护并不存在绝对的互斥关系，尽早介入安宁疗护反而对患者的好处更大。1990年，WHO将Palliative Care定义更新为"对于那些治疗性手段已无效益的终末期患者提供全面而积极的关怀。通过缓解疼痛和其他身体不适，以及在心理、社会和灵性层面上的关怀，帮助患者及其家庭获得最佳的生活质量"。随后WHO在2002年重新定义了Palliative Care，指代一种通过对疼痛和其他身体、心理或精神问题的早期识别、正确评估和治疗，为患有威胁生命疾病的患者（成人和儿童）及其家庭预防和减轻痛苦、提高生活质量的方法。[①] 新定义的Palliative Care不再局限于为癌症末期患者减轻负担，而是适用于诊断后在疾病任何阶段存在沉重负担的患者，同时也包括患者故去后对患者家

---

① See Palliative Care, WHO（Mar.18, 2024）, https://www.who.int/news-room/fact-sheets/detail/palliative-care.

属的丧亲关怀。①2014年，WHO发布了一项具有里程碑意义的决议——第一份缓和医疗全球决议（World Health Assembly resolution WHA67.19），号召世界卫生组织及其成员国采取积极行动，将作为卫生系统核心部分之一的缓和医疗纳入初级卫生保健和社区/家庭护理范畴，以便在全球范围内提高缓和医疗服务的可及性，以应对日益严重的老龄化问题。2018年，WHO发布了一项将缓和医疗纳入初级卫生保健的指南，对缓和医疗服务实践的内容进行了扩展②，以期为患者提供安全、高品质且符合期望的持续性医疗服务。

1. 两者的联系

从两者的历史起源和发展轨迹来看，早期的缓和医疗实际上是安宁疗护在不同文化和医疗背景下的一种延伸和发展。缓和医疗最初更多地关注在生命终末期提供舒缓和支持，而随着时间的推移，其理念和实践逐渐被整合到整个疾病治疗过程中，特别是对于那些面临严重和慢性疾病的患者。此外，20世纪70年代至80年代，随着医学领域对于生命质量的重视增加，缓和医学（Palliative Medicine）开始作为一门独立的医学分支得到发展。医院和医疗机构逐渐设立专门的缓和医学部门，致力于提高临终患者的生活质量。在此背景下，世界卫生组织等国际组织对缓和医学的推广和实践提供了重要指导，使其成为现代医疗体系中不可或缺的一部分。虽然Palliative Care与Palliative Medicine在词义上相近且都具有广泛的覆盖范围，但在学术和实践中更常使用"Palliative Care"指代整个临终照护服务。

从理念和实践内容来看，安宁疗护和缓和医疗在本质上是相通的，都强调以患者为中心，专注于提供全面的照护，旨在减轻患者的症状和痛苦，以及提高患者及其家庭的生活质量。这种以患者为中心的护理理念在现代医疗实践中占据了核心地位，不断推动着医疗护理的发展和进步。正是因为安宁

---

① See Sepúlveda C, et al., Palliative Care: the World Health Organization's global perspective, Journal of pain and symptom management, Vol.24, p.91-96（2002）.

② See Integrating palliative care and symptom relief into primary health care, WHO（Oct.16, 2018）, https://www.who.int/publications/i/item/integrating-palliative-care-and-symptom-relief-into-primary-health-care.

疗护与缓和医疗存在千丝万缕的联系与交叉，由此产生了"安宁缓和医疗"一词，并被部分学者应用到实践和研究中。

2.两者的区别

在服务对象和介入开始时间上，缓和医疗的范围更广泛，介入开始的时间更早。安宁疗护的服务对象一般为预期生存期不超过6个月的临终患者，所以往往在医生诊断患者预期生存期不足6个月时才开始介入。这里的临终患者主要包括：（1）诊断明确的疾病终末期患者出现症状；（2）疾病终末期或老年患者在临终前拒绝基础疾病的检查、诊断和治疗；（3）高龄衰老临终患者；（4）因意外伤害和突发自然事件所致的临终患者。缓和医疗作为一种基本卫生服务，多用于那些患有严重或威胁生命的疾病，且长期遭受多重痛苦的患者。由此我们可以看出，缓和医疗并没有对服务对象的预期生存期和生存状态作出明确限制，也就是说缓和医疗可以在疾病的任何阶段进行，不仅仅局限于生命终末期的患者。目前缓和医疗的服务对象更多集中在罹患非恶性的、不可治愈的疾病，如心肺疾病、肾病末期、阿尔茨海默病、帕金森、类风湿性关节炎等慢性进展性疾病患者。WHO在缓和医疗实践指南中提倡应该在疾病早期进行介入，所以缓和医疗服务的最后阶段即安宁疗护。

在准入标准上，缓和医疗的准入标准更清晰、更容易实践。因为安宁疗护服务对象的预期生存期往往不超过6个月，这意味着此时患者已不再具备接受针对病因治疗的条件，继续积极治疗只会弊大于利，因此可以选择过渡到安宁疗护。所以，患者接受安宁疗护服务需要满足以下三个条件：（1）处于疾病终末期，出现不适症状；（2）不愿意继续进行与原发疾病相关的诊疗活动；（3）自愿选择接受安宁疗护服务。然而，目前对于疾病终末期的界定标准尚不统一。尽管已知终末期患者的预期生存期是有限的，但是尝试将这个期限具体到6个月、3个月或两周等具体时间段通常并无太大实际意义。现代医学手段和信息化技术虽然能够对患者的预期生存期进行一定程度的预测，但精确预测个体的生存时间仍是一大挑战。这种不确定性可能导致安宁疗护服务的介入时间过早或过晚，从而影响服务的有效性和适时性。缓和医疗的准入要求包括：（1）病情处于早期阶段，尚未发展到终末期；（2）只要出现症状，即可在治愈疾病的目标下进行；（3）自愿选择接受缓和医疗服务。

在服务的目的与内容上，安宁疗护的目的是让患者"好好地活"，而缓和医疗是让患者"活得更好"。在生命终末期，针对病因的积极治疗措施对临终患者已经失去意义而不再继续进行，这时接受安宁疗护服务主要是对患者的不适症状如常见的疼痛和呼吸困难等进行控制和管理，使患者舒适，让患者有尊严地离世，从而达到"善终"的目的。虽然不再继续对患者进行原发病的检查和治疗，但是与对症治疗有关的检查，以及任何能够缓解不适症状的措施都可以根据需要实施。这样做是为了减轻痛苦，而不是治愈疾病。相较之下，因为缓和医疗服务在疾病早期阶段便可介入，所以可以与治愈性医疗措施同时进行，这样既满足治疗疾病的目的，同时也能为患者提供综合性治疗和连续性照护服务。

由此可以看出，安宁疗护和缓和医疗在实际应用中既紧密联系又相互区别。当"Hospice Care"这一概念传入中国大陆时，它被译为"临终关怀"并进行推广使用。随着"缓和医疗"概念的引入以及不同地区对"Hospice Care"的翻译方式的不同，国内学者对"临终关怀"这一用语的使用开始出现争议。考虑到中国传统文化中对于死亡话题的敏感性，"安宁疗护"这一术语更易于被社会接受。因此，2016年4月全国政协召开的第四十九次双周协商会议上决定使用"安宁疗护"来替代"临终关怀"，逐渐用于国家政策和法律文件中。随后，2017年原国家卫计委将临终关怀、舒缓医疗和姑息治疗等用语统一归类为"安宁疗护"，用以描述对临终患者提供的照护服务。尽管这样的统一术语在某种程度上简化了表述，但一些专家依然认为这些用语在实际操作中具有各自独特的含义和应用范围，并不能完全互相替代。虽然如此，但是从我国关于安宁疗护的定义及其服务范围不难看出，我国推广的安宁疗护服务与 Hospice Care 是一致的。①

---

① 参见郭巧红：《国际视角下安宁疗护》，载《医学研究与教育》2018年第1期。

（四）安宁疗护与安乐死的联系与区别

安乐死在希腊文中的意思是"无痛苦的死亡"。我国学者曾将安乐死定义为在不违反患者意愿的前提下，对于那些患有不可治愈疾病并遭受极度痛苦的病人，由医务人员中止治疗，使其自行死亡或采取措施加速其死亡，旨在尊重患者的死亡权利和个人尊严。[①]也就是说，安乐死的对象既包括生命终末期患者，也包括各种非末期患者，如植物人状态、重度残障等。

根据是否主动介入、患者的参与程度和具体实施方式，将安乐死分为以下四种类型：积极安乐死、消极安乐死、自愿安乐死和非自愿安乐死，具体见表1。其中，消极安乐死与安宁疗护的关系最紧密，也最容易混淆。尽管安乐死的初衷是帮助正在经历极端痛苦的绝症患者得到解脱，看起来与安宁疗护的区别不大，但是两者在本质上对死亡的态度是不同的。

表1 安乐死的四种类型

类型	自愿安乐死	非自愿安乐死
积极安乐死	在患者的明确请求和完全知情同意下，由医生或其他医疗人员直接采取措施（如注射致命药物）来结束患者的生命	当患者失去意识或意识模糊时，由家属提出采取措施终止患者的生命
消极安乐死	在患者的明确请求和完全知情同意下，医生停止或撤除生命维持治疗（如不进行心肺复苏、停止喂食或呼吸支持），从而允许患者自然死亡	当患者丧失决策能力时，由家属提出停止或撤除维生医疗措施

虽然接受安宁疗护服务的患者未必都会在近期内离世，但不可否认的是，鉴于安宁疗护的特殊性，绝大多数患者会在安宁疗护服务中走向死亡。因此，安宁疗护对死亡的态度决定了安宁疗护服务的内容和范围。公众对死亡的看法也会随着医疗水平的提高而发生变化。现代医学出现以前人们普遍坦然接受生老病死是生命的自然规律。但是，现代医学的快速发展大幅改善

---

① 参见王卓、李莎莎：《老龄化背景下安乐死合法性的考量——基于20世纪80年代以来中国安乐死研究的学术史》，载《自然辩证法通讯》2020年第11期。

了人们的健康状况，延长了生命，技术的进步也逐渐让人们开始渴望活得更久。维持生命的医学技术越来越多地被用来延迟死亡的发生，这不仅为临终患者带来无限痛苦，也开始影响人们对死亡的态度。相较于现代医学成就影响下对死亡否认和回避的态度，人们深刻认识到医学技术延长的不是生命，而是经历死亡痛苦过程中的人开始正视死亡的客观存在。一部分人认为，应维护生命并将死亡视为一种自然规律，既不能人为延迟死亡的发生，也不应人为加速死亡的发生，应利用医学技术和人文关怀帮助患者在自然走向死亡的过程中获得舒适与尊严，即安宁疗护。另一部分人则认为，当死亡是不可避免的且伴随着无法忍受的痛苦时，可以采用作为或者不作为的方法使患者提前离世，以解除其活着的时候所遭受的难以忍受的身体和精神上的折磨和痛苦，即安乐死。总之，安宁疗护所倡导的死亡状态是在尊重患者真实意愿（自主性）的基础上，不采用任何高科技医疗手段或特殊的维生医疗措施来延长疾病终末期状态或延长痛苦，让生命遵循自然规律而终结。安乐死是采取致死措施或者停止维生手段来提前结束患者生命以摆脱痛苦，是为了解除痛苦而忽略了人权。

这两种观点在伦理和实践上的分歧在于，安宁疗护的支持者认为通过综合的关怀和适当的疼痛管理，可以在不采取主动终结生命措施的情况下维护患者的尊严。安乐死的支持者则主张，当生活质量极低且没有改善的可能时，提前结束生命可以被视为一种合理的选择，因其维护了请求者的人格尊严和生命尊严。这两种观点反映了对生命、死亡和病痛的不同理解和价值观。在医学伦理和法律领域，这些问题仍然是复杂且有争议性的话题。无论选择哪种方式，都应将尊重患者意愿和最佳利益放在决策过程中的首要位置。[①]

---

① 参见刘静坤：《病人自治、尊严死亡与最佳利益原则》，载《中外法学》2022年第4期。

二、生前预嘱概述

（一）生前预嘱的概念与起源

在我国，生前预嘱（living will）是一个新兴概念。虽然相关的概念和制度尚未在国内完全予以立法确认，但是已经引起了公众的关注。"选择与尊严"网站最早使用生前预嘱这一概念，是指人们事先，也就是在健康或意识清楚时签署的，说明在不可治愈的伤病终末期时要或不要哪种医疗护理的指示文件。[①]

生前预嘱的理论基础是对患者自主权的尊重和保护。随着医疗技术的进步和患者自主意识的增强，传统以医生决策为主的医疗模式正逐渐向以患者为中心的自主选择模式转变。患者自主权的概念最早起源于欧洲的患者权利运动，并与现代医学系统的发展紧密相连。1976年，美国加利福尼亚州通过的《自然死亡法案》是首个为生前预嘱提供支持和保护的法律文件。到了20世纪90年代，随着现代医事法律制度的发展，患者的自主选择权在法律层面获得了更加明确的保障，使得患者自治逐步由理念成为现实。1991年，美国《患者自主决定法》的颁布确定了"生前预嘱"的合法地位。该法案旨在鼓励患者在可能丧失医疗决策能力之前，明确表达他们对于生命维持治疗的意愿，从而支持患者在医疗事项上作出自主选择，并确保他们的医疗决策自主权得到保障。[②]

生前预嘱通常只有在特定医疗情境下才会生效，如患者处于疾病终末期、持续昏迷或不可逆昏迷状态；其核心内容是患者的就医偏好（如是否使用心肺复苏、呼吸机、抗生素等维生医疗措施）。保障临终患者的自主选择权的关键在于他们对临终医疗方案的同意和选择。对于符合安宁疗护条件的患者医生可以告知其有权选择安宁疗护服务，并明确介绍其特性、可选方案及可能的后果；对于失能患者这样的特殊群体，由于缺乏决策能力，所以他们无法

---

① 参见罗点点：《第一讲：什么是"生前预嘱"？》，载选择与尊严网，2019年1月8日，https://www.lwpa.org.cn/Pub/s/77/1.shtml。

② 参见卢萍霞：《论生前预嘱制度》，华侨大学2020年硕士学位论文。

自主选择临终前的医疗方案，因此需要提前指定代理人代其作出医疗决策。

（二）生前预嘱与预立医疗指示的联系与区别

目前学者普遍认为，预立医疗指示（Advance Directives，AD）是个人在未来可能丧失医疗决策能力的情况下的一种预防措施，包括在个人具有自主决策能力时，提前通过口头或书面形式表达其医疗愿望和期望；或者指定一位信任的人作为医疗决策代理人。所以预立医疗指示可以分为两大类：指令型预立医疗指示和代理型预立医疗指示，其中，指令型预立医疗指示即为生前预嘱。由此可见，预立医疗指示是对生前预嘱的衍生。需要注意的是，预立医疗指示是一种正式的书面法律文件，且需要两名见证人签字确认，并保存在患者病历中。当个人丧失决策能力时该文件即生效，作为医生制订医疗方案的依据。尽管预立医疗指示能够更好地保障患者的自主选择权，也在立法、制度、学术研究等方面得到了大力支持，但平均签署率仍然不理想。

（三）预立医疗指示与预立医疗照护计划的联系与区别

在当前预立医疗指示（AD）签署率不理想的背景下，预立医疗照护计划（Advance Care Planning，ACP）应运而生，成为安宁疗护的重要组成部分，也是制定 AD 的必经步骤，最初源于英国"医疗服务体系"中的生命终末期照护计划。在中国，ACP 是一个全新的概念，学者邓仁丽将预立医疗照护计划（ACP）定义为患者在意识清楚时，在获得病情预后和临终救护措施的相关信息后，凭借个人生活经验及价值观，表明自己将来进入临终状态时的治疗护理意愿，并与医务人员和（或）亲友沟通其意愿的过程。[①]预立医疗照护计划的核心是为了让患者与其家属就病情、价值观和治疗意愿等相互理解，以便作出最佳医疗决策；最终目的是尊重患者的自主选择权，提高生命末期患者的照护质量，不一定要签署预立医疗指示文件。ACP 的本质是

---

① 参见邓仁丽等：《中国文化背景下预立医疗照护计划的研究进展》，载《中华护理杂志》2015 年第 9 期。

一个讨论、沟通和制订计划的过程。

综上所述,ACP 和 AD 之间存在显著区别:(1)在内容上,ACP 更广泛更且灵活,除了 AD 签署之外,还包括价值观、个人信仰、护理目标等内容;(2)签署 AD 是为了给患者的医疗意愿提供法律支持,而 ACP 更加注重沟通的过程;(3)ACP 能够帮助医务人员和家属更好地理解患者的真实意愿。这种从关注书面文件向关注医患沟通过程的转变,标志着概念范式从法律主义逐渐转变到以患者为中心。

三、安宁疗护与生前预嘱的理论基础

安宁疗护是我国提升公众死亡质量、践行医学模式转型、打造全方位全生命周期医疗健康管理服务的重要举措之一。随着老龄化进程加快,老年抚养比不断攀升;较大的地域差异以及失能程度不一等老龄化特征使居民对安宁疗护服务的需求日益增加。我国的安宁疗护服务经过几十年的发展,虽然取得了一定的成效,但是整体发展速度较为缓慢、发展不平衡,目前仍处于探索阶段。在对全球 40 个国家安宁疗护服务供需情况的调查报告中,英国以 8.4 分的成绩排在第 1 位,我国仅有 0.6 分,排在最后;在终末期患者照护质量方面,我国也仅有 3.3 分,位居 35 位。目前,我国安宁疗护服务存在供需严重失衡、相关制度不够完善等问题,学者积极倡导国家能加快立法,促进和保障安宁疗护更好更快地发展。目前,安宁疗护立法推进难的主要原因之一是对安宁疗护服务中放弃维生医疗这一做法正当性的争议较大,这主要是受到我国现行法律制度和根深蒂固的中国传统思想观念的影响。

(一)患者的生命权

安宁疗护的目的是让临终人士有尊严地离世。但如何做才能被称为有尊严?《民法典》第 1002 条①第一次将"生命尊严"写进法律。在临终医

---

① 该条规定,"自然人享有生命权。自然人的生命安全和生命尊严受法律保护。任何组织或者个人不得侵害他人的生命权"。

疗语境下关于生命尊严权的研究多以"尊严死"的形式出现。尊严死起源于对 1975 年美国昆兰案的讨论和思考。①昆兰案的出现让学者开始思考"谁的生命谁做主"这一有关生死抉择的话题。国内外学者在研究尊严死时常将其定义为与昆兰案类似的一种死亡方式,即放弃维生医疗措施。这种定义方式使得尊严死的概念常常与消极安乐死相混淆,也因此引起了学界对"尊严死"名称的质疑与批判。这种对尊严死内涵的误解,认为尊严死就是类似昆兰案的客观结果——撤去维生医疗措施以维护生命尊严,而忽略了案件背后的深意。昆兰案二审法官之所以支持撤去维生医疗措施的请求不是因为认可该做法,而是对昆兰父母所提出的个体享有自决权的尊重。所以尊严死在本质上是对生命尊严的保障,代表了对人的主体性的尊重,而不是行为方式。"拒绝或撤除维生医疗措施"只是尊严死的一种手段,不能以偏概全将其与尊严死等同。②

随着现代医学的发展和医疗模式的转变,人们关注点也从"生命的长度"转移到"生命的质量"上,对生命权的研究也慢慢发生了变化。生命权作为公民一项最基本的人权,被各个国家的法律赋予了至高无上的地位,神圣不可侵犯。这种保护方式从生命安全角度出发,是一种被动消极的防御形式,主要通过限制和约束其他行为主体的方式实现对个体生命权的保护。随着研究的深入,学者对生命权的研究开始转为探索个体如何积极主动使用生

---

① 参见孙也龙:《论预先医疗指示的应用领域》,载《中国医学人文》2016 年第 3 期。1976 年发生在新泽西州的昆兰案(In re Quinlan),由于不明原因,22 岁的卡伦·昆兰(Karen Quinlan)暂停了呼吸。被送到医院时,卡伦·昆兰已经丧失了意识,她被安置了呼吸机以维持生命体征。但是,由于缺氧损害了大脑,卡伦·昆兰陷入"永久植物状态"。认识到卡伦·昆兰恢复意识的可能性极其渺茫,卡伦·昆兰的父亲要求撤除女儿的生命维持设备而让她自然死亡,但医师以该行为违反医疗伦理为由拒绝了其要求。于是,卡伦·昆兰的父亲提起了诉讼,要求成为女儿的人身监护人,从而有权利撤除女儿的生命维持设备。该案被上诉到新泽西州最高法院,法院最终同意了卡伦·昆兰父亲的请求。新泽西州最高法院总结道,如果主治医师以及医院的伦理委员会或类似机构"认定卡伦·昆兰无从昏迷状态恢复至有意识状态的合理可能性,则现有的生命维持器械可以被撤除"。

② 参见陈云良、陈伟伟:《临终医疗的人权法理——"尊严死"概念与边界的思考》,载《人权》2021 年第 3 期。

命利益来维护生命权,主张个体应该享有选择生命状态的生命利益支配权。随着现代医疗技术和生物科技的发展,学者开始重新思考生命利益支配权对自由和生命的尊重和保护意义,逐渐认可基于生命尊严保护的有限的生命利益支配权的地位和作用。民法典里对生命尊严的明确规定表明我国对个体生命权的保护已经开始由消极保护生命安全向积极维护生命尊严角度转变。王利明教授认为,生命尊严包括维护生命存续的质量和维护生命结束的质量两个方面,即自然人不仅有权有尊严地活着,也有权选择有尊严地死亡,即"优死"。这就意味着个体享有生命权并不意味着要"苟延残喘",而是应该追求生命的质量,这与安宁疗护的目的是一致的。安宁疗护能够有效提高个体临终前的生活质量,让其有尊严地离世。其前提是个体在临终前基于真实意思表示所作出的医疗决策和死亡偏好选择是否被遵照执行。

安宁疗护作为一种特殊的医疗方式,在实施过程中医生如果按照患者基于真实意思表示作出医疗决策,不对其实施维生医疗措施,这种做法既不违背医生的紧急救治职责,也不属于不作为杀人。根据《民法典》第1005条[①]、《医师法》第27条第1款[②]的有关规定,医生履行紧急救治义务的前提是得到患者或家属的明确同意,这时医生不得无故拒绝或拖延,应当立即采取紧急措施进行急救。根据《民法典》第1220条和《医师法》第27条第2款的规定,医生在履行紧急救治职责时需要取得患者或其近亲属的"意见"而不是"同意",也就是说,在这种特殊情况下,如果患者或其家属曾明确表示拒绝采取急救措施,医生可不进行急救。这种放弃是基于患者的有效同意而实施的,是对患者自主选择权的尊重,并不构成法律层面上的不作为。当然,患者或其家属也有权选择终止或者撤除已经实施的维生医疗措施,这种情况下

[①] 该条规定,"自然人的生命权、身体权、健康权受到侵害或者处于其他危难情形的,负有法定救助义务的组织或者个人应当及时施救"。

[②] 该款规定,"对需要紧急救治的患者,医师应当采取紧急措施进行诊治,不得拒绝急救处置"。

医生的行为也不构成违法。① 此外,以维护临终患者生命尊严为前提的生命利益支配权的行使是有限制的,而基于患者真实意思表示放弃维生医疗措施是符合生命利益支配权行使条件的。首先,放弃维生医疗措施并不侵犯公共利益,反而可以避免过度医疗造成的医疗资源浪费和医疗纠纷。其次,放弃维生医疗措施符合公序良俗原则。家属可以摆脱道德绑架,减少家庭因治病而负担的巨大经济支出。最后,放弃维生医疗措施符合医学伦理原则。在患者充分知情并同意的前提下,放弃对患者实施维生医疗措施本身就是对自主选择权的尊重。当疾病已无治愈的可能,高科技医疗手段只是延长了患者的濒死期。基于有利和不伤害原则,医生应依据专业判断为患者提供最佳治疗方案,预防可以避免的伤害,满足患者的需要。安宁疗护尊重死亡的自然发生,以提升患者死亡前生活质量为根本目的,安宁疗护中的每一项干预措施都是基于提升生命质量的目的作出的,是临终患者的最佳选择。

(二)患者的知情同意权

患者的知情同意权又称患者自主权,是对生命权、健康权等基本人权的衍生。在医疗实践中,患者作出符合真实意思表示的前提是要对与自己病情有关的重要信息充分知情,包括积极的和消极的。然而,患者充分知情的前提是医生对患者进行有效的信息传达。医生是患者的主要信息来源,患者所作决策的好坏在很大程度上取决于医生是否进行了有效告知。这种告知要求医生从最佳利益角度出发,向患者提供关键信息以帮助其作出适合的医疗决策。因此,患者对是否采取特定的医疗措施享有同意权。根据《医疗机构管理条例实施细则》第88条的规定,凡是会侵害患者基本权利如生命、健康、隐私和人格尊严等权利的医疗措施,在实施前都应该征得患者的同意。患者的同意权不仅包括同意接受某项医疗措施,也包含同意不接受某项医疗措施,即拒绝意思。同时,医生还应该向患者或其家属提供替代医疗方案,以

---

① 参见汪志刚、陈传勇:《安宁疗护的正当性及实施条件》,载《民商法论丛》2022年第1期。

帮助患者作出最佳决策。如果患者能够在充分知情的基础上选择适合自己的医疗方案，医患双方达成一致，那么就能避免医疗纠纷的发生。

　　实现患者安宁疗护意愿的重要方式是保护患者的知情同意权。有时专业人士认为最好的选择却不是患者最想要的选择。当医生认为患者最佳利益与患者想要的不相符时，医生需要向患者充分、有效地告知，确保患者真正理解，以便患者能够作出明智的决定。但如果患者在充分了解的基础上选择不干预或不治疗，医生不得向患者施加压力以接受医生的建议。在我国，安宁疗护服务要遵循"充分知情、自愿选择"的原则进行。这在实践中却存在一定的困难：首先，安宁疗护理念是依据患者的自主选择，在临终期拒绝采取某些无效的维生医疗措施，从而最大限度地免除患者临终前难以忍受的痛苦。相较于其他积极维护健康状态的医疗服务，安宁疗护涉及对某些医疗措施的拒绝，而拒绝的结果可能会使患者的生命比继续干预结束得早，甚至可能直接导致患者的死亡。因为这种选择较大概率会使患者的生命受到威胁，不仅患者家属难以接受，同时也与医务人员一贯秉持的职业理念相背离。在这种情况下，由于没有文件对其中的法律责任作出规定，医务人员可能出于对被追究法律责任的担心，不会告知患者可以选择安宁疗护或者即使患者作出选择后也不敢执行。其次，安宁疗护的服务对象一般仅限于疾病终末期，预期生存期不超过6个月的患者，这个标准需要临床医生的评估与判断。尽管现在医疗诊断水平和信息化技术的发展能够对疾病的预期生存期进行预测，但仍无法保证准确性。再加上个体差异及社会文化因素的影响，即使是同一种疾病，不同患者的预期生命也不相同。实践中就存在接受安宁疗护的患者在6个月以后并没有死亡。在这种情况下，医务人员如果告知患者其预期生命不超过6个月，可以选择安宁疗护，但是6个月以后并没有死亡，患者或其家属则会认为这种医疗方案耽误了救治而产生纠纷。所以医生在告知时也未必会主动告知可以实施安宁疗护而是选择积极治疗方案。最后，疾病治疗措施通常包括对症治疗和对因治疗两类。针对病因的治愈性治疗措施对疾病终末期患者已无意义，这时可以采用控制疼痛等不适症状的对症治疗措施来提高患者生命终末期的生命质量，促进患者舒适，即安宁疗护服务。然而医疗措施是有效还是无效，尚难以界定。1991年美国胸腔医学会（The American Thoracic Society，ATS）公布：医生对于无益的维生医疗措施并无提供义务，即使该医疗措施是基于患者或其家属的要求。在考虑医疗方案时，医生不应提供无效医疗选项让患者去选择，若医疗团队未主动与患者、家属或医疗代理人沟通讨论，持续的无效医疗不仅不符合伦理要求，而且残酷地拖延患者死亡过程，并剥夺了有限的医疗资源。① 有学者认为，无效医疗可以分为严格定义的无效医疗和宽松定义的无效医疗，前者是指医生凭借专业知识和手段所作出的判断，后者则需要患者基于个人价值观等多方面考虑后，与医生进行沟通协商后确定。在临床实践中，为规避风险，医生多按照严格定义的无效医疗来进行判断，通过患者的疾病发展阶段、临床表现等客观情况，并结合自己的工作经验综合判定对因治疗措施是否无效。对疾病终末期的界定直接影响到患者对维生医疗措施和急救治疗的自主选择，因此，陈传勇认为确定医疗措施有效还是无效的最好方式是通过沟通交流的方式，让医生与患者达成一致。②

尽管安宁疗护中的法律责任还不明晰，但对于医务人员基于患者本人的明确意思表示而拒绝实施某些不合适的维生医疗措施的做法的争议还是较少的。这是因为患者本人的明确表示可以作为违法阻却事由，成为该行为的合法基础。然而，走到死亡尽头的安宁疗护患者很难保证届时处于意识清楚且能自主表达的状态，因此常规意义上的知情同意制度能够发挥的作用有限。针对这种情况，可以通过提前签署生前预嘱的方式，表达本人在临终时接受或拒绝医疗护理措施的选择；也可以在意识清醒时指定医疗决策代理人，代为行使患者的医疗决定权。

（三）医疗决策代理人制度

有学者认为，生前预嘱作为一种患者事前表达治疗意愿的自主权方式，

---

① 参见赵可式：《安宁疗护的伦理与法律》，载《澄清医护管理杂志》2016年第4期。
② 参见陈传勇：《我国安宁疗护法律制度体系的构建研究》，江西财经大学2022年博士学位论文。

存在一定的局限：首先，由于书面文件的记载内容有限，在面对终末期患者多变的病情和治疗方案时，常常难以覆盖所有未曾预料到的情况，这就有可能造成无法作出决策或者作出的决策并不符合患者的真实意愿。其次，生前预嘱中的语言表述可能不够明确，容易产生多种解读，从而在实际应用中引发疑问。最后，当生前预嘱需要被执行时，患者多数可能已经处于意识丧失状态而无法自行决策，这时就需要借助他人与医生进行沟通协商，以确保患者的意愿得到充分尊重和体现。为了弥补生前预嘱的不足，患者可以在意识清醒时选定自己的医疗决策代理人，约定在满足特定条件时监护权生效。这种代理有别于法定监护人，属于意定监护，是当事人根据自己的意愿，事前与他人协商达成一致后以书面形式来确定监护人。我国在2012年《老年人权益保障法》第26条中首次引入意定监护制度。《民法典》第33条[①]也对意定监护作了明确规定，对意定监护的适用主体进行了扩展。安宁疗护患者只要是具有完全民事行为能力的成年人，便可以根据自己的意愿，在近亲属或近亲属之外的完全民事行为能力人中选择其未来的监护人。这样患者就可以在自己还能作决定时，自由选择了解且愿意按照患者本人意愿帮助患者行使医疗决定权的人。由此可见，意定代理人并不一定是法定监护人，当意见冲突时意定代理人的意见应该优先于患者法定监护人。因为意定代理人代表的是患者的意愿，前提必须是意定代理人始终尊重患者的真实意愿和自主选择权。医疗决策代理人作为患者自主权的延伸，其所作的医疗决策视为患者所作的决定，不能违背患者的医疗意愿和偏好。因此，医疗决策代理人在作决定前要对患者的意愿进行充分了解。如果患者在丧失决策能力前未能与决策代理人就医疗选择进行过沟通，也未签署生前预嘱，那么医疗决策代理人就不能按照自己的意愿代替患者作决策，只能根据患者以往的价值观、喜好和行为习惯来推测患者的意愿。意定监护下的医疗代理决策是基于患者意愿代

---

① 该条规定，"具有完全民事行为能力的成年人，可以与其近亲属、其他愿意担任监护人的个人或者组织事先协商，以书面形式确定自己的监护人，在自己丧失或者部分丧失民事行为能力时，由该监护人履行监护职责"。

表患者作决策而不是抛开患者真实意愿代替患者作决策。为了更好地尊重患者的自主权和保障患者的人权，医疗决策代理人代患者作出医疗决策时必须遵守以下几个原则：

1. 纯粹自主原则（the Pure Autonomy Standard）

纯粹自主原则是指患者曾在意识清楚时表达过自主意愿，现在丧失行为能力后无论其意愿是否有书面的生前预嘱或者口头交代都应视为患者的自主决策，应被遵照执行。在此原则下，本质上作出决策的仍然是患者本人，医疗决策代理人只是负责去搜寻和求证患者以往可能遗留下的与决策有关的信息，哪怕只是生活中的只言片语，只要能被有效地识别出来，就应该被遵照执行。

2. 最佳利益原则（the Best Interests Standard）

最佳利益原则（Best Interests Standard）起源于家长主义（Paternalism），是一种在医疗决策中常用的伦理标准。家长主义在医疗伦理中指的是一种出于患者利益的考虑，而对患者进行干预或决策的做法。该标准尤其适用于当患者未能签署生前预嘱，或当医疗代理人缺乏关于患者偏好和意愿的关键信息和证据时。在这种情况下，最佳利益原则要求代理人或医疗决策者在全面综合考虑患者的病情、替代方法后，为患者选择一个符合其最大利益的治疗方案。当患者作出的医疗决策面临质疑时也需要接受最佳利益原则的检验。此外，最佳利益原则是基于一种理性人（Rational Person）的决策模式。代理决策者在适用此标准时，必须对每一种治疗选择可能带给患者的利益和风险进行权衡。这意味着不仅要考虑每个治疗方案可能带来的好处，还要考虑其中的风险或成本，最后代理人需要选择出能够在净收益上最大化患者利益的方案。这种计算并非纯粹基于财物的利益，而是综合了患者的健康、心理以及生活质量等各方面的考量。最佳利益原则的运用还基于对个体生命价值和尊严的尊重。在实践中，这种标准认为当个体所追求的生命价值和尊严无法得到充分的保护和尊重时，生而为人的最基本的生命价值和人格尊严也应该尽可能地得到保护。这种保护不仅体现在对生命的维持上，还包括对患者人格尊严的维护。因此，在决定患者的最大利益时，决策者应将生命品质和人格尊严作为重要的客观价值进行考量。在最佳利益原则的运用过程中，不可避免地要结合医学伦理的基本原则，如不伤害原则（Non-maleficence）和行善原则（Beneficence）。不伤害原则强调在对患者治疗时避免造成伤害，而行善原则要求医疗工作者应主动采取有益于患者健康和福祉的行为。这两个原则是最佳利益原则的基础，它们要求医疗代理人在作出决策时，不仅要考虑治疗方案本身的利益和风险，还要考虑其对患者整体福祉的影响。在评价医疗方案是否符合患者的最佳利益时要从以下几个方面进行考虑：第一，准确评估确定患者的决策能力，保障患者的决策参与权。患者是医疗决策的绝对主体，在医疗决策中处于优先序列。最佳利益原则的适用以患者丧失医疗决策能力同时无法从其他渠道知晓患者的医疗意愿为前提，准确评估和判断患者决策能力至关重要。最佳利益原则并不需要患者的决策能力达到完全丧失的状态，如失智或者意识不清；只需当患者无法理性权衡利弊作出决策便可适用。所以当一个普通患者作出的医疗决策受到质疑时，也需要依据最佳利益原则来评估其合理性。第二，患者最佳利益的判断要以患者的偏好为前提。尽管最佳利益原则是一种理性的行为，但是医疗决策的实施对象毕竟是患者本人，所以在评价最佳利益时不能忽视患者本人的医疗偏好，反而应该以患者偏好作为参考去衡量各项指标。此外，还要全面评估患者的医疗偏好，除了患者曾经可能表达出的意愿或者情感，患者的信念、价值等个体因素外，还要咨询与患者关系密切人员的看法进行综合判断。

第二节 安宁疗护与生前预嘱的国际实践与立法概况

一、英国安宁疗护与生前预嘱的实践与立法概况

（一）安宁疗护与生前预嘱实践概况

在英国，安宁疗护的服务模式主要有独立运营的安宁疗护机构、综合医

疗设施内的安宁疗护病房、社区安宁疗护病房以及居家安宁疗护服务，多以住院照护为主，涵盖日常护理和上门服务，服务类型多样，包括但不限于住院治疗、白天照护、社区护理、预约式的医疗陪伴、短暂的休息护理以及丧亲后的心理支持等。这些服务通常由包括医生、护士、社会工作者及志愿者等在内的跨学科专业团队提供，通过制订满足个体需求的护理方案，以满足患者在生理、情感、社会、心理和精神层面的全面需求，同时也会向家庭提供必要的社会支持。此外，英国实行全民公费医疗制度，安宁疗护服务多由国家财政承担，患者可以在生命的最后阶段接受必要的安宁疗护服务而无须担忧医疗费用问题。

在英国，经专业的安宁疗护服务机构评估其需求和疾病进程后决定安宁疗护服务的开始时间，患者便可享受从病情诊断到居丧照护一整套规范且连续的安宁疗护服务。整个过程通常包括六个步骤：第一步是病情诊断，这一阶段需要医生与患者之间公开且坦诚地交流，旨在确立一个准确的疾病状态评估。第二步是进行病情评估、计划制订和讨论论证，以确保治疗计划的适宜性和可行性。第三步是确保具体服务项目之间的有效协调，这包括各种治疗措施和支持服务的整合。第四步是提供高质量的服务，包括不同医疗机构间的协调与合作。第五步是临终照护和临终安排环节，包括但不限于选择死亡地点、死后器官捐献等事项的决定，确保患者能够有尊严地度过生命的最后阶段。第六步是居丧照护，这一阶段关注对患者家属的支持和关怀，帮助他们处理丧亲之痛并逐步适应生活的变化。

为了保障安宁疗护服务的质量，英国采取多种举措加强对安宁疗护服务机构的监督和管理。首先，明确安宁疗护的定义和对象，帮助机构早期识别符合准入要求的终末期患者；其次，制定安宁疗护机构指南，要求重视公民的"死亡质量"；再次，由国家相关学会（资格认证中心）制定安宁疗护服务指南和工具，并纳入医院的部门考核，实行黄、绿、红分类管理；最后，由安宁疗护"黄金标准"认证培训中心对全国安宁疗护机构进行年度考核及评优，形成国家安宁疗护评估报告，对优秀的安宁疗护示范单位在全国范围内进行宣传和经验介绍。这些措施共同构成了英国安宁疗护服务提质增效的全面策略，旨在确保每位需要的患者都能在生命的最后阶段获得尊严、舒适和个性化的照护。①

同样，英国安宁疗护服务尊重患者的个性化需求和偏好，允许患者提前决定拒绝某些特定的治疗。预先决定又称拒绝治疗预先决定（Advance Decision to Refuse Treatment，ADRT）或生前预嘱，允许个人提前明确他们在将来某个时刻拒绝特定治疗的意愿。该决定必须以书面形式明确记录，并由本人及见证人签名确认，特别是当拒绝维生治疗措施（如辅助通气、心肺复苏等）时。预先决定具有法律约束力，只要它符合《精神能力法案》（Mental Capacity Act）的要求，并符合以下条件即被视为有效：(1) 年满18周岁，能准确进行意思表达；(2) 明确指定希望拒绝哪些治疗；(3) 解释希望拒绝的情况；(4) 由本人签名（如果想拒绝维生医疗措施，则还需要证人签名）；(5) 自愿提前作出决定，没有受到任何其他人的干扰；(6) 自作出决定以来，没有说过或做过任何与预先决定相矛盾的事情。②

（二）安宁疗护与生前预嘱立法概况

为了更好地保障意思能力欠缺的成年人的权利，英国政府于2005年制定了《精神能力法案》。该法案明确了关于决策能力的基本原则、评估标准，并对持续授权书、保护医院及公共监护人制度进行了细化，确保涵盖个人福利和财务管理等多个方面。

《精神能力法案》第2条规定的"缺乏决策能力"是指一个人因为大脑或心智的损伤或功能障碍在关键时刻无法对某件事作出决定，无论这种损伤或障碍是永久的还是暂时的。第3条进一步明确了评估标准，包括行为人不能理解、保留决策相关信息，或者不能在决策过程中使用或权衡这些信息，或者不能以任何方式传达他的决定，那么这个人就被认为在该事项上无法为

---

① 参见水黎明、张静、施永兴：《安宁疗护政策、管理与实务手册》，复旦大学出版社2023年版，第299—303页。

② See National Health Service：Advance decision to refuse treatment（living will）（Sept.19, 2023），https：//www.nhs.uk/conditions/end-of-life-care/planning-ahead/advance-decision-to-refuse-treatment/.

自己作出决定。同时，只要一个人能够以适合其情况的方式理解信息（通过简单的语言、视觉辅助或其他方式），就不应该被视为无法理解决策相关信息。此外，即使一个人只能在很短的时间内保留相关信息，也不妨碍他被认为有能力作出决定。

该法案还规定在评估行为人意思能力状况时采用以下五个原则：第一，能力推定原则——除非证明某人缺乏决策能力，否则必须假定其具备决策能力；第二，自己决定原则——除非已经尝试了所有实际可能的帮助措施而未能成功帮助其作出决定，否则不得认为某人无法作出决定；第三，排除不明智行为原则——仅因某人作出不明智的决定，不应视其为无法作出决定；第四，最佳利益原则——对于缺乏能力的人，根据本法案所作的任何行为或决定必须是为了其最佳利益；第五，最少干涉原则——在采取行动或作出决定之前，必须考虑是否能以更少限制该人权利和行动自由的方式有效达到目的。①

持续性代理权制度是该法案最核心的内容。这一制度要求代理人年满18周岁并具备充分的行为能力，允许他们在财产管理、人身监护、医疗护理等方面代表他人作出决策。此外，持续授权书可以指定两名或两名以上的被授权人。除特定法律终止条件成立外，被授权人不能转让其代理权。仅在授权人失去决策能力、防止对授权人伤害以及对潜在损害的适当响应等情况下，被授权人才能限制授权人的自由。

该法案还对拒绝治疗的预先决定作了明确规定。第24条规定了预先决定允许年满18周岁且具有行为能力的个人，为将来可能发生的特定医疗状况作出事先决策，包括拒绝某些治疗。这种决定可以用非专业术语进行描述，并在个人恢复决策能力时可随时更改或撤销，无须书面形式。第25条详细规定了预先决定的有效性和适用性。预先决定无效情形：当作出决定的个人在有能力的情况下撤销了自己的决定；在作出预先决定之后，如果该个人通过持续授权书授权他人对所涉及的治疗给予或拒绝同意；或者当个人有

---

① See National Health Service: Advance decision to refuse treatment (living will) (Sept.19, 2023), https://www.nhs.uk/conditions/end-of-life-care/planning-ahead/advance-decision-to-refuse-treatment/.

任何明显与其预先决定不一致的行为时。预先决定将不会适用于某些特定情况，包括当治疗方式或情境未在预先决定中明确指出，或者存在当事人未能预见的情况，这些未预见的情况如果被当事人知道，可能会影响其最初的决定。当预先决定与维生医疗有关时，必须符合以下条件：个人明确声明即使在生命危险时该决定也有效；必须是书面形式，且需要个人或代理人在见证人面前签名确认。此外，见证人也需在当事人面前对签名进行确认。第27条规定了预先决定的效力。当一份预先决定是有效且适用时，行为人不承担继续治疗或者撤回该决定的责任。

此外，英国把安宁疗护作为卫生体系的核心部分，确保将安宁疗护纳入了所有卫生健康计划。1990年《国民健康服务和社区保健法》将安宁疗护服务作为公民基本医疗服务纳入国民医疗保险。

二、美国安宁疗护与生前预嘱的实践与立法概况

（一）安宁疗护与生前预嘱实践概况

1.安宁疗护服务流程

在美国医疗保险体系下，选择安宁疗护的患者需放弃延长生命的治疗。在患者提交书面申请后，会有两名临床医生对患者进行评估，确认其预期生命不超过6个月才能接受安宁疗护服务。在接受安宁疗护期间，每90天评估一次生存期；如果接受服务时间超过6个月，则需重新确认资格以继续享受医疗保险。患者在此期间不得接受任何延长生命的治疗，并可随时选择停止安宁疗护服务，转回常规医疗。

2.安宁疗护专业人才教育与培训

2018年7月，美国众议院能源和商业委员会通过了《安宁缓和医疗教育和培训法案》，目的是扩展安宁缓和医疗的教育和培训机会。该法案支持建立教育中心，加强对医疗卫生专业人员的职业激励，开展公共宣传提升安宁缓和医疗认知，并支持相关临床科研。此外，美国安宁疗护教育联盟自2003年起开展了培训课程，包括跨学科沟通技巧培训，旨在提高医护人

员的沟通能力。美国安宁疗护教育联盟（ELNEC）提供的核心课程覆盖了安宁疗护的多个关键领域，并针对特定专业如儿科和急危重症科提供了专门课程。同时，由国家安宁疗护和姑息护理护士认证委员会举办的 CHPN 资格认证考试，旨在为经验丰富的护士提供专业认证，涵盖多个实践领域，通过者获得证书并需进行持续教育以保持资格。①

3. 安宁疗护医疗保障措施

美国安宁疗护服务主要由联邦医疗保险计划（Medicare）的 Part A 提供，并根据服务的类型采用不同的日均支付标准。安宁疗护服务类型主要包括日常居家照护、连续居家照护、住院暂息护理和常规住院治疗。其中，日常居家照护是最常见的安宁疗护服务类型，占所有安宁疗护日的 98% 以上。其他类型的护理可用于管理特定情况下的不同需求。常规住院治疗在机构中短期提供，以控制在其他环境中无法控制的症状。连续居家照护旨在管理家庭中的短期症状危机，涉及每天 8 小时或更长时间的居家服务，其中大部分是护理服务。住院暂息护理是指在机构中提供最多 5 天的护理，以便为非正式护理人员提供休息时间。除非安宁疗护机构在任何一天提供连续居家照护、住院暂息护理或常规住院治疗，否则将按日常居家照护的费率进行支付。此外，患者还需自付不超过 5 美元/每处方的门诊处方药费用，用于疼痛和症状管理。对于患者的住院暂息护理，医疗保险将支付 95% 的最终许可的护理费用，剩余的 5% 由患者自费。②

（二）安宁疗护与生前预嘱立法概况

1976 年 8 月，美国加州首先实施了《自然死亡法案》，这是美国最早关于终止生命支持决策的法律之一，为以后"不实施心肺复苏术"（Do Not

---

① 参见水黎明、张静、施永兴：《安宁疗护政策、管理与实务手册》，复旦大学出版社 2023 年版，第 30—312 页。

② See Medicare: What Does Medicare Pay for if a Loved One is Put in Hospice?（Apr.23, 2024），https://www.medicare.org/articles/what-does-medicare-pay-for-if-a-loved-one-is-put-in-hospice/#:~:text=What%20does%20Medicare%20pay%20for，for%20pain%20and%20symptom%20management.

Resuscitate，DNR）指令的立法奠定了基础。该法案允许患有不可治愈病症的病人根据自己的意愿签订生前预嘱，以此来选择是否继续采取维生医疗措施。根据该法案规定，生前预嘱需要至少两名见证人签字确认，而且见证人不能是利害关系人。生效后的生前预嘱应当被存放在医疗档案中，作为医生决定是否采取生命维持措施的法律依据。此外，在患者自然死亡后，此预嘱也不会影响家属领取保险赔偿。1982年通过的《社会保障修正案》首次引入安宁疗护保险福利计划（the Hospice Medicare Benefit，HMB），扩展了Medicare的覆盖范围，正式纳入安宁疗护服务，并对具体内容进行了专章介绍。1983年加利福尼亚州通过《永久授权书法案》（*Durable Power of Attorney Act*），规定患者可以事先指定一位代理人，授权其在自己丧失决策能力时代为作出医疗决策。1985年的《综合预算协调法案》规定Medicare中的安宁疗护福利长期有效，各州可以根据实际情况自由选择是否将其纳入医疗补助计划。纽约州是当时全美第一个将DNR以成文法立法规范的州，相关规定被详细地记录在公共卫生法中，对该指令的制定、执行和记录都进行了严格要求。但是，DNR的内容并不包括停止或撤除维生医疗措施。1991年12月，美国联邦政府制定的《患者自主决定法》对患者是否有权保留或撤销不必要的维生医疗措施作了进一步规定，并要求所有参与Medicare和Medicaid计划的医疗机构必须以书面形式让成年住院患者知情。2010年的《患者保护与平价医疗法案》规定将儿童安宁疗护服务纳入州医疗补助计划。2018年通过的《医疗保险患者获得安宁疗护法案》允许更多类型的医疗服务提供者（如助理医师）参与安宁疗护服务评估和认证工作，有助于提高服务的可及性，特别是在偏远或人口较少的地区。①

---

① 参见赵越、刘兰秋：《英国和美国社区居家安宁疗护服务模式及其对我国的启示》，载《中国全科医学》2022年第19期。

第三节 安宁疗护与生前预嘱的国内实践与立法概况

一、我国安宁疗护与生前预嘱整体概况

（一）安宁疗护与生前预嘱实践概况

1988年，我国首家安宁疗护专门机构——临终关怀研究中心在天津医科大学成立。1990年，上海市南汇护理院为退休职工建立了临终关怀病房。1998年，我国首家居家和门诊服务的安宁疗护服务机构"宁养院"成立。1999—2002年，"国际姑息医学学术研讨会暨培训班"的举办为我国安宁疗护的发展奠定了基础。自2011年全国性"癌症规范化治疗示范病房"项目开展以来，三年内增至150个。2012年，上海18家社区卫生服务中心设立了舒缓疗护病房，开始为肿瘤晚期患者提供连续性安宁疗护服务。①

经过几十年的发展，我国的安宁疗护服务在以下几个方面发生显著变化：（1）服务品质方面：通过加强专业服务团队的建设、提高科研教学学术交流的水平，以及优化运营管理和绩效分配，在提高安宁疗护服务品质方面取得了显著进步。（2）安宁疗护环境方面：通过公益网站的建立、生死教育的广泛开展以及《医学预嘱书》和《医疗选择代理人委托授权书》的示范文本专家共识的发布，社会对安宁疗护的认知水平和接受程度不断提高；满足安宁疗护需求的基础建设和设施也逐渐铺设，安宁疗护的社会文化环境和服务环境得到了明显改善。（3）费用控制方面：为了减轻患者及家属的经济负担，大陆在安宁疗护费用控制方面采取了一系列措施，包括降低安宁疗护服务的开设成本、分担患者及家属的支付压力，并探索适宜的医保方案，以扩大医保对安宁疗护费用的覆盖范围。（4）安宁疗护可及

---

① 参见陈静、王笑蕾：《安宁疗护的发展现状与思考》，载《护理研究》2018年第7期。

性方面：随着安宁疗护服务开设数量的增加、患者准入条件的优化和服务转介制度的建立，安宁疗护的可及性得到了显著提升。特别是止痛药品可获得性的改善，有效控制了患者的疼痛症状，进一步提高了安宁疗护服务的利用率。

总之，我国安宁疗护服务在品质、环境、费用和可及性等方面均实现了全面提升，为患者和家属提供了更加人性化、专业化的服务。

（二）安宁疗护与生前预嘱相关政策

我国安宁疗护政策发展主要包括以下几个阶段：

1. 临终关怀服务初步探索阶段（1988—2011年）

"临终关怀"理念进入我国以后，相关的政策和规定一直未能得到明确。直到1994年，《医疗机构基本标准（试行）》才明确提出要为临终和晚期绝症患者提供临终照护服务。随后，在《医疗机构管理条例实施细则》和《医疗机构诊疗科目名录》中明确了临终关怀科是可注册登记的医疗诊疗科目。1996年，《老年人权益保障法》鼓励为老年人提供临终关怀服务。2011年，《中国护理事业发展规划纲要（2011—2015年）》首次将临终关怀纳入长期规划。同时，《护理院基本标准（2011版）》规定必须在护理院中设置临终关怀科。

2. 从临终关怀过渡到安宁疗护阶段（2012—2016年）

2012年，《卫生事业发展"十二五"规划》提出鼓励社会资本开展临终关怀服务。2013年10月，《关于促进健康服务业发展的若干意见》中提出鼓励发展临终关怀医院。2015年11月，《关于推进医疗卫生与养老服务相结合的指导意见》提出通过建设医疗养老联合体等多种方式，为老年人提供包含临终关怀在内的全方位、连续性健康和养老服务。同时，各地也开始推出相应政策以保障安宁疗护服务的开展。其中具有代表性的是2018年8月上海市发布的《上海市社区卫生服务中心舒缓疗护（临终关怀）科基本标准（2012修改）》，对社区开展临终关怀服务的门诊、病区、人员配备、建筑和管理标准等予以了详细规定，并推出"临终关怀政府实事项目"，在上海市各区县选择试点社区卫生服务中心设置临终关怀服务。尽管出台了不同层级的政策，但大多停留在鼓励开展服务和机构层面，对于临终关怀的具体服务内容、标准、模式、体系及其他医疗保障等方面仍然缺少明确规定。

2016年《"健康中国2030"规划纲要》和《全国护理事业发展规划（2016—2020年）》提出要加强安宁疗护服务建设。同年，《"十三五"卫生与健康规划》提出鼓励基层医疗卫生机构根据服务需求增设安宁疗护病床，完善治疗—康复—长期护理服务链，发展安宁疗护机构，鼓励社会力量发展安宁疗护。全国各地区将安宁疗护纳入"十三五"规划之中。自2012年起国家对全生命周期卫生健康体系建设的重视切实推进了安宁疗护事业的发展。①

3. 从试点探索进入深入发展阶段（2017年至今）

自2017年以来，安宁疗护试点工作快速推进，带动了全国范围内安宁疗护服务的快速发展。《安宁疗护中心基本标准（试行）》《安宁疗护中心管理规范（试行）》《安宁疗护实践指南（试行）》等文件的出台填补了我国安宁疗护服务和机构标准的空白。2017年4月，第三次修正的《医疗机构管理条例实施细则》在医疗机构的类别中新增了安宁疗护中心。此外，两批试点的开设为安宁疗护发展积累了经验，各地区在试点经验基础上推出有关政策以促进安宁疗护发展。

在安宁疗护服务品质方面，《南京市级安宁疗护指导中心建设标准（试行）》《南京市安宁疗护机构设置基本标准（试行）》《南京市安宁疗护医疗服务机构评审标准（试行）》《上海市安宁疗护服务规范》等文件对服务形式、人员职能、服务流程等内容予以了详细规定。在安宁疗护费用控制方面，宁波市医疗保障局和宁波市卫生健康委员会联合发布的《关于基本医疗保险长期住院和安宁疗护费用按床日DRG付费的试行通知》、《嘉兴市基本医疗保

---

① 参见王雨、王岳：《我国安宁疗护十年回顾与展望》，载《中华现代护理杂志》2023年第6期。

险住院费用 DRGs 点数法付费实施细则（暂行）》、大连市《安宁疗护实行按床日费用结算等有关问题的通知》、德阳市《关于开展安宁疗护试点工作有关问题的通知》、《攀枝花市安宁疗护服务按床日费用标准结算试行办法》、眉山市《关于安宁疗护实行按床日付费试点工作的通知》、淄博市《关于开展安宁疗护工作有关问题的通知》、邢台市《关于开展安宁疗护工作的有关问题的通知》等文件均对安宁疗护按日付费标准、管理办法予以了规定。2022 年 3 月，长沙市医疗保障局、长沙市财政局和长沙市卫健委联合发布《关于开展安宁疗护住院医疗费用包干结算试点工作的通知》，解决癌症晚期无法治愈、病情不断恶化的参保患者的安宁疗护费用问题。

在安宁疗护推进计划方面，国家层面，《关于建立完善老年健康服务体系的指导意见》对安宁疗护的服务内容、模式、收费、多学科团队建设、公众宣传教育等各个方面予以了指导。《医养结合机构服务指南（试行）》中详细规定了安宁疗护服务内容。国家卫健委健康老龄司发布的《关于全面加强老年健康服务工作的通知》要求各地区根据实际情况开展机构、社区或居家安宁疗护，完善多学科服务模式，推动安宁疗护理念在社会层面的认可与接受。《基本医疗卫生与健康促进法》的出台明确了安宁疗护是我国健康中国战略中不可缺少的部分，是建设全方位全生命周期医疗服务中的一环。地方立法方面，2020 年 5 月，上海市卫生健康委员会发布的《关于推进 2020 年本市安宁疗护试点工作的通知》提出，实现安宁疗护服务在全市社区卫生服务机构中全覆盖、推进区级安宁疗护中心建设、加强安宁疗护服务规范开展与质控管理、探索多种形式安宁疗护服务延伸、广泛加强安宁疗护教育与传播等工作目标。2022 年 1 月，北京市卫生健康委员会等 7 个部门联合发布了《关于印发北京市加快推进安宁疗护服务发展实施方案的通知》，其中量化制定了截至 2025 年要实现的安宁疗护制度标准、服务数量、服务模式等方面的目标，并从资源布局、服务供给、服务规范、人才建设、经济政策、信息化建设等方面细化规划了目标实现路径。2022 年 6 月 30 日，广东省深圳市第七届人民代表大会常务委员会第十次会议通过了新修订的《深圳经济特区医疗条例》，这是全国首个生前预嘱的条例规范，该条例指出公民可以在符合一定形式要件的条件下订立生前预嘱，作出选择或拒绝创伤性抢救措施、生命支持系统、原发疾病延续性治疗的意思表示。医生在给疾病终末期或临终患者实施医疗措施时应当尊重其生前预嘱。

国家推进试点工作，加强顶层设计，使我国安宁疗护事业发展进入快车道，"十四五"相关规划中对安宁疗护有了更高的工作要求。2022年1月，《"十四五"卫生健康标准化工作规划》中明确指出，要以标准化促进重点人群健康，完善安宁疗护服务标准。2022年4月，国家卫健委发布《全国护理事业发展规划（2021—2025年）》，要求加快培养专业人员，补齐安宁疗护护理短板，提升安宁疗护服务能力。我国安宁疗护事业将逐步从试点探索过渡到深入发展。

二、我国台湾地区

（一）安宁疗护与生前预嘱实践概况

1.早期起源与发展

1980年，在台北荣民总医院癌症治疗中心主办的一次癌症研讨会上，首次提出"Hospice Care"这一概念，并暂时译为"安终照顾"，意指提升临终患者的生命质量，让患者不留遗憾地离世。此次研讨会拉开了中国台湾地区安宁疗护尝试与实践的序幕。1982年，台南市设立了第一个安宁疗护机构"Medal Hospice"，专门接收难以治愈的患者；1984年，在台北郊区设立的一军方医院内开设114张床位，专门用于收治各军医院转诊来的癌症末期患者，并依靠牧师及其他宗教团体为患者提供精神上的照顾。1990年，我国台湾地区的第一家临终关怀住院机构在马偕纪念医院成立，首批安宁病房设于其淡水分院，专门收治预期生命剩余不足3个月的终末期患者。这一时期由于缺乏相关知识技能，安宁实践活动举步维艰，开始学习国外经验。医院正式开创了安宁病房，被认为是中国台湾地区安宁疗护的开端。随后在赵可式的帮助下，1994年耕莘医院开办圣若瑟之家，同时开展居家疗护服务。由于社会认知的欠缺、安宁疗护临床训练不足以及传统文化的影响，安宁疗护服务的开展困难重重,由此,赵可式提出了服务、教育、政策"三路并进方案"推广安宁疗护服务。随后,中国台湾地区在安宁疗护各方面有了快速的发展。在服务方面,1995年陈荣基的莲花基金会在台大医院创办了安宁缓和医疗病房,1996年慈济医院开办心莲病房、圣功医院开设圣方济之家,1997年台北荣民总医院设立大德病房。在民众教育方面,充分利用刊物、教育及宗教力量,引导民众思考生死话题;定期举办活动以传播安宁疗护的理念。

专业培训包括课程教育、学术研究两方面。课程教育是在安宁疗护专业人员标准课程基础上,形成了基础级、专业级、专家级的三级核心标准课程,并于1999年重新修正,分别为医师、护理人员、社工人员及灵性关怀人员提供态度、技巧及知识方面的培训教育课程。1999年5月成立的台湾安宁缓和医学学会,制定继续教育学分认证系统和专科医师继续教育训练制度,促使安宁疗护从业人员持续接受专业教育,保证服务质量。在政策方面,1994年,卫生主管部门明确表示暂且以"安宁疗护"为名,表示医疗与护理并重,经由医疗和护理,让患者得到安宁,并于1995年5月正式确定,使安宁疗护的发展名正言顺。此后随着安宁疗护的不断发展,以及世界范围内对"Palliative Care"的重视,"缓和医疗"成为该领域不可或缺的重要内容,"安宁缓和疗护"的称谓也逐渐落实下来,成为统一的名称。

2.安宁疗护服务对象及医保政策

我国台湾地区安宁疗护最早主要面向癌症患者提供服务。为了让非癌症患者也能获得安宁疗护服务,2003年起运动神经元萎缩症终末期患者(俗称渐冻人)被纳入全民健康保险试办计划。2006年1月1日面向癌症终末期患者的安宁居家疗护和安宁住院疗护均正式纳入健康保险给付。2009年,正式将安宁疗护纳入健康保险体制。同时,增加八大类非癌症末期患者可享受健康保险支付的安宁疗护服务,包括老年期及初老期器质性精神病态(失智症)、其他大脑变质、心脏衰竭、慢性阻塞性肺气肿、肺部其他疾病、慢性肝病及肝硬化、急慢性肾衰竭及肾衰竭末期。但是,目前接受安宁疗护服务的患者仍以癌症终末期患者为主。

2000年,所谓"安宁缓和医疗条例"通过后,安宁疗护被纳入民众健康保险的给付范围。安宁疗护照护费用按机构需求不同分为住院安宁疗护、安宁居家（甲类）疗护、安宁居家（乙类）疗护、安宁共同照护四类。这四类不同的安宁疗护照护、居家访视频率、照护费用收治条件及收费标准均有所差异。2013年开始将原安宁居家疗护分为甲、乙类两类。其中，甲类即原来的安宁居家疗护，乙类安宁居家疗护被称为社区安宁照护。社区安宁照护服务由基层卫生所、诊所或居家护理所的医护人员提供。不同于甲类安宁居家疗护团队中每位人员需要接受80小时安宁疗护培训，因社区安宁照护多分布在安宁疗护资源不充足地区，为尽快布局开设服务，对社区安宁照护团队人员的培训门槛降低至13小时，健康保险给付也只有甲类的7折。此外，2015年发布的所谓"安宁疗护健康保险给付办法"提高了安宁疗护的健康保险给付。①

（二）安宁疗护与生前预嘱相关政策

1996年12月成立的"安宁疗护推动小组"成为早期的政策推动核心，并拟定了"安宁住院病房规范""安宁居家疗护规范"，基本确定了安宁疗护的服务标准。2000年6月发布的"安宁缓和医疗条例"，为终末期患者不施行心肺复苏术（Do Not Resuscitate，DNR）提供了法律依据。2019年施行的所谓"病人自主权利法"是一部保护患者自主选择权的法律。其出台保障了患者的善终权益，并希望通过相关规定确保患者享有知情、选择或拒绝医疗措施的权利。所谓"病人自主权利法"重点强调患者能够知悉自己的病情，可以决定后续医院或医师对自己的治疗方案，其主要内容有：（1）患者对医疗选择项目有知情、选择和决定权；（2）医疗机构及医师应在适当时机告知患者的病情、治疗方式、用药及预后情况等相关事宜，当患者丧失能力或能力有限时，应告知其关系人；（3）在患者接受手术或侵入性检查或治疗前，医疗机构应获得患者或其相关人员的同意，紧急情况除外；

---

① 参见王雨、王岳：《中国台湾地区安宁疗护的历史变迁、挑战与展望》，载《医学与哲学》2022年第6期。

（4）如果医疗机构或医师遇到危重患者，应首先予以适当急救或采取必要的措施，不得无故拖延；（5）具有完全行为能力的人可以事先作出医疗决策，并且可以随时通过书面形式撤销或修改这些决定。此外，所谓"病人自主权利法"还规定了预先医疗决定的程序：（1）由医疗机构开展预立医疗照护计划，必须由患者、至少一位二亲等以内的亲属及指定的医疗代理人共同参与；（2）意愿人在预先医疗决定上盖章确认；（3）需经公证或两名以上见证人见证；（4）记录在全民健康保险的证件上。

三、香港特别行政区

（一）安宁疗护服务实践

1982年九龙圣母医院在香港地区首先开展善终服务。随后，香港于1986年成立了善终服务会。到了1992年，白普理宁养院在香港沙田落成，这是香港第一个独立的安宁疗护机构，为临终患者提供住院和居家两种安宁疗护服务。

香港特别行政区的安宁疗护模式具有多元化和多支柱的特点，具体包括独立的善终院舍、善终服务单位、咨询顾问团队、居家善终服务以及日间善终院舍。善终院舍和服务单位主要为病情较重、症状较多的患者提供生理和心理护理以及临终照顾，同时向患者家属提供暂住服务，以减轻家属长期照顾患者的压力。咨询顾问团队则在全科医院中提供专业的舒缓服务，他们会到各科病房会诊终末期患者，提供咨询性质的舒缓治疗和护理服务。居家善终服务允许患者在家中接受舒缓护士的定期探访，这些护士为患者提供症状和疼痛的舒缓支持，指导家属如何照顾患者，并通过热线电话服务随时提供帮助。一般每个家居善终服务部有5名左右的家居护士，每位护士需要照护20—30名终末期患者。家居护士根据每位患者的病况，定期上门服务或者电话巡诊，及时掌握病情并酌情安排，若病况棘手或临终者有其他需求，家居护士会联络医师及团队其他专业人员进行妥善处置为其输送生理、心理精神整体性照护。日间善终院舍为受益者提供休闲和社交活动，增进患者之间的相互支持,以提升他们的生活质量,也为照护患者的家庭成员提供了休息和自我照顾的机会。

香港特别行政区预设照顾计划实施过程中会特地为家属准备安心包,包含了各项指引,为家属提供支持。在预设计划中,"二人三嘱"(人生意义、人生回顾、遗嘱、预嘱及叮嘱)是让患者在生命的最后回顾自己的一生,把遗憾尽量最小化,也帮助家人能够尽快走出至亲离开的痛苦。

(二)安宁疗护相关政策

目前推广较为广泛的社区安宁疗护服务计划是赛马会安宁颂计划。自2015年起,香港赛会慈善信托基金投入131亿港元设立为期3年的[赛马会安宁颂(JCECC)]计划,用以发展香港安宁疗护事业,协助改善社区晚期护理服务的质量以及为相关从业人员提供培训,并举办公众教育活动。赛马会安宁颂计划结合了多方力量,联系社区及医疗系统,强化现有的临终医疗护理服务,所涉及的范围有宣教安宁照顾的概念,教导沟通相处之道,学会关爱照顾自己,认识晚期患者症状,阐明安宁照顾决定,全人照顾,善生善别善终。

香港医院管理局于2002年发布了《医院管理局对维持末期患者生命治疗的指引》,用以指导医务人员在照顾临终患者时如何作出适合的医疗决策。如果医生认为中止或撤除维生医疗措施对患者最有利,则会告知患者或直系亲属参与医疗决策。随后,2006年发布的《医疗上的代作决定及预设医疗指示报告书》对个人作出预立医疗指示的条件作了明确说明。2009年,香港食物及卫生局正式引入预设医疗指示的概念。这种预设的临终照顾计划是通过与患者、医护人员、家属及其他相关人员的沟通协商来制订的,主要用于处理患者无法自主作决定时的照护方式,必须通过书面形式设立,而且其中一名见证人必须是医生。

第二章 安宁疗护与生前预嘱立法的必要性与可行性

第一节 安宁疗护与生前预嘱立法是保障临终患者权益的客观需要

现代法律制度以权利为本位,即任何法律制度的设计都应以人民的权利为轴心。法律为权利之规定,法律学为权利之学,是现代学者间之通说;法律与权利同时存在,而法律现象,其本位即是权利。[①] 安宁疗护与生前预嘱立法就是为了更好地保障临终患者这一弱势群体的权利。

一、人性尊严

人性尊严被认为是安宁疗护的重要而有力的人权基石。[②] 事实上,安宁疗护临床模式和国际人权法都有"尊严"的用语,因此人性尊严为将安宁疗护确立为一项人权提供了一条合乎逻辑的渠道。[③] 但是,要将"人性尊严"作为具有法律强制力的安宁疗护人权的基础,就需要这个词能够被定义和解

[①] 参见征汉年、章群、刘玲:《法律权利化:权利本位》,载《南京工业大学学报(社会科学版)》2005年第3期。

[②] See Harvey Max Chochinov. Dignity and the Essence of Medicine: The A, B, C, and D of Dignity Conserving Care. BMJ(online), 2007, Vol.335 (Suppl S3), p.184.

[③] See Yude M. Henteleff, Mary J. Shariff & Darcy L. MacPherson. Palliative Care: An Enforceable Canadian Human Right. Mcgill Journal of Law and Health, Vol.5, p.122 (2011).

释。尽管包括《世界人权宣言》在内的许多人权宣言都使用了尊严一词，但这些文件没有对尊严进行定义，也没有"由任何有决定权的、独立的国际机构权威地解释或适用人性尊严"。① 尽管如此，人性尊严在我国立法及理论上均可作为安宁疗护的明确的人权基础。在立法上，《宪法》第33条第2款规定"国家尊重和保障人权"，第38条第一句规定"中华人民共和国公民的人格尊严不受侵犯"。在理论上我国宪法包含了人性尊严这样的基本人权。在人性尊严的理论中，"自治"是人性尊严的应有之义，即每个人都是自己的主人，不受他人的支配和控制，更不能成为他人、国家和社会的客体和工具。② 著名的"客体公式"将人性尊严视为人权行使的标准，其功能主要是禁止将人不当作主体而是当作客体来对待。③

对于绝大多数处于终末期的患者，疾病已不可逆转并且短期内病程进展至死亡已不可避免，而医疗的目的在于恢复患者的健康，而非不合理地延长患者的生物性体征，在无效医疗的情况下如果继续实施客观上已无疗效的侵入式医疗措施，则存在将患者"物化"之嫌。即便是终末期患者的家属出于孝道或出于担心不利的社会评价而坚持对患者采取侵入式医疗措施，其也是将患者当作客体。相反，安宁疗护则是一种认可终末期患者为主体的人性化服务，通过为患者提供照顾，对其疾病痛苦进行缓解，对其不良情绪进行疏导，让其在离世时能保持安详，而且无遗憾、有尊严。④ 因此，终末期患者应当享有以患者为中心、以缓和疼痛、照护心灵为方式的安宁疗护服务的权利，以使其临终的人性尊严得到最大程度之维护。

---

① See Yude M. Henteleff, Mary J. Shariff & Darcy L. MacPherson. Palliative Care: An Enforceable Canadian Human Right.Mcgill Journal of Law and Health, Vol.5, p.122-123（2011）.
② 参见汪进元:《论宪法的人性尊严原则》，载《河南财经政法大学学报》2012年第4期。
③ 参见胡玉鸿:《人的尊严的法律属性辨析》，载《中国社会科学》2016年第5期。
④ 参见刘爱琴等:《安宁疗护对消化道恶性肿瘤患者疼痛缓解程度及心理状态的影响》，载《中国医学创新》2022年第30期。

二、健康权

健康是行使其他权利不可或缺的一项基本权利。健康权在《世界人权宣言》《经济、社会及文化权利国际公约》等众多国际法文件得到明确承认。健康权有两个面向：一是要求人人都能获得有效的医疗卫生服务；二是要求保证免受酷刑、非自愿治疗和人体实验等的自由权利。[1]因此，健康权也构成了安宁疗护的权利基础。目前，越来越多的观点认同健康权涵盖了安宁疗护的权利。[2]经济、社会及文化权利委员会在《第6号一般性意见：老年人的经济、社会及文化权利》中指出："为了实现老年人在公约第12条第1款项下的享受令人满意的身心健康水平的权利，缔约国应当……制定卫生政策准则以保障老年人的健康，并且应采取从一个从预防康复到终末期患者疗护的综合性视角。显然，越来越多的慢性退行性疾病及其高昂的住院费用不能仅靠治愈性医疗来解决。在这方面，缔约国应铭记，保持健康到老年需要在整个生命周期内进行投入。"[3]《第14号一般性意见：享有能达到的最高健康标准的权利》同样指出："在实现老年人的健康权方面，……这方面的基本措施包括……治疗和照看患慢性病和不治之症的人，帮助他们免除可以避免的痛苦，和使他们能够体面地去世。"[4]

---

[1] See Mary Beth Morrissey, Keela Herr & Carol Levine, Public Health Imperative of the 21st Century: Innovations in Palliative Care Systems, Services, and Supports to Improve Health and Well-Being of Older Americans, The Gerontologist. Vol. 55, p.248（2015）.

[2] See Mary Beth Morrissey, Keela Herr & Carol Levine, Public Health Imperative of the 21st Century: Innovations in Palliative Care Systems, Services, and Supports to Improve Health and Well-Being of Older Americans, The Gerontologist. Vol. 55, p.248（2015）.

[3] See UN Committee on Economic, Social and Cultural Rights: General Comment No. 6: The economic, social and cultural rights of older persons, 1995: 8.

[4] See UN Committee on Economic, Social and Cultural Rights: General Comment No. 14: The Right to The Highest Attainable Standard of Health, 2000: 8.

三、知情同意权

设立生前预嘱制度是保障临终患者知情同意权的客观需要。我国现行法明确确立了患者知情同意权。《民法典》第1219条第1款、《医疗机构管理条例》（2022修订）第32条第一句均体现了我国法律认可患者拒绝不想要的医疗措施的权利。

根据知情同意法理，任何心智健全的成年人基于身体自主而享有拒绝医疗权。但是，当所拒绝的是维生医疗，而拒绝的结果是可预期的死亡时，医师往往因为无法律明确授权而不敢尊重患者之意愿，以避免法律纠纷。对此，有学者发问：一个神志清醒的成年患者，有权拒绝任何他不想要的医疗，但当患者拒绝医疗的后果，就是不可避免地死亡时，患者是否仍享有此拒绝权？[①] 当代比较法已经普遍认为，个人有权拒绝拯救或维持生命的治疗，也就是说，即便拒绝医疗可能导致患者的死亡，也不影响患者享有该基本权利。其原因在于国家的保护生命、防止自杀等利益无法完全压倒个人的拒绝医疗权。作为基本权利的拒绝医疗权不因死亡之可能后果而有所不同。世界各国的共识是，如果维生医疗只是维持患者生理性生命征象，但无治愈病人疾病的可能，其就与根治患者之疾病无关，与其说是延长生命毋宁说是延长死亡，那么患者拒绝维生医疗是回到"自然"状态，而依自然状态存在是个体不可剥夺的基本自由。1992年世界医学协会就已指出，"拒绝治疗乃病患的基本权利，若医师在尊重病患意愿下终止治疗，导致病患死亡结果，自与医学伦理无违"[②]。

生前预嘱则是承载拒绝维生医疗权的法律理念。这是因为在终末期疾病来临时，患者本人一般已经失去了决定能力甚至丧失了意识。因此，在比较法上，允许当患者失去意识时，可根据患者预立之生前预嘱来行使拒绝维

[①] 参见杨秀仪：《论病人之拒绝维生医疗权：法律理论与临床实践》，载《生命教育研究》2013年第1期。

[②] 黄丁全：《医疗法律与生命伦理》，法律出版社2007年版，第172页。

生医疗权。生前预嘱成为患者事先拒绝医疗之最重要法律工具，即有决定能力的人有权订立以拒绝医疗为内容的预先指示，以事先拒绝无决定能力时的治疗。对自己的医疗事务进行了预先安排的无决定能力的人，遵从该预先安排就是对其个人自由和尊严的尊重和保护，"正是在对这些个人自由基本原则的承认之中我们寻求将'什么是对患者最好的'这种家长式的观念转变为重申基本问题是何种决定与个人的意愿相一致，不论这个人是有能力的还是无能力的。对于后一类型的人，我们的结论是，替代判断原则，虽然存在缺点，最能强调尊重个人隐私和尊严的重要性"①。因此，承认拒绝维生医疗权就必须赋予生前预嘱以法律效力，因为多数被施加维生医疗的患者已陷入某种程度的意识障碍，无法现时地表达其意愿，如果不给予患者先前自主权，那么他就无法行使拒绝维生医疗的权利。所以，拒绝维生医疗权与生前预嘱是相伴相生的。部分国家及地区已通过立法建立了生前预嘱制度。我国民间团体在倡议"尊严死"的同时，也推广与其配套的预先医疗指示。2013年，经北京市民政局审批，北京生前预嘱推广协会成立。② 在2015年的全国两会上，全国政协常委胡定旭提交了有关生前预嘱的立法提案。③ 所以，无论是从法理、比较法还是我国社会趋势来看，将来应赋予生前预嘱以法律效力，并为其设计配套制度。

综上，为了更好地、全面地保障临终患者权益，有必要制定安宁疗护与生前预嘱立法。

---

① See Brophy v. New England Sinai Hosp., Inc., 398 Mass. 417, 430–431 (1986).
② 参见杨慧、李亚红、朱东阳：《"北京生前预嘱推广协会"成立：让病患"尊严死"》，载人民网，https://politics.people.com.cn/n/2013/0731/c70731-22400505.html。
③ 参见张田勘：《能否让病人宁静而有尊严地离世》，载《中国青年报》2015年5月29日，第2版。

第二节 安宁疗护与生前预嘱立法是回应高龄化趋势的必要举措

一、我国人口老龄化程度

根据我国民政部于 2023 年 12 月发布的《2022 年度国家老龄事业发展公报》，截至 2022 年末，全国 60 周岁及以上老年人口 28004 万人，占总人口的 19.8%；全国 65 周岁及以上老年人口 20978 万人，占总人口的 14.9%。①根据我国国家统计局《第七次全国人口普查公报（第五号）——人口年龄构成情况》，截至 2020 年 11 月 1 日，除西藏外，其他 30 个省份 65 周岁及以上老年人口比重均超过 7%，其中，12 个省份 65 周岁及以上老年人口比重超过 14%。②并且，上述老年人口和比例还在不断增加。根据国际标准，我国已经进入老龄化社会，不仅如此，我国人口还呈现"高龄化"的趋势。在我国进入老龄化社会的 20 年间，我国 80 周岁以上的高龄老人绝对数量增加了两倍，2020 年末达 3580 万人。据老年学专家的预测，到 2035 年，80 周岁以上老年人可达到 6100 万人，约占老年人口的 14.8%；到 2050 年，80 周岁以上的老年人口将突破 1 亿人，约占老年人口的 23.1%，这使得我国未来相当长的时期将保有世界上最大的高龄老年人口规模。③

《北京市老龄事业发展报告（2021）》显示，截至 2021 年底，北京 60 周岁及以上常住人口 441.6 万人，占常住总人口的 20.18%，比 2020 年增加

---

① 参见《2022 年度国家老龄事业发展公报》，载民政部网，2023 年 12 月 14 日，https://www.mca.gov.cn/n152/n165/c1662004999979996614/attr/315138.pdf。

② 参见《第七次全国人口普查公报（第五号）——人口年龄构成情况》，载国家统计局网，https://www.stats.gov.cn/zt_18555/zdtjgz/zgrkpc/dqcrkpc/ggl/202302/t20230215_1904001.html，2023 年 9 月 11 日访问。

③ 参见郭晋晖、宋淑洁：《人口高龄化逼近，医养结合如何覆盖数千万失能老人》，载《第一财经日报》2023 年 5 月 4 日，第 A06 版。

11.7万人；65周岁及以上常住人口311.6万人，占常住总人口的14.24%，比2020年增加20.4万人。这些数据标志着北京市已进入中度老龄化社会。①

二、我国老年人对安宁疗护与生前预嘱的需求

在老龄化人口冲击下，我国老年人面临慢性病、慢性疼痛、终末期疼痛等重大问题。据统计，我国患慢性疾病的老年人口总量超过1.8亿。②慢性病发生率呈现逐年上升趋势，这也意味着越来越多的慢性病患者发展至终末期，面临生命的终结。③慢性疼痛是老年人最常见的慢性病之一，2/3以上的老年人承受慢性疼痛，并严重影响其身心健康与生活质量。④除疼痛之外，终末期患者在面对疾病进展带来的躯体痛苦、生命的无意义感及无价值感、死亡临近的胁迫感和绝望感等，还会存在精神心理方面的困扰与痛苦。⑤在面临终末期疾病时，患者还会丧失个人尊严。

正是因为考虑到越来越多的终末期老年患者承受着身体、精神的痛苦及尊严的减损，我国已开始对安宁疗护制度进行顶层设计。《安宁疗护中心基本标准（试行）》明确了安宁疗护的概念。根据该概念，首先，安宁疗护的一个重要方面是疼痛控制。安宁疗护会根据患者的疼痛症状、发作情况，给予药物镇痛和疼痛护理，缓解其疼痛感，提高其舒适程度，因此，安宁疗护对于缓解老年临终患者疼痛和减轻其心理应激反应有着积极的影响。⑥其次，

---

① 参见赵博宇：《北京正式进入中度老龄化社会》，载《北京商报》2022年9月5日，第6版。
② 参见刘露凝、李春玉、金锦珍：《医养结合在老年慢性病患者护理中的应用现状》，载《慢性病学杂志》2023年第4期。
③ 参见冯晓瑜、刘莹：《老年慢性病终末期患者死亡焦虑影响因素分析》，载《护理实践与研究》2021年第23期。
④ 参见黄雪、李辰瑶、郑萍：《老年慢性疼痛病人自我感受负担、疼痛恐惧及自我管理行为的相关性》，载《护理研究》2021年第15期。
⑤ 参见刘丹娜、詹艳：《灵性照护对终末期患者生存质量、灵性健康及心理状况影响的Meta分析》，载《护理管理杂志》2022年第2期。
⑥ 参见程芬：《安宁疗护对老年肿瘤临终患者心理应激反应及疼痛的影响价值分析》，载《婚育与健康》2023年第8期。

安宁疗护不仅可以减轻肉体疼痛，还关注终末期患者的精神舒缓，通过帮助患者放松身心、调整心态，提供更加贴心、人性化的护理服务，有效改善患者临终期的心理状态、疲乏程度，提升患者的心理状态和生活质量。① 最后，安宁疗护能够维护终末期患者的个人尊严。安宁疗护的核心是让患者有尊严离去，使患者能以舒适、平静的方式善终，已有实证研究显示，安宁疗护能有效提高晚期肿瘤病人生命尊严，这由于安宁疗护通过症状管理、心理疏导、尊重自主、死亡教育等方式能让患者正确面对死亡，提高患者躯体舒适性，减少不必要的治疗，从而让患者有尊严活着。②

首都医科大学马克思主义学院、北京医学伦理学会通过《安宁疗护人才队伍建设的调查》得知，北京市对安宁疗护服务需求较大，80.0%的人选择愿意接受安宁疗护服务。但根据统计分析发现，安宁疗护人才队伍建设方面还存在缺乏梯队培养、缺少新生力量、心理压力过大等问题。③ 根据对北京居民的安宁疗护服务认知的实证调查显示，绝大部分居民知道安宁疗护服务且清楚北京所设相关机构，对于安宁疗护服务接受程度较高，86.03%的受访者听说过安宁疗护服务，其中79.15%的受访者知道北京提供安宁疗护服务的机构或组织，且有92%的受访者认同安宁疗护服务是一项重要的医疗服务。这三项数据说明北京居民对于安宁疗护服务并不陌生，且他们中的绝大多数认可这项服务的必要性；但是，北京市能够提供安宁疗护服务的相关机构数量有限，且提供的服务质量不高，还不能满足老年群体及家属日益增长的需求。④ 可见，北京居民对安宁疗护服务有着较大的需求潜力。

---

① 参见李彩英等：《安宁疗护对临终期肿瘤病人心理状态、睡眠状况和生活质量的影响》，载《护理研究》2021年第17期。
② 参见阚亦非：《安宁疗护对晚期肿瘤病人生命尊严及生活质量的影响》，载《全科护理》2021年第4期。
③ 参见张玉辉：《安宁疗护服务供给不能满足需求》，载《医师报》2023年6月8日，第A04版。
④ 参见田万宁等：《北京地区居民对临终关怀服务认知现状与问题分析》，载《中国市场》2021年第25期。

综上，为了有效满足高龄化趋势下老年人的安宁疗护服务需求，制定安宁疗护与生前预嘱立法刻不容缓。

第三节　北京市安宁疗护与生前预嘱地方性立法研究

一、北京市安宁疗护与生前预嘱立法的制度基础

（一）我国安宁疗护政策背景

在安宁疗护概念提出之前，我国就有"临终关怀"的实践与规定。1988年，天津医学院（现天津医科大学）成立了第一个临终关怀研究中心。随后，包括高校、医院、科研院所在内的一些机构陆续开展了临终关怀的理论研究和实践探索。[①]《中国老龄工作七年发展纲要（1994—2000年）》规定"有条件的地方要兴建老年公寓和临终关怀医院"。原卫生部《关于在医疗机构改革中加强护理工作的通知》提出"以人民群众的健康服务需求为导向，积极开发与提供多方位的护理服务，大力发展社区护理、老年护理、临终关怀等，并逐步予以规范"。老龄化加速了我国临终关怀实践的开展及理念的传播，2012年修订后的《老年人权益保障法》增加规定了"鼓励为老年人提供保健、护理、临终关怀等服务"。

随着国家对临终医护问题理解的不断加深，我国逐渐提出"安宁疗护"的概念。笔者认为，安宁疗护与临终关怀是相同概念的不同表述。例如，国家卫健委在《社区医院基本标准（试行）》《关于开展社区医院建设试点工作的通知》中均使用了"安宁疗护（临终关怀）科"的表述。2016年，国务院《"十三五"卫生与健康规划》强调"完善治疗—康复—长期护理服务链，发展和加强康复、老年病、长期护理、慢性病管理、安宁疗护等接续性医疗

---

① 参见石礼华、刘庚常：《论我国临终关怀制度构建》，载《中国医学伦理学》2013年第4期。

机构"。其后，我国持续加强安宁疗护机构能力建设，不断完善相关服务指南和规范。制度的建立促进了实践的推进。2017年10月，国家卫生计生委办公厅发布《关于开展安宁疗护试点工作的通知》（国卫办家庭函〔2017〕993号），决定在全国开展安宁疗护试点工作。该通知指出安宁疗护的试点目的是，为探索研究安宁疗护相关政策和工作机制，在全国部分有工作基础的地方先行试点，通过政府引导，鼓励试点地区积极稳妥地推进安宁疗护工作，逐步积累，不断完善，形成有价值、可借鉴的经验做法，并向更大范围推广。根据该通知，北京市海淀区进入全国第一批安宁疗护工作试点。2019年5月，国家卫生健康委将北京市西城区、东城区、朝阳区列为第二批安宁疗护试点。2023年4月，国家卫生健康委将北京市列为第三批国家安宁疗护试点省（市），天津市南开区等61个市（区）为第三批国家安宁疗护试点。第三批试点的任务相对前两批显得更加系统化：将前两批试点的在二级及以上医院开设安宁疗护科扩展至二级以下医院；在构建价格体系方面，进行了收费标准的区分设定；在保障药物配备方面，强调"对开展安宁疗护服务所需的毒麻精神药品使用给予政策支持，尤其要保障基层医疗卫生机构相应用药需求"；将前两批试点中的"转介制度"改为"转诊机制"；在加强教育培训方面，第三批试点也提出了更加详细的要求。2023年8月，北京市卫健委发布通知进一步细化了试点要求。因此，通过制定安宁疗护与生前预嘱立法，有利于总结、固定安宁疗护试点成果，为进一步开展安宁疗护服务提供法治保障。

（二）北京市安宁疗护政策背景

2017年10月，北京市海淀区入选全国第一批安宁疗护工作试点市（区）。自2018年开始，每年北京市卫生主管部门发布的年度老龄健康工作要点均将安宁疗护作为独立工作要点进行布置。原北京市卫生和计划生育委员会发布的《2018年北京市老年健康工作要点》提出"加强安宁疗护服务能力建设"。北京市《2019年老龄健康工作要点》提出"保障安宁疗护良性发展"。《2020年北京市老龄健康工作要点》规定："（十四）推进安宁疗护服务。制定安宁疗护服务发展三年行动计划（2020—2022），完善安宁疗护服务标准、流程、规范等制度体系。激活用好专业齐备、技术力量较好二级医院的资源，引导医养结合机构、社区卫生服务中心开展安宁疗护服务；不断扩大包括心理支持、疼痛舒缓、生命支持以及终末期生命体征监测等综合性安宁疗护服务供给。在国家级安宁疗护试点区开展安宁疗护示范基地建设。2020年，全市新增安宁疗护床位不少于300张。"《2021年北京市老龄健康工作要点》规定："（八）完善安宁疗护服务。发挥安宁疗护指导中心和示范基地作用，引领全市有条件的医疗机构开展安宁疗护服务；普及推广社区和居家安宁疗护服务，扩大安宁疗护服务供给。制定出台安宁疗护服务的患者准入标准、服务项目清单和转介制度，规范安宁疗护服务机构工作。"《2022年北京市老龄健康工作要点》规定："完善转介机制，探索安宁疗护支付机制。推动社区卫生服务中心提供社区和居家安宁疗护服务；发挥安宁疗护指导中心和示范基地作用，扩大安宁疗护服务供给；加大生命观教育和安宁疗护服务宣传。"2018年的政策较为笼统，而2019年的政策进一步具体化，2020年的政策提出了安宁疗护服务规范化和量化要求，例如提出完善安宁疗护服务标准、流程、规范等制度体系，以及新增安宁疗护床位不少于300张；2021年的政策则是细化切入，要求制定出台安宁疗护服务的患者准入标准、服务项目清单和转介制度；2022年的政策提出探索安宁疗护支付机制，同时提出了转型建设安宁疗护中心以及增加床位的量化要求。

2022年1月，北京市卫健委等7部门针对安宁疗护发布了专项方案，即《北京市加快推进安宁疗护服务发展实施方案》。该方案提出的工作目标是，到2025年，安宁疗护服务相关制度、标准、规范基本完善；安宁疗护服务机构数量显著增加、服务内容更加丰富、服务质量明显提升、服务队伍更加壮大、服务资源配置更趋合理。2023年1月，北京市人民政府发布《北京市2023年办好重要民生实事项目分工方案》《2023年市政府工作报告重点任务清单》，均提出"建设4家安宁疗护中心，增加安宁疗护床位200张"。2023年4月，北京市卫健委发布《关于"分区包片"指导安宁疗护发展的通知》，要求市级安宁疗护指导中心、首批市级安宁疗护示范基地将通过"一对一""一对多""分区包片"的形式，分别指导各区和开展安宁疗护的各医疗机构规范开展安宁疗护服务。该通知指出，"安宁疗护是新时代的新生命观，安宁疗护服务需求是重要的健康服务需求，也是人民群众'急难愁盼'的问题之一"，并对市卫生健康委、各区卫生健康委、市级指导中心、市级示范基地提出了相应的安宁疗护工作要求。

2023年8月，为落实国家安宁疗护试点要求，北京市卫健委发布通知要求：二、三级医院承担突发急性病变或身体、心理症状较重需要住院治疗的安宁疗护患者的安宁疗护服务；社区卫生服务机构、护理机构、医养结合机构为诊断明确、症状轻且稳定的安宁疗护患者，通过设立家庭病床、巡诊等多种方式，提供包括症状控制、舒适照护、心理支持和人文关怀等适宜居家提供的安宁疗护服务；发挥中医药在安宁疗护服务中的优势与作用，总结推广中医药安宁疗护技术和方法，探索形成具有中医药特色的安宁疗护服务模式；探索"互联网＋安宁疗护"服务新业态；建立安宁疗护专家库；将生命教育纳入中小学校健康课程，纳入高等院校、职业院校的选修课程，向在校师生普及安宁疗护理念，提高各级领导干部、公务员等群体对安宁疗护服务的认识水平；积极探索安宁疗护按床日付费、政府购买服务等多样化制度；探索实施对安宁疗护机构和科室个性化绩效评价制度和待遇激励机制，在绩效考核、职称晋升、评先评优等方面予以倾斜；探索建立对安宁疗护机构或床位的建设补贴和运营补贴制度；对开展安宁疗护服务所需的毒麻精神药品使用给予政策支持，尤其是基层医疗卫生服务机构相应用药管理制度。

综上，北京市安宁疗护的政策不断优化、完善，为本市制定安宁疗护与生前预嘱立法奠定了良好的制度基础。

二、北京市安宁疗护与生前预嘱立法的实践支撑

（一）安宁疗护服务供给不断增加

就全国范围而言，国家卫健委统计，截至2021年底，我国设有老年医学科的二级及以上综合医院达到4685个，建成老年友善医疗卫生机构约2.1

万个,设有安宁疗护科的医疗卫生机构超过 1000 个。① 就北京而言,本市不断扩大安宁疗护服务床位供给,与 2020 年底 12 家医疗机构设置 64 张安宁疗护床位相比,服务供给大幅增加,2022 年底达到了 650 张。② 北京坚持试点先行、因地制宜、以点带面,探索建立可复制、可推广、可持续的安宁疗护服务模式。2016 年,在 15 家医疗机构试点开展安宁疗护服务。2017 年和 2019 年,东城、西城、海淀、朝阳等 4 个区分两批纳入全国安宁疗护试点。2020 年,确定北京协和医院、北京医院为市安宁疗护指导中心,并遴选北京老年医院等 9 家医疗机构作为首批安宁疗护示范基地,示范、引领、指导各级各类医疗机构开展安宁疗护。③ 2022 年,北京市第六医院、丰台区蒲黄榆社区卫生服务中心等 6 家机构全部通过评价验收,完成首批转型建设安宁疗护中心的任务。④

(二)社区居家安宁疗护持续推进

北京较为重视社区居家安宁疗护工作的开展。以蒲黄榆社区为例,其作为北京市社区居家安宁疗护的先行者,于 2019 年底在北京协和医院安宁缓和医疗组的协助下,建立了居家安宁疗护服务模式,积极为辖区内需要且愿意接受安宁疗护的终末期患者提供服务,至今已积累较多经验。⑤

(三)市民临终理念日益更新

北京市生前预嘱的民间推广起步较早,早在 2006 年"选择与尊严"的

---

① 参见金振娅、张晓华:《国家卫健委:近十年我国老龄工作取得显著成效》,载《光明日报》2022 年 9 月 21 日,第 8 版。
② 参见吴少杰、姚秀军:《北京安宁疗护服务供给大增》,载《中国人口报》2023 年 4 月 7 日,第 1 版。
③ 参见吴少杰、姚秀军:《北京安宁疗护服务供给大增》,载《中国人口报》2023 年 4 月 7 日,第 1 版。
④ 参见吴少杰、姚秀军:《北京安宁疗护服务供给大增》,载《中国人口报》2023 年 4 月 7 日,第 1 版。
⑤ 上述对蒲黄榆社区居家安宁疗护实践的介绍,参见刘汝金等:《三级医院指导下的社区居家安宁疗护服务模式》,载《中国医学科学院学报》2022 年第 5 期。

公益网站（https://www.lwpa.org.cn）就已创办，它是我国首个倡导"尊严死"的网站，该网站的主办单位"北京生前预嘱推广协会"于 2013 年 6 月 25 日通过北京市民政局审查正式成立，划归北京市卫生局管理。① 该网站使公民注册、使用《我的五个愿望》及保存、检索等日臻完善。② 截至 2020 年 12 月，这家名为"选择与尊严"的网站注册用户有 97757 人，其中包括生前预嘱填写者 51651 人。③ 根据有关学者对北京地区居民对临终关怀服务认知的调查，有 65.40% 的人愿意在今后接受临终关怀服务。④

（四）安宁疗护志愿者队伍不断壮大

北京地区活跃的 7 个安宁疗护志愿者团队分别是北京市协和医院／协和医学院安宁志愿团队、生前预嘱推广协会第二期"七彩叶"缓和医疗志愿者团队、北京市仁爱慈善基金会生命关怀项目团队、慈慧公益基金会临终关怀"安宁陪护"项目团队、信望爱安宁疗护机构、北京大学首钢医院安宁疗护中心、北京崔各庄儿童希望之家；安宁疗护志愿者的工作内容包括：与患者聊天、协助患者进行社交活动、缓解患者家属的痛楚、了解患者的临终需求、宣传志愿者项目、协助医护人员工作、协助患者就医及治疗、慈善筹款活动等。⑤

（五）医疗机构积极开展安宁疗护教研活动

北京医疗资源丰富，具有率先开展安宁疗护的天然优势。例如，北京协

---

① 参见谢文英：《我的死亡到底谁做主？》，载《检察日报》2013 年 8 月 12 日，第 5 版。
② 参见北京生前预嘱推广协会——协会简介，载北京生前预嘱推广协会网，https://www.lwpa.org.cn/XZYZY/NewsIndex.aspx?queryStr=p0w7x08q7x15x15o3w8w1vZ8w7x08q7x15x15o3w8w1v0vZ8p4x2X12x01w1u9。
③ 参见景军：《尊严死之辨》，载《开放时代》2022 年第 4 期。
④ 参见田万宁等：《北京地区居民对临终关怀服务认知现状与问题分析》，载《中国市场》2021 年第 25 期。
⑤ 参见张梦媛、宁晓红：《北京地区安宁疗护志愿团队发展状况调研》，载《医学与哲学》2020 年第 21 期。

和医院在安宁疗护学科研究方面，于 2014 年 2 月开设"舒缓医学"课程。①

综上，北京市安宁疗护在服务供给、社区居家、市民理念、志愿服务、教研活动等多方面均运行良好，为本市安宁疗护与生前预嘱立法积累了较丰富的实践基础。

三、北京市具有对安宁疗护与生前预嘱的地方立法权

根据《立法法》第 80 条、第 82 条等规定，北京市制定安宁疗护与生前预嘱地方性法规应满足"不抵触""有需要""不重复""不属于法律保留事项"的条件。

一是北京市制定安宁疗护与生前预嘱地方性法规不与宪法、法律、行政法规相抵触。就宪法而言，《宪法》第 45 条第 1 款从积极角度规定了国家应当为公民提供医疗卫生服务，而医疗卫生服务理应包括安宁疗护服务。就法律而言，《基本医疗卫生与健康促进法》第 36 条强调了"全方位全周期的医疗卫生服务"，安宁疗护是"全周期"中必备的也是最后的环节。就行政法规而言，我国现行行政法规并无明确规定安宁疗护，但是行政法规《医疗机构管理条例》的配套规定《医疗机构管理条例实施细则》明确规定了"安宁疗护中心"。由上可知，无论是从法解释学还是法律原文来看，我国宪法、法律、行政法规都是认可安宁疗护制度的，故北京市制定安宁疗护地方性法规不会与宪法、法律、行政法规相抵触。

二是《基本医疗卫生与健康促进法》提出"全方位全周期的医疗卫生服务"，但我国国家层面并未针对安宁疗护制定专门法律法规。同时，北京已纳入国家安宁疗护试点并积累了丰富的实践经验，安宁疗护属于民生类医疗卫生事业。北京市作为直辖市，有权为了执行上位法提出的"安宁疗护"规定，并针对本市的安宁疗护事务制定地方性法规。

---

① 上述对北京协和医院安宁疗护实践的介绍，参见阎格等：《北京协和医院安宁缓和医疗探索与实践》，载《医学与社会》2023 年第 10 期。

三是我国国家层面并未针对安宁疗护与生前预嘱制定专门法律法规，只是施行安宁疗护的区域试点，故北京市制定安宁疗护与生前预嘱地方性法规不存在重复规定的情况。

四是安宁疗护与生前预嘱不属于法律保留事项。安宁疗护是民生类的医疗卫生事业，显然不属于《立法法》第11条规定的法律保留事项。有疑问的是生前预嘱是否属于"民事基本制度"。2018年5月，江苏省无锡市人民政府法制办公室对民革无锡市委提出的"关于倡导生前预嘱，推进落实舒缓医疗的建议"提案提出会办意见，一方面陈述了无锡市在发展安宁疗护事业方面取得的成绩，另一方面认为"目前在国家层面没有制定相关上位法，且'生前预嘱'立法不属于《中华人民共和国立法法》规定的地方立法权限。建议你委可以根据国家、省的要求牵头进行一些实质性问题的研究与探讨，经常关心国家、省以及周边城市关于这方面的政策动态，可以适时向市人大常委会提出相关建议，争取市人大常委会对相关工作的重视与支持，我办将根据职能积极做好相关工作"。[①]至于为何认为生前预嘱立法不属于《立法法》规定的地方立法权限，其并未展开解释。可能的原因是其认为生前预嘱类似于遗嘱，属于民事基本制度。遗嘱是个人为自己的死后事务作规划。生前预嘱则与遗嘱不同，遗嘱是在人死后生效，其可就死后的遗产分配等财产事务以及遗嘱指定监护等人身事务作出意思表示，而生前预嘱是在人在世时就生效，其仅针对是否接受维持生命医疗措施的事项作出事先决定；遗嘱继承制度早在《汉穆拉比法典》（约公元前1792—前1750年）中便已出现[②]，后各国均将遗嘱作为民法基本制度，而生前预嘱则是由于现代医学发展出人工延命医疗技术后才出现的制度。从法理而言，生前预嘱也并非民事基本制度。有学者就认为，预先医疗指示是患者有效行使知情同意权的重要途径，

[①] 《无锡市人民政府法制办公室对市政协十四届二次会议第0019号提案的会办意见》（锡府法函〔2018〕16号）2018年5月9日发布。

[②] 参见王沛：《遗嘱继承制度的历史考察——从中西方比较的角度》，华东政法学院2004年硕士学位论文。

但不应看作一种独立的权利。①生前预嘱作为一种指示型预先医疗指示，是事先书写好当自己在疾病终末期且失去表意能力时是否接受维持生命医疗的决定，其本质仍是对某项医疗措施（维持生命医疗措施）的同意或拒绝。因此，生前预嘱是知情同意法律制度在终末期医疗情境下的具体运用。知情同意制度作为医疗法律领域的重要制度，应当属于《立法法》规定的"民事基本制度"，其已经在《民法典》中被明确规定。因此，制定关于生前预嘱的地方性立法并没有创设一种新的民事基本制度，而是将现行法律中的知情同意这种民事基本制度予以具体化运用。正因如此，2022年通过的深圳市地方性法规《深圳经济特区医疗条例》第78条就明确规定了生前预嘱制度。故生前预嘱不属于法律保留条款中的"民事基本制度"。

综上，北京市制定安宁疗护与生前预嘱的地方性法规满足"不抵触""有需要""不重复""不属于法律保留事项"等各项条件，具有对安宁疗护与生前预嘱的地方立法权。

---

① 参见祝彬：《知情同意权视角下的预先医疗指示制度》，载《中国卫生事业管理》2012年第12期。

第三章 安宁疗护与生前预嘱立法框架

第一节 安宁疗护与生前预嘱的立法模式与立法名称

一、比较法上安宁疗护与生前预嘱的立法模式分析

(一) 德国

关于安宁疗护与生前预嘱,德国采用分立式立法模式。即,将安宁疗护规定于《德国社会法典》《临终关怀与安宁疗护法》中,生前预嘱规定于《德国民法典》。

1.《德国社会法典》中的多层次安宁疗护服务体系

德国关于安宁疗护的第一个法律里程碑发生在 1997 年,当时德国联邦议院认识到临终关怀运动的主要目标是使绝症患者能够有尊严地活着直到死亡,并认为临终关怀的理念(Hospidgedanke)必须在各个层面传播并获得更多影响力社会。[①] 此后,德国进行了多项法律改革,以改善对绝症患者的护理。所有这些关于提供安宁疗护的规定通常遵循住院和门诊医疗机构之间的划分。相应地,住院服务提供者通常包括医院的安宁疗护病房(Palliativstatiten)和临终关怀院(Hospize),门诊服务提供者则是指门诊临终关怀服务(Ambulante Hospizidienste)和专科门诊安宁疗护(Spezialisierte

---

① Bundestag printed paper no. 13/7264, p. 60.

Ambulante Palliativversorgun，SAPV）。[1] 这种体系的基本考虑是区分专门为生命受限性疾病患者提供安宁疗护的服务者，以及其他偶尔为患者提供一般性安宁疗护的医疗服务提供者。

（1）安宁疗护病房。其是设在医院或与医院相连的专科病房。其目的是缓解或稳定患者症状，并在可能的情况下提高患者的生活质量，以便他们能够出院。他们是典型的多专业团队，由有资质的医生、护士、社会工作者、顾问、心理学家和其他治疗师组成，通常由志愿者支持。与其他类型的安宁疗护提供者相比，安宁疗护病房还没有通用的、可验证的质量标准。[2]

（2）临终关怀院。1997年，德国立法者最终肯认，提供安宁疗护是有尊严死亡的组成部分，并在《德国社会法典》第五编中增加了第39a条，从而首次建立了临终关怀院（Hospize）的融资模式。[3] 因此，法定健康保险基金首次有义务参与其唯一任务是满足绝症患者需求的结构融资。根据该条文，临终关怀院是一个独立的为临终患者提供有尊严和富有同情心的护理的机构，这些患者不需要住院治疗，但由于不同原因无法在家或其他习惯环境中得到充分照顾。临终关怀院的服务质量规则规定于全国法定健康保险基金协会与主要临终关怀提供者代表签署的相关框架协议中。这种服务由一个跨学科团队提供，该团队由不同医学和非医学专业的成员以及志愿者组成。德国体系的一个特点是，临终关怀机构通常没有内部医生，而是与当地的全科医生合作，这些全科医生中越来越多的人参加了安宁疗护培训。

（3）门诊临终关怀服务。随着人们愈加希望在家里度过余生，避免不必要的住院，德国修改了《德国社会法典》第五编第39a条。修正案引入了门诊临终关怀服务，该服务由志愿者在患者家中为其提供合格的陪伴服务，该类服务的个人费用采用联合融资模式。[4] 这些服务的主要任务是提供安宁疗

---

[1] Bundestag printed paper no. 15/5858, p. 10.

[2] Maier B, Formen der Finanzierung von Palliativversorgung im Krankenhaus，Palliativmedizin，Vol.12, p.68-79（2011）.

[3] Federal Gazette 1997, BGBl. I p. 1520.

[4] Bundestag printed paper no. 14/7473, p. 13.

护方面的建议，并确保雇佣、培训、协调和支持准备陪伴绝症患者的志愿者。因此，志愿者的任务是提供情感、精神和社会支持，而不是医疗或护理支持。与临终关怀院一样，门诊临终关怀服务的质量规则也在相关的框架协议中确定。

（4）专科门诊安宁疗护。《德国社会法典》第39a条的引入并未达到预期目标。由于在很大程度上缺乏专家支持或对患者进行耗时的护理，人们认为留在家里接受护理直到死亡的愿望仍然很少得到满足。为了改变这种情况，2007年，德国立法者在《德国社会法典》中设置了第37b条，为需要耗时医疗的患有不可治愈、进展性或已经严重进展、生命有限的患者设立了专门门诊安宁疗护。第37b条第3款和第4款分别规定了联邦共同委员会（德国医疗体系中最重要的决策主体）以及医疗保险基金全国协会对专科门诊安宁疗护提出的要求。专科门诊安宁疗护可以提供不同程度的服务，从一次性咨询到全面的安宁疗护。它通常由专业、多专业的安宁疗护服务团队或与国家医疗保险基金签署相关个人合同的团队提供。

2.《德国临终关怀与安宁疗护法》

为了扩大安宁疗护的覆盖面，减小城乡差距，2015年德国继续通过立法巩固其多层次安宁疗护服务体系。德国联邦议院于2015年11月通过《德国临终关怀与安宁疗护法》，该法于2015年12月8日生效。它包含了在全国范围内促进在所有地区扩大临终关怀和安宁疗护，尤其是在德国的薄弱地区以及农村地区。《德国临终关怀与安宁疗护法》采取一系列措施改善处于生命最后阶段的人们的医疗、护理、心理，并促进在全国范围内扩大安宁疗护和临终关怀。安宁疗护和临终关怀旨在当不再有任何治愈的前景时减轻疾病的后果，其可以在家里、医院、疗养院中提供。根据《德国临终关怀与安宁疗护法》，有针对性的措施和财政激励措施包括：加强门诊安宁疗护和安宁疗护家庭护理；疗养院和医院将扩大临终关怀和安宁疗护；健康保险公司将为门诊和住院安宁疗护工作提供比以前更多的财政资金支持；被保险人将有权获得健康保险公司在选择和使用安宁疗护和临终关怀服务方面提供的建议和帮助。在《德国临终关怀与安宁疗护法》框架下，德国的安宁疗护服务包含多个层次。该法律明确规定安宁疗护是法定健康保险计划提供的标准护理的一部分。（1）在签约医生方面，其将提供更多有偿服务，提高安宁疗护的服务质量，同时为全科医生和专家提供更多资质，并促进联网。此外，将加强家庭保健方面的安宁疗护。（2）住院儿童和成人安宁疗护的财政资源得到改善。为此，健康保险公司提高了对每个被保险人每天的安宁疗护最低补贴（2017年为267.75欧元），健康保险公司承担95%的合格费用。同时也为住院儿童安宁疗护缔结了独立的框架协议。门诊安宁疗护服务可以得到人事费和材料费的补贴，健康保险公司的补贴也相应增加。因此，安宁疗护机构也获得了更多的经济回旋余地，以为亲属提供相关咨询。（3）更加重视养老院的门诊安宁疗护工作。医院现在也可以委托安宁疗护服务团队提供临终照护。安宁疗护成为社会长期护理保险护理任务的明确组成部分。养老院与全科医生、专科医生必须签订合作协议，参与其中的医生将获得额外的报酬。（4）疗养院将有义务与门诊安宁疗护服务合作，并且将来必须使与网络化安宁疗护服务的合作透明化。（5）养老院可以为居民在生命最后阶段提供全面的医疗、护理、社会心理等护理。这项特别咨询服务也由健康保险公司资助。为了加强医院的安宁疗护文化，如果医院愿意，可以与付款人就独立安宁疗护床位的医院特定费用达成协议。但是，在没有安宁疗护床位的医院也将加强安宁疗护，医院可以就多专业安宁疗护服务机构的特定额外费用达成一致，从2019年起，全国将根据相应的法律基础统一收取额外费用。为此，医院可以成立内部安宁疗护团队或与外部服务合作。被保险人有权在选择和使用安宁疗护服务时获得法定健康保险公司的个人建议和援助。在这样做时，健康保险公司还应提供有关生命最后阶段个人供应选择的一般信息，特别是生前预嘱、医疗决策代理和护理指令。①

3.《德国民法典》

进入21世纪后，德国关于临终患者尊严死亡问题最困难的是患者在现

---

① See Hospiz-und-palliativgesetz, https://www.bundesgesundheitsministerium.de/service/begriffe-von-a-z/h/hospiz-und-palliativgesetz.html.

时未为意思表示之情形,是否可依其推定之意思中断延命治疗?受到美国生前预嘱(living will)制度影响,德国实务界提倡导入"患者遗言"制度。①为了使尊重患者意愿更为彻底,德国联邦最高法院于2003年3月17日确定了生前预嘱(Patientenverfügung)的法律效力:"当患者失去同意能力且其病痛已不可逆地趋向死亡时,其维生或延生措施必须终止,如果这符合患者之前在其生前预嘱中所表达的意愿。"②

德国于2009年7月29日通过《患者处分法》(*Patientenverfügungsgesetz*),同年9月1日生效,从而将预先医疗指示制度(包括生前预嘱和医疗意定代理人)整合纳入《德国民法典》。③相关条文为第1901a、1901b、1904条,根据这些规定,任何有同意能力的成年人得以书面方式立定生前预嘱,针对自己在失去同意能力时是否接受特定健康检查、治疗措施或侵入性医疗表示同意或不同意(第1901a条第1款),且患者得拒绝任何医疗,包含维生医疗在内,但对于维生医疗决定的意定代理权授予规定了更严格的程序要件,即书面明示(第1904条第5款)。并且,生前预嘱不依赖于患者疾病的性质和阶段而予以适用(第1901a条第3款),这即改变了前述德国联邦最高法院2003年3月17日民事判决中关于生前预嘱仅限于基本病情已导致"不可逆转的死亡进程"而予适用的立场。④患者得指定医疗意定代理人,该代理人或法院指定的监护人在不存在患者生前预嘱的情况下应当查明患者的医疗意愿或可推知的意思,患者先前的口头或书面表达、道德或宗教信念和其他个人价值观念尤需予以考虑(第1901a条第2、5款)。

2010年6月25日,德国审理了一起在该国法上具有里程碑意义的案

---

① 参见曾淑瑜:《医疗·法律·伦理》,元照出版公司2007年版,第207页。

② 孙效智:《安宁缓和医疗条例中的末期病患与病人自主权》,载《政治与社会哲学评论》2012年第41期。

③ 参见王刚:《德国刑法中的安乐死——围绕联邦最高法院第二刑事审判庭2010年判决的展开》,载《比较法研究》2015年第5期;郑冲:《德国联邦最高法院作出与病人处分相关的最新判决》,载《比较法研究》2010年第5期。

④ 参见王刚:《德国刑法中的安乐死——围绕联邦最高法院第二刑事审判庭2010年判决的展开》,载《比较法研究》2015年第5期。

件。该案的案情是：一位年近80岁的老妇K从2002年10月起进入植物人状态，此后一直在一家护理院靠胃管输送营养维持生命，其健康状况已没有好转可能，2002年9月，K两个子女遵照K口头表达的愿望要求护理院撤除胃管，2007年底，K的女儿在律师普茨的建议下切断了为其母输送营养的胃管，后被护理院人员发现，将K送至医院。K在两周后因其所患疾病自然死亡。K的子女和律师普茨被控共同杀人未遂，2009年4月，富尔达州法院判处律师普茨9个月的缓刑，因为切断胃管是听从律师建议，K的女儿未被判刑，此案上诉到德国联邦最高法院，2010年6月25日，该院第二刑事审判庭作出判决，确认了患者处分的效力，照管人和其他相关人员实施患者处分的行为不属于犯罪行为。[1]

（二）法国

关于安宁疗护与生前预嘱，法国采用统一式立法模式，即将安宁疗护和生前预嘱均规定于《法国公共卫生法典》。

法国于2005年4月22日通过《关于患者权利与临终问题的法律》，因其起草者为莱奥奈蒂（Jean Leonetti），故也被称为《莱奥奈蒂法》（Loi Leonetti）。[2]《莱奥奈蒂法》修改了《法国公共卫生法典》（Code de la Santé Publique），经修改后该法典第L.1110-10条规定了安宁疗护（soins palliatifs），即为了减轻患者疼痛、缓解其精神痛苦、保护其尊严而进行的疗护；第R.4127-37条再次强调："3.当作出了限制或撤除治疗的决定，即使患者的痛苦无法从他或她的大脑状态进行评估，医生也应实施必要的治疗支持患者，特别是疼痛缓解和镇静"；第L.1111-4条第5款规定了撤除无表意能力患者人工供给水与营养的决定程序："当自然人不能表达他或她的意愿时，如果限制或撤除治疗将危及该患者的生命，则在未经实行《医疗伦理法典》规定的合议程序（procédure collégiale）、未经咨询第L.1111-6条规定的受托人或患

---

[1] 参见郑冲：《德国联邦最高法院作出与病人处分相关的最新判决》，载《比较法研究》2010年第5期。

[2] See ECHR. Lambert and Others v. France (2015), paragraph 53.

者家庭或在无前述人员情况下一位与患者关系密切之人、未经仔细检查患者的生前预嘱（directives anticipées）的情况下，不得作出限制或撤除治疗的决定。限制或撤除治疗的决定及其理由，应当记录在患者的档案中"。

2016年2月2日，法国又通过了《克拉埃斯—莱奥奈蒂法》（Loi Claeys-Leonetti）[①]，相应地修改了《公共卫生法典》。其对原有的生前预嘱制度作出重大修改，规定生前预嘱对医生具备法律约束力，删除了原法关于生前预嘱有效性的三年时间限制，同时进一步丰富了生前预嘱的制度内容。修改后的《公共卫生法典》第L1111-11条规定："任何成年人可以书写生前预嘱以防将来他无能力表达意愿。生前预嘱表达个人关于其临终时继续、限制或终止治疗或医疗行为之条件的意愿。生前预嘱可随时以任何方式被审查和撤销。可以根据模板来书写生前预嘱，模板的内容由政府颁布，经政府卫生行政部门批准后发布。生前预嘱对医生的检查、介入或治疗之决定具有约束力，除非在紧急情况下需要时间充分评估状况或者生前预嘱明显不适当或不适用于该医疗情况。被医生判断为明显不适当或不符合患者医疗情况而拒绝适用生前预嘱的决定，应当经法规所规定的合议程序作出，并登记于病历中。该决定应当告知患者指定的人或家属。主治医生应告知患者可书写生前预嘱及书写要求。当个人处于监护之下，则他可在法官或亲属会议（如成立）批准后书写生前预嘱。在此情形下监护人不得在场或代理。"

二、我国安宁疗护与生前预嘱的立法模式与立法名称分析

（一）关于立法模式

从以上德、法两国立法现状可知，安宁疗护和生前预嘱的立法模式在比较法上存在一定分歧。就此问题，笔者认为，我国对于安宁疗护和生前预嘱采用统一式立法模式为宜。

[①] 参见 A. Boyer, et al., New French Law on the End of Life (Claeys-Leonetti): Practical Implications for ICU Healthcare Providers, Réanimation, Vol.25, p.420 (2016).

一是在法律性质上,安宁疗护和生前预嘱公私性质各有偏重,但均应以公私混合规制为宜。从德国关于安宁疗护的立法可看出,安宁疗护涉及服务形式、机构设置、质量标准、资金来源、付费方式、财政激励等诸多方面,这些内容显然属于公法范畴,故德国于《社会法典》及相应特别法中予以规定。生前预嘱更多的是个人行使民法上意思自治的范畴,故将其规定于《德国民法典》之中。但是,笔者认为,实际上安宁疗护和生前预嘱的制度内容均含有公私法双重性质。虽然安宁疗护从宏观制度设计上确如德国法规定之诸方面属于公法性质,但是从微观行为角度而言其又具有私法性质,例如安宁疗护涉及的疼痛管理行为即可评价为私法上的医疗护理行为,将之施加于患者应以获得患者或其代理人之同意为前提,这即适用民法上对医护行为知情同意规则。另外,虽然生前预嘱在行为性质上是对将来自己失去意思能力时接受或拒绝维持生命医疗措施作出的私法上之意思表示,但是生前预嘱的推广和实施仍需依赖公法,例如为了确保患者订立的生前预嘱被医护人员知晓,就需要建立生前预嘱的登记制度,尤其是要将生前预嘱在医保卡中注记,显然此制度就需要制定公法予以确立。

二是在医学伦理上,安宁疗护和生前预嘱均体现不伤害原则。不伤害原则要求避免伤害他人。许多终末期患者在呼吸机和其他生命维护技术没有被使用时面临一个拖延的死亡过程,在漫长的死亡过程中,他们可能忍受功能性能力丧失、持续性疼痛和痛苦、无法体验最简单的愉悦,以及长时间地对自己无望状态的无意识,一些患者觉得这种前景(或其现实性)无法忍受。①这样一种被病痛折磨的延续状态本身即构成了伤害。安宁疗护的理念恰恰是通过疼痛管理以及精神慰藉的方式来缓解终末期患者的身体和精神上的痛苦,是贯彻不伤害原则的重要方式。生前预嘱制度尊重患者的意愿,因而体现了尊重自主的医学伦理原则。同时,生前预嘱也是不伤害原则的重要方面。这是因为患者订立生前预嘱即为了避免不想要的维生医疗措施;相反,

---

① 参见[美]汤姆·比彻姆、詹姆士·邱卓思:《生命医学伦理原则》,刘星等译,科学出版社 2022 年版,第 197 页。

违背患者意愿而强行施加维生医疗措施本身就构成对患者的伤害，尤其是此医疗措施可能带来病痛延续而非治愈效果。医护人员执行患者生前预嘱不给予或撤除维生医疗措施可避免患者遭受终末期疾病痛苦的延续。以上均体现生前预嘱贯彻了不伤害原则。

综上，笔者认为，由于安宁疗护和生前预嘱在法律性质上均属公私混合属性，在医学伦理上均体现不伤害原则，为了更加全面保障患者的生命尊严，在立法模式上建议对二者可规定于一部法规之中。

（二）关于立法名称

以北京市为例，笔者建议采用《北京市安宁疗护与生前预嘱条例》。理由如下：

一是立法名称上应体现安宁疗护和生前预嘱。这是因为安宁疗护与生前预嘱在法律上属于两个相对独立的制度，其制度价值的侧重点不同，制度内容无法完全重合，不存在其中一项制度吸收另一项制度的基础；另外，就该法规的框架和条文来说，安宁疗护和生前预嘱是该法规的两项核心内容，故在法规名称上应均有所体现。

二是建议使用"安宁疗护"的称谓。在安宁疗护概念提出之前，我国就有"临终关怀"的称谓。《中国老龄工作七年发展纲要（1994—2000年）》规定"有条件的地方要兴建老年公寓和临终关怀医院"。2012年修订后的《老年人权益保障法》增加规定了"鼓励为老年人提供保健、护理、临终关怀等服务"。随着国家对临终医护问题理解的不断加深，我国逐渐提出"安宁疗护"的概念。笔者认为，安宁疗护与临终关怀是相同概念的不同表述。例如，国家卫健委在《社区医院基本标准（试行）》《关于开展社区医院建设试点工作的通知》中均使用了"安宁疗护（临终关怀）科"的表述。

三是建议使用"生前预嘱"的称谓。美国伊利诺伊州律师 Luis Kutner 于1969年提出"生前预嘱"（living will）的概念，其目的是尝试给予临终患者更多的医疗自主，其从美国判例法及宪法的角度提出观点认为既然法律保障患者知情同意的权利，那么现时无决定能力的患者的同意权亦应受到保障，并建议个人应该在有决定能力时，事先写下医疗意愿，以避免在发生医疗事件而无决定能力时被施加不愿接受的维持生命医疗措施。①Luis Kutner 在创造"生前预嘱"一词时，是在遗嘱（will）前面加上了生前（living）。在生前预嘱逐步成为各国立法趋势后，我国也逐渐推广该概念。2006 年，罗峪平女士等人创办了"选择与尊严"公益网站，推广尊严死观念。②2013 年，经北京市民政局审批，北京生前预嘱推广协会成立，鼓励人们使用生前预嘱③，于网站上推出了生前预嘱范本"我的五个愿望"，并以数据库建立了生前预嘱注册中心，使公民可以注册、保存、检索生前预嘱，并为注册者提供高度保密且自由的修改、变更渠道。④在立法提案方面，相关代表也使用了"生前预嘱"的表述。例如，2012 年，顾晋代表就曾向十一届全国人大五次会议提交议案，建议制定行政法规或规章在全社会推广"尊严死"，让"生前预嘱"具备法律效力，并已被列为正式议案。⑤又如，2020 年全国两会上，有代表建议，实施生前预嘱，推进落实舒缓医疗。实现"生前预嘱"追求的有尊严离世的重要手段是舒缓医疗，又称安宁疗护，它的核心即以最大限度降低疼痛为主要内容的各种症状控制。⑥在地方立法方面，深圳市人民代表大会于 2022 年 6 月 23 日制定地方性法规，以新增条文即《深圳经济特区医疗条例》第 78 条的方式，在全国率先通过并表述了"生前预嘱"。综上所述，从其制度起源、逻辑表述、概念倡导再到全国性立法提案、地方性立

---

① See Luis Kutner, Due Process of Euthanasia: The Living Will, A Proposal, Indiana Law Journal, Vol.44, p.551（1969）.

② 参见罗点点：《当我们谈论死亡时，我们在谈论"尊严"》，载中国新闻周刊网，https://politics.inewsweek.cn/20130816/detail-68766-all.html。

③ 参见《"北京生前预嘱推广协会"成立：让病患"尊严死"》，载新华网，https://news.xinhuanet.com/politics/2013-07/31/c_125097663.htm。

④ 参见北京生前预嘱推广协会网，https://www.xzyzy.com/XZYZY/NewsIndex.aspx?queryStr=p0w7x08q7x15x15o3w8w1vZ8w7x08q7x15x15o3w8w1v0vZ8p4x2X12x01w1u9。

⑤ 参见顾晋：《推广"尊严死"很有必要》，载北京大学医学部新闻网，2013 年 3 月 19 日，https://bynews.bjmu.edu.cn/mtby1/94872.htm。

⑥ 参见李玉生：《实施生前预嘱 推进落实舒缓医疗》，载团结网，https://www.tuanjiebao.com/zhuanti/2020-05/27/content_8877721.htm。

法，均使用"生前预嘱"的称谓。故笔者认为，北京市立法也应遵循以上表述规律，采纳"生前预嘱"的称谓。

第二节 安宁疗护与生前预嘱的立法目的与基本原则

一、安宁疗护与生前预嘱的立法目的

（一）关于安宁疗护的立法目的

多位欧洲专家为安宁疗护提出了四大目标：为患者和患者亲属赢得最佳生活质量，缓解病痛，使患者能够"善终"并防止安乐死。不过，他们也承认，这些目标之间可能存在冲突，并且目标定位也比较模糊，例如，何谓"善终"就是一个见仁见智的问题，在有些人看来，要"善终"就必须采用安乐死。[①] 我国目前还没有安宁疗护的专门立法，但是一些规范性文件陈述了安宁疗护的制度目标，例如《安宁疗护实践指南（试行）》《安宁疗护中心基本标准（试行）》《关于开展安宁疗护试点工作的通知》的相关表述。此外，相关安宁疗护试点城市发布的安宁疗护规范性文件也能体现安宁疗护的目标，例如《北京市加快推进安宁疗护服务发展实施方案》《上海市安宁疗护服务规范》的相关表述。

通过整理归纳以上提及的规范性文件的表述，笔者发现，关于安宁疗护的目的，达成共识的方面包括：为临终患者缓解疼痛，提供精神心理关怀，以提高其生命质量，使其有尊严地离世善终。有分歧之处是，安宁疗护的目的是否包括对患者家属的支持，以改善家属的生活质量。临终患者的家属在照顾患者的过程中，心理方面面临着诸多的压力和挑战，由于家属在照顾过

---

① 参见［英］乔纳森·赫林：《医事法与伦理》，石雷、曹志建译，华中科技大学出版社2022年版，第807页。

程中长期承受着来自疾病本身的复杂性、预后的不确定感和可能失去至亲的恐惧和伤痛，负面心理压力极大，从而会出现无助、痛苦、焦虑抑郁、恐惧等情绪，这些不良情绪交错，持续时间普遍较长，极大地影响了他们的正常生活。正因如此，2016 年 WHO 指出安宁疗护还应包括提高家属的生活质量。①经实证研究发现，安宁疗护服务可以有效缓解晚期患者家属精神压力，提升心理健康水平，提高患者家属的生活质量。因此，安宁疗护服务不应当仅仅局限于对临终患者的关怀，还应延伸至相关家属。②故笔者认为，安宁疗护的立法目的应当包含对临终患者家属的关怀，以提升其生活质量。

需注意的是，节约医疗卫生资源不是安宁疗护的目的。由于安宁疗护重在"护"而非"疗"，强调对患者及家属提供身、心、社、灵的全方位照护，而非强调对疾病的治愈效果，因此在客观结果上节约医疗卫生资源，包括无效治疗导致的资源浪费和因无效治疗引起的损伤不适的诊治费用和资源消耗；但是，节约医疗资源是安宁疗护的结果，而非目的，其目的是减少患者的痛苦和伤害，二者不可颠倒。③

（二）关于生前预嘱的立法目的

生前预嘱的立法目的在根本上与安宁疗护一致，均是为了使患者得以善终，但是生前预嘱更加侧重于强调患者的自我决定权，体现"尊重自主"的医学伦理。深圳市人民政府在对《深圳经济特区医疗条例》进行解读时强调，生前预嘱制度是该条例在"临终决定权"上作出的大胆突破。④民建江苏省委会在《关于制定我省"生前预嘱"地方性法规的提案》中也指出：

---

① 参见刘梦林等：《安宁疗护患者家属心理的研究进展》，载《护理实践与研究》2021 年第 22 期。

② 参见李曲等：《临终关怀服务对于晚期癌症患者家属心理健康及生活质量的影响》，载《江苏卫生事业管理》2022 年第 2 期。

③ 参见姜姗等：《安宁疗护与缓和医疗：相关概念辨析、关键要素及实践应用》，载《医学与哲学》2019 年第 2 期。

④ 参见《深圳经济特区医疗条例亮点有啥，一起来看》，载深圳市人民政府网，2023 年 2 月 14 日，https://www.sz.gov.cn/ztfw/ylws/wyw_183957/ywzsk_184570/content/mpost_10427553.html。

"生前预嘱是对当事人在不能自主表达意思的情况下，自主决定其生命临终安排权利的尊重和保护，因为具有法律效力，本人以外的其他人，包括医生、亲友等都应当尊重并执行本人事先的安排，不必担心家属或医疗机构随意更改，以实现当事人的最终愿望，这是对不堪忍受过度抢救之苦的临终患者的一大福音，是医学伦理建设的重大突破，是对生命权的高度尊重。"① 可见，关于生前预嘱的立法及提案均强调临终患者自我决定权。正因如此，生前预嘱的法律条文围绕保障患者真实的意思表示设计相关制度。

（三）安宁疗护与生前预嘱的本质目的

笔者认为，无论是安宁疗护还是生前预嘱，其最本质的目的是维护临终患者的生命尊严。关于安宁疗护，其理念是以患者为中心，强调"疗"和"护"同步进行，进一步提高患者生存质量，让每一个生命都活得更有尊严。② 在规范性文件上，《安宁疗护中心基本标准（试行）》规定，安宁疗护中心是"帮助患者舒适、安详、有尊严离世的医疗机构"。《北京市加快推进安宁疗护服务发展实施方案》也提出："遵循安宁疗护学科规律，广泛开展生命教育，以安宁疗护服务需求为导向，提升临终患者生命质量，维护生命尊严。"在法学理论上，安宁疗护本质上是一种旨在达到患者所想要的生活方式的临终医疗照顾模式，目的是让终末期患者更好地活着。③ 关于生前预嘱，其强调尊重临终患者的自主决定，而人的尊严恰恰要求尊重人的自主性，人可以决断涉己的事务，人是"自我立法者"，人是自身利益的最好判断者，其出于真实的自由意志所实施的行为，在法律上拥有最高的效力。④

---

① 参见民建江苏省委员会：《关于制定我省"生前预嘱"地方性法规的提案》，载中国人民政治协商会议江苏省委员会网，2023 年 1 月 12 日，https://www.jszx.gov.cn/wylz/zxta/index_383.html?pkid=4bd40067323644e3897fe5585901c668。

② 参见彭训文：《安宁疗护——让每个生命活得更有尊严》，载《人民日报（海外版）》2023 年 8 月 28 日，第 5 版。

③ 参见汪志刚、陈传勇：《安宁疗护的正当性及实施条件》，载《民商法论丛》2022 年第 73 卷。

④ 参见胡玉鸿：《"人的尊严"的法理疏释》，载《法学评论》2007 年第 6 期。

综上，笔者认为，安宁疗护与生前预嘱的立法目的应当包括：为临终患者缓解疼痛、提供精神心理关怀，充分尊重患者的决定，提高其生命质量，使其有尊严地善终，同时为患者的家属提供心理支持。

二、安宁疗护与生前预嘱的基本原则

关于安宁疗护与生前预嘱的基本原则，在地方层面的规范性文件中也有体现。北京市卫生健康委员会等七部门于2022年1月25日发布的《北京市加快推进安宁疗护服务发展实施方案》规定了三项基本原则。第一项原则是"坚持政府主导，社会参与"，其内容包括：落实属地政府在安宁疗护政策制定、规划建设、投入保障等方面的主体责任，统筹辖区资源，加快推动安宁疗护服务发展。坚持政府和市场双向发力，充分发挥市场在安宁疗护服务资源配置中的作用，营造良好的社会支持环境，扩大安宁疗护服务供给。第二项原则是"坚持资源整合，多方共赢"，其内容包括：促进资源均衡合理配置，构建以社区和居家为基础、机构为补充，综合、连续，衔接紧密的安宁疗护服务体系。坚持公益性为主，多方共担的多元支付机制，实现患者及家属满意、医保资金节省、医疗机构床位使用效率提高，达到多方共赢。第三项原则是"坚持以人为本，科学发展"，其内容包括：注重心理和人文关怀，尊重患者的意愿和决定，鼓励社工、患者和家属参与。遵循安宁疗护学科规律，广泛开展生命教育，以安宁疗护服务需求为导向，提升临终患者生命质量，维护生命尊严。上海市卫生健康委员会于2020年8月5日发布的《上海市安宁疗护服务规范》第5条对安宁疗护服务提出了四项原则。

在比较法上，德国的安宁疗护遵循住院和门诊医疗机构之间的划分，相应地，住院服务提供者通常包括医院的安宁疗护病房和临终关怀院，门诊服务提供者则是指门诊临终关怀服务和专科门诊安宁疗护。这种体系的基本考虑是区分专门为生命受限性疾病患者提供安宁疗护的服务者，以及其他偶尔为患者提供一般性安宁疗护的医疗服务提供者。

综上，从我国国家层面、地方层面、学术理论及比较法的相关论述，可以总结归纳出安宁疗护的基本原则应当包括：机构、社区和居家的多层次安宁疗护服务体系；患者充分知情、自愿选择；提供以临终患者及其家属为中心的全人照顾；多学科服务模式。具体如下：

（一）多层次服务体系的原则

例如，北京建立了以社区和居家为基础、机构为补充，综合连续、机构和居家相衔接的安宁疗护服务体系；二、三级医院主要为突发急性病变或身体、心理症状较重，需要住院治疗的安宁疗护患者提供安宁疗护服务，安宁疗护中心主要为需要住院治疗的患者提供机构安宁疗护服务，社区卫生服务机构、护理机构、医养结合机构主要为诊断明确、症状轻且稳定的患者提供机构和居家安宁疗护服务。[①] 日本的居家安宁疗护制度也有类似设计。[②]

（二）患者充分知情、自愿选择的原则

安宁疗护的开展以患者自愿同意为前提，生前预嘱的订立也是由患者自己决定。在法理上，是否接受安宁疗护、接受什么形式（机构、门诊、居家等）的安宁疗护，皆是患者自主决定权的范围。但是，我国现行法律法规对于安宁疗护是否属于患者知情同意范围有一定模糊性。根据《民法典》第1219条，必须取得患者或其近亲属的明确同意的事项是"手术、特殊检查、特殊治疗"。安宁疗护显然不属于手术。安宁疗护也并非侵入式、治愈性治疗措施，而是一种缓和性、舒适性的疗护方法，不存在所谓的"危险性"，在费用方面也无法与化疗、放疗、重大手术等相比，故安宁疗护似乎无法归入现行法规中的特殊检查、特殊治疗。但是，我国国家层面及地方层面的安宁疗护相关规范性文件均要求安宁疗护按照患者知情同意进行，《"十四五"国家老龄事业发展和养老服务体系规划》强调医疗机构要按照"充分知情、

---

① 参见吴少杰、姚秀军：《北京安宁疗护服务供给大增》，载《中国人口报》2023年4月7日，第1版。

② 参见刘兰秋、赵越：《日本居家安宁疗护服务体系构建经验及其对我国的启示》，载《中国全科医学》2022年第19期。

自愿选择"的原则开展安宁疗护服务,《北京市加快推进安宁疗护服务发展实施方案》强调尊重患者的意愿和决定,《上海市安宁疗护服务规范》规定安宁疗护服务应以患者自愿为导向。笔者认为,前述《民法典》《医疗机构管理条例实施细则》等法律法规未考虑到安宁疗护,其原因可能在于其仍以治愈性治疗措施为主要规制对象,未充分考虑到缓和性疗护的情况,而近年来安宁疗护相关规范性文件则更加具有针对性,基于特别法优于一般法的原理,应认为安宁疗护属于患者知情同意的范围。有学者也认为,安宁疗护与一般诊疗的目标和理念具有差异,安宁疗护关注的是临终患者及其家属的"整体疼痛",即"由身体、情感、社会和精神等因素沟通的复杂体系",其不加速也不延缓死亡的到来,服务对象既涵盖患者也包括亲属。对于患者和家属而言,是选择安宁疗护还是治愈性治疗决定着患者生命终末期的生存质量,具有决策的重大性,应当遵循"告知后同意"的规则。[1]笔者认同此观点。综上,患者充分知情、自愿选择应属于安宁疗护的基本原则,显然也是生前预嘱的基本原则。究其本质,生前预嘱就是由患者在有能力时订立医疗事务的计划并使之适用于自己将来丧失能力的阶段,从而使自己关于是否接受维持生命治疗措施的意思得以贯彻。在罗纳德·德沃金看来,个人享有的自主权应当具有完整性,即不仅现时行使的医疗自主权具备效力,先前行使的医疗自主权的效力也能适用于个人丧失能力的阶段。先前自主权是否发生效力的界限在于患者是否丧失决定能力,如果不尊重个人先前的有能力的决定,那么就违反了他的完整自主权和先前自主权。[2]因此,生前预嘱当然就是患者自主选择的结果,也只有贯彻患者充分知情、自愿选择,才能确保其医疗自主权的本质属性,以保障维持生命医疗措施的给予或不给予符合患者的真实意思。

---

[1] 参见刘利君:《论安宁疗护患者知情同意权》,载《医学与哲学》2022年第24期。
[2] 参见[美]罗纳德·德沃金:《生命的自主权:堕胎、安乐死与个人自由的论辩》,郭贞伶、陈雅汝译,中国政法大学出版社2013年版,第300—303页。

（三）全人照顾的原则

全人照顾源于怜悯为怀的理念和实践，是本着尊重人的价值和尊严，以维护个人身体、心理、社会及灵性的整体照顾。① 身、心、社、灵四位一体是全人照顾的核心理念。身体层面的照顾，包括镇痛治疗，一般对症处理，日常生活及家居舒适护理及指导等；心理层面照顾，包括通过与患者及其家属沟通、陪伴、倾听和交谈等，了解他们的心理需求，提供心理疏导，舒缓其心理、精神压力；灵性层面的照顾，包括尊重患者的信仰，与患者一同回顾生命，使患者体验生命的意义，协助患者对生命价值进行思考，将生死教育贯穿于服务的过程当中，使患者与家属树立正确的生死观，协助患者、家属面对及度过死亡的过程；社会支持，则是整个社会及其成员，比如志愿者共同为患者营造"优逝"的环境与氛围，减轻患者及其家属的心理压力。② 此外，还有一些特色照顾，例如帮助患者实现过生日、市内观光、散步、家人团聚等愿望；又如艺术治疗，是通过各种艺术形式，如绘画、音乐、舞蹈、诗词、戏剧等来加以完成，根据个人的兴趣爱好，探索生命的意义③；再如对于大部分安宁疗护群体，动物辅助疗法中动物的出现提供了与患者病情无关的话题，分散环境注意力，有助于缓解焦虑和压力④。综上，全人照顾是安宁疗护的应有之义，其应当成为安宁疗护的基本原则。

（四）多学科服务模式的原则

与全人照顾原则相匹配的原则是多学科服务模式原则，全人照顾原则是一种理念，而多学科服务模式则是实现这种理念的重要方法性原则。多个国家层面和地方层面规范性文件均指出要建立完善安宁疗护多学科服务模式。

---

① 参见项承荣：《全人护理在肺癌晚期安宁疗护中的运用》，载《内蒙古中医药》2018年第9期。
② 参见林章华等：《390例居家晚期癌症病人的全人照顾》，载《护理研究》2013年第1期。
③ 参见林章华等：《390例居家晚期癌症病人的全人照顾》，载《护理研究》2013年第1期。
④ 参见宋菲菲等：《动物辅助疗法在康复护理中应用的研究进展》，载《循证护理》2022年第2期。

国外的安宁疗护实践也十分重视多学科服务。① 目前我国也已开展安宁疗护多学科服务模式，并取得了积极效果。我国关于多学科安宁疗护服务效果的实证研究显示，通过建设安宁疗护多学科团队对患者进行干预，可有效改善患者疼痛情况以及症状，提升生活质量。② 多学科安宁疗护服务还通过为患者家属提供全方位支持辅导，包括接受死亡教育、照护能力指导、心理疏导、社会支持、丧亲支持、哀伤抚慰等，从而在效果上有利于临终患者家属平静地接受亲人死亡，减轻其照顾负担，提高其满意度和生活质量。③

第三节　北京市安宁疗护与生前预嘱立法结构与条文安排

根据前文论述的安宁疗护与生前预嘱的立法目的和基本原则，笔者对《北京市安宁疗护与生前预嘱条例》各章的设置，以及各章之下的条文安排如下：

一、《北京市安宁疗护与生前预嘱条例》的立法结构

第一章"总则"，作为整部条例的统领性章节，规定本条例的立法目的、基本原则、机构职责等内容；最后一章"附则"，作为条例的附属性章节，规定本条例涉及的重要概念界定（也可规定于总则）、本条例与其他法规的衔接以及施行日期等。

---

① 参见赵越、刘兰秋：《英国和美国社区居家安宁疗护服务模式及其对我国的启示》，载《中国全科医学》2022年第19期。
② 参见张洁等：《安宁疗护多学科团队建设对终末期患者的效果评价》，载《昆明医科大学学报》2023年第9期。
③ 参见王粲霏等：《多学科协作模式在安宁疗护中的应用研究进展》，载《中华护理杂志》2018年第7期。

在"总则"与"附则"之间是本条例的主要具体内容。一是规定宏观的顶层设计,即安宁疗护服务供给的体系建设,只有在服务体系构建起来的基础上,才能进一步规定安宁疗护的其他内容,这些内容均是在服务体系之下的充实和具体化。二是明确安宁疗护服务是由谁来提供、由谁享有,提供者需要满足哪些资质,享有者要符合哪些条件,即安宁疗护的服务团队以及服务对象。三是规定安宁疗护服务者为服务对象提供的安宁疗护服务应包括哪些内容,其服务行为应符合哪些规范,在服务过程中双方的权利义务包括哪些,即安宁疗护服务规范。四是规定与安宁疗护密不可分的患者生前预嘱制度。如前文论述,生前预嘱与安宁疗护是两项重点不同的制度,前者体现的是自由权,是一种消极权利,尤其是拒绝维持生命治疗的权利;后者体现的是社会权,是一种积极权利,即依法享有安宁疗护服务的权利,故在规定完安宁疗护之后应规定生前预嘱一章。五是规定有关机关为安宁疗护和生前预嘱的顺利实施提供相关保障措施的义务。六是规定相关主体如违反前述相关义务性规定的情况下应承担的法律责任。

综上,《北京市安宁疗护与生前预嘱条例》章节设置如下:

第一章　总则
第二章　安宁疗护服务体系
第三章　安宁疗护服务团队与服务对象
第四章　安宁疗护服务规范
第五章　患者生前预嘱
第六章　保障措施
第七章　法律责任
附则

二、《北京市安宁疗护与生前预嘱条例》章节安排

根据上述立法目的、基本原则以及结构框架,笔者建议,《北京市安宁疗护与生前预嘱条例》各章应包括以下内容:

第一章"总则"规定：本条例的立法依据；本条例的适用范围；本条例涉及的重要概念的界定；安宁疗护的基本原则；各政府部门及相关单位的职责；等等。

第二章"安宁疗护服务体系"规定：构成多层次安宁疗护服务体系的要素；体系中各层次如医院、安宁疗护中心（其准入标准可由下位法具体规定）、社区卫生服务机构、护理机构、养老机构等的服务职能；居家安宁疗护的开展方式；等等。

第三章"安宁疗护服务团队与服务对象"规定：安宁疗护服务团队的组成；安宁疗护服务团队人员的资格要求；安宁疗护团队成员职责；安宁疗护服务对象应当具备的条件，即准入条件；收治安宁疗护服务对象的程序，即准入程序；在不符合安宁疗护准入条件或程序时，与其他医疗护理制度的衔接机制；等等。

第四章"安宁疗护服务规范"规定：对患者的症状控制尤其是疼痛管理的服务原则和服务要点；对患者的舒适照护的服务原则和服务要点；对患者及其家属的心理支持和人文关怀的服务原则和服务要点；等等。

第五章"患者生前预嘱"规定：生前预嘱的订立，包括：生前预嘱的订立主体，生前预嘱的内容，订立生前预嘱的形式要求，生前预嘱的见证和公证程序，生前预嘱的医师咨询程序；生前预嘱的效力，包括：生前预嘱的生效条件，生前预嘱的撤销和修改，生前预嘱的无效情形；生前预嘱的执行，包括：代理人对生前预嘱订立人意思的贯彻，医护人员对生前预嘱的执行程序；等等。

第六章"保障措施"规定：安宁疗护服务的收费机制及其与社会保障制度的衔接；安宁疗护机构、科室及人员的绩效评价；用于安宁疗护服务的毒麻精神药品相关管理制度；安宁疗护的理念宣传和生命教育促进措施；安宁疗护的信息化建设；等等。

第七章"法律责任"规定：机构及服务人员规范进行安宁疗护行为的法律责任豁免机制；违反安宁疗护程序或规范的法律责任；公职人员相关渎职行为的法律责任；等等。

第四章 安宁疗护制度的实施主体

第一节 我国安宁疗护服务的供给主体

随着我国安宁疗护试点工作向纵深发展，多地已逐步建立起立足于地区实际情况的安宁疗护模式。在政府、医疗机构、媒体、公众等多方的关注和努力下，多主体供给安宁疗护的基本局面逐渐形成，这为下一步建立契合我国国情的安宁疗护服务体系指明了方向。

一、实践中安宁疗护服务的供给模式

（一）与现有专科融合模式

通过对医务人员进行安宁疗护相关知识和技能的培训，"去者善终，留者善存"这一理念已逐渐融入肿瘤科、疼痛科、老年科等现有专科的日常工作，医务人员开始主动为患者提供安宁疗护服务，并在符合要求的前提下增设安宁疗护床位。如北京市就曾多次举办针对二级以上医疗机构肿瘤内科的安宁疗护培训项目，普及安宁疗护知识。

当前肿瘤科致力于推行的规范化疼痛处理（Good Pain Management，GPM）制度，即融合模式的例证。GPM以持续合理地缓解疼痛、最大限度地提升患者的生活质量为主要目标。癌痛是晚期癌症患者最常见的伴随症状，会对患者的生活质量和心理健康产生巨大损害。为缓解痛苦，肿瘤科医务人员除实施传统的治疗外，还会结合患者的疼痛反应积极予以止痛。其实，自1990年起，我国就与WHO癌症疼痛治疗专家委员会的专家展开合

作，开始在我国推行 WHO 癌症三阶梯止痛法并多次举办癌症疼痛姑息治疗培训班。也是自那时起，我国阿片类药物供应政策不断调整，医疗卫生机构使用阿片类药物程序简化，临床应用镇痛类药物量显著增加。以北京大学肿瘤医院门诊患者 2008—2017 年强阿片类药物使用分析数据为例，"长效强阿片类药物的年人均用量表现为大幅增加趋势，2017 年人均用量较 2008 年增长 2.21 倍"[①]。这也直接表明了安宁疗护这一新型照护理念对传统医疗行为的渗透作用。

将安宁疗护理念与现有专科相融合，这一模式的优势显而易见：一方面，能达到治疗、止痛两不误的目的。让所有接触终末期或重症患者的医护人员掌握并熟练运用安宁疗护的技能和方法，能大大提升安宁疗护服务的可及性。医务人员在实施传统治疗的同时，给患者辅以止痛手段，能够平复患者心情，显著改善患者睡眠质量等，从而有效增强疗效。此外，通过正确使用阿片类药物，有意识地向患者进行合理镇痛教育，可以达到增强患者抗病信心的效果。另一方面，相较于单独建立安宁疗护专科，对现有专科进行整合的模式明显更易施行，既显著提升了安宁疗护服务的可及性，又有利于降低医疗机构的运营成本与风险。

（二）在各级医院开设专科模式

当前社会对安宁疗护服务需求与日俱增，在此背景下，安宁疗护服务专业化、专科化是必然趋势。引导各级综合医院、中医医院以及肿瘤、心血管、康复等专科医院探索增设安宁疗护专科已成为各地提高临终患者生命质量、应对老龄化的重要举措。

当前主要力量是专科病房。自 2017 年安宁疗护试点开启，越来越多有条件的医院开始探索增设安宁疗护病房。安宁疗护是对全年龄段的关怀，因此，除老年人外，那些处于疾病终末期的儿童，同样值得关注。为收治罹患

---

① 王欣等：《北京大学肿瘤医院门诊患者 2008—2017 年强阿片类药物使用分析》，载《临床药物治疗杂志》2019 年第 4 期。

恶性肿瘤等疾病终末期患儿，上海市普陀区利群医院开设了儿童安宁疗护病房，运用色彩、卡通装饰进行空间布置，同时以上海市儿童医院专科医联体支撑，为孩子提供更多的身体和心理支持。

此外，专科门诊的力量也不容小觑。2022年1月，北京协和医院安宁缓和医疗门诊正式挂牌开诊，为患者及家属提供症状评估与控制，与家属沟通后续治疗目标，帮助患者及家属共同面对死亡话题。[①]2023年8月，甘肃省肿瘤医院安宁疗护专科门诊正式开诊，为终末期患者提供一站式的症状控制、精神方面的支持，同时提供居家安宁疗护方面的咨询与指导。基于我国国情并参考英美等发达国家的经验，安宁疗护的主战场应当在家庭、社区或养老机构，而非医院。在此背景下，大医院开设安宁疗护专科门诊的价值凸显，有利于弥补医疗资源配置不均的不足，畅通双向转诊通道。

（三）探索建立安宁疗护中心

继2017年国家出台《关于印发安宁疗护中心基本标准（试行）和安宁疗护中心管理规范（试行）》后，北京大学首钢医院成为第一个建立安宁疗护中心的三级综合医院，配有谈心室、静修室、全自动沐浴间。患者入住首钢医院安宁病房需同时满足以下两项条件：第一，属于被医生诊断为生命终结期在6个月内的患者；第二，患者本人及家属应认可安宁疗护的理念并同意配合团队制订的护理方案。从刚成立时的不被患者接受，到如今一床难求，首钢医院用自己的经历诠释了如何持续普及安宁疗护理念，让需要的人得以享受安宁疗护服务，追求有质量的死亡。[②]此外，多地已开始探索建设独立设置的安宁疗护中心，如南京和怡韩府山安宁疗护中心，由南京和怡韩府山颐养中心举办，经卫生健康部门审查确认其符合《医疗机构设置规划》情况后，获批执业登记。

---

① 参见陈小鲁、罗峪平：《中国缓和医疗发展蓝皮书（2019—2020）》，中国人口出版社2021年版，第183页。
② 参见万顺顺：《第一家开设"安宁疗护病房"的大医院，现在怎么样了？》，载https://www.163.com/dy/article/H6KM54FJ0514AD1K.html，2023年10月25日访问。

安宁疗护中心通常涵盖内科、呼吸科、精神心理科、疼痛科、心血管科、脑病科等多学科团队。相较于其他服务提供者，安宁疗护中心拥有更专业的团队，能够让患者享受到全程、整合的安宁疗护服务。同时，安宁疗护中心的职责集医、教、研、宣于一体，能够依托医联体辐射区域内其他安宁疗护机构，引领学科发展和服务能力提升。

（四）社区居家疗护模式

从安宁疗护服务的发展速度及实践效果来看，上海市可谓是全国的领跑者。在2020年，上海市就完成了全市所有社区卫生服务中心全覆盖开展安宁疗护服务的目标，从而形成以社区卫生服务中心为服务提供主体的模式。① 为规范设置与运行，上海市卫生健康委于2021年12月出台《上海市社区卫生服务中心安宁疗护（临终关怀）科设置标准》，明确社区卫生服务中心应结合患者需求与实际开展适宜服务，形式涵盖门诊、住院与居家。其中，居家安宁疗护模式备受期待。

社区居家安宁疗护，即以居住的社区为基本划分单元，由所住社区（乡镇卫生院）的安宁疗护服务团队为本区域内的终末期患者提供适宜、可行的上门诊疗服务。② 已有研究表明，在社会经济发展水平较高的国家或地区，由于医疗资源丰富且医疗服务的可及性高，居民往往更关注生命质量，离世地点也多发生于老年护理院和家中。③ 我国台湾地区于1983年就开创了安宁疗护居家服务，WHO也多次提出要以"家庭"作为临终关怀的基本单位。④ 从传统文化的影响层面看，儒家"仁、孝、礼"思想深入骨髓，人民对"落

---

① 参见荆丽梅等：《新发展阶段上海市安宁疗护事业回顾与展望》，载《中国卫生资源》2023年第5期。

② 参见赵越、刘兰秋：《英国和美国社区居家安宁疗护服务模式及其对我国的启示》，载《中国全科医学》2022年第19期。

③ 参见陈小鲁、罗峪平：《中国缓和医疗发展蓝皮书（2019—2020）》，中国人口出版社2021年版，第52页。

④ 参见陈雷：《社区居家老年临终关怀——制度缺陷与福利治理》，中国社会出版社2019年版，第6页。

叶归根"的追求不仅是一种情结,更是一种传承。终末期患者既期望能获得家人的支持、感受熟悉的家庭氛围,又渴望能获得专业的安宁疗护服务,也是在这一目标的指引下,社区居家安宁疗护模式的有关探索在我国如火如荼地展开了。

北京市西城区德胜社区卫生服务中心作为北京首家提供安宁疗护服务的社区卫生服务中心,也在积极探索居家安宁疗护服务模式。通常情况下,前期病情平稳的患者可居家接受服务,服务内容覆盖生理、心理、生活等各方面,包括但不限于止痛指导、舒适护理、精神安慰和中医诊治等。当病情恶化时转入社区病房,其间会定期与三甲医院专家进行远程会诊。当出现社区不能控制的情况时,社区也能做到及时向上转诊。简言之,形成"居家—社区医院住院—三级医院会诊"的基本模式。

社区居家安宁疗护模式的优势显而易见。不论是回应实践中终末期患者的安宁疗护需求,还是提高服务的可及性,社区居家安宁疗护模式都显著优于在二、三级医院住院。此外,家庭经济费用支出的降低也是优势之一。安宁疗护的开展以"无效医疗"为前提,在减少ICU、呼吸机等生命支持系统及无益的有创检查后,患者所使用的医疗资源和所负担的诊疗费用会显著降低。若患者选择居家,费用则更低。[1]

(五)医养结合机构开展安宁疗护服务模式

医养结合机构指兼具医疗卫生资质和养老服务能力的医疗机构或养老机构,作为养老的新方向,医养结合能将医疗服务和养老服务相融合,是满足老年人健康需求、传播优逝理念的重要举措,也是积极应对人口老龄化的重要途径。

《"健康中国2030"规划纲要》指出,推动医养结合,为老年人提供安宁疗护等一体化服务。从长远看,将医养结合机构作为安宁疗护的主要供给

---

[1] 参见张慧超等:《分级诊疗制度下江苏省安宁疗护服务项目需求与实施现状调查》,载《中国卫生经济》2023年第8期。

主体之一也是必然趋势。据介绍,到 2035 年,我国 60 周岁及以上老年人口占总人口比重将超过 30%,我国社会进入重度老龄化阶段。[①] 安宁疗护和医养结合的服务对象具有明显的重合关系,并且基于两者理念的内在一致性,《医养结合机构服务指南(试行)》已明确医养结合机构可以将安宁疗护纳入服务范围。

北京松堂关怀医院是成立较早的医养结合机构。作为医养结合领域的开拓者和领航者,其致力于提供最为优质的养老服务和临终关怀服务。从喂饭、擦身、按摩到医护支持,为长期卧床的老人及终末期患者提供无微不至的照顾。松堂关怀医院的理念即让临终患者享受到婴儿般的呵护,为他们创造一个类似子宫的温暖环境,舒适地走完生命的最后旅程。

二、构建主体多元、模式多样的安宁疗护供给体系

(一)构建可持续、可推广的安宁疗护供给体系

合理的安宁疗护供给体系应当是可推广、可持续的,这决定了基层医疗卫生机构在安宁疗护供给体系中的主力军地位。一方面,基层医疗卫生机构数量多、覆盖面广,能有效地满足日益增长的安宁疗护需求,纾解大医院看病难、住院难的困境,促进服务的公平可及。[②] 其实,除城镇外,农村中的安宁疗护需求也很大,只是以往基于经济、卫生条件的限制,该部分需求被严重忽视了。对于农村里的大量空巢老人,只有不断提升乡镇卫生院开展安宁疗护服务的能力,同时解决阿片类麻醉性止痛药品的使用资质问题才能破局。另一方面,相较于大医院,基层的安宁疗护服务团队更有条件去关心终末期患者,也因为与患者地理位置近从而容易在彼此间建立信赖关系。因此,将安宁疗护服务力量向基层下沉更具有实操性。此外,从长远看,以居

---

① 参见《国家卫健委:2035 年左右中国将进入重度老龄化阶段》,载中国新闻网,https://www.chinanews.com.cn/gn/2022/09-20/9856433.shtml。

② 参见谌永毅等:《健康中国建设背景下安宁疗护事业的发展》,载《中国护理管理》2019年第 6 期。

家为主的安宁疗护发展之路契合未来的发展趋势,而居家安宁疗护业务的开展主要依托基层力量。综上,安宁疗护供给体系的基础和主力在于基层医疗卫生机构,即社区卫生服务中心和乡镇卫生院。

(二)形成科学的安宁疗护双向转诊、上下联动机制

根据《基本医疗卫生与健康促进法》第36条规定,各级各类医疗卫生机构应当分工合作,为公民提供预防、保健、治疗、护理、康复、安宁疗护等全方位全周期的医疗卫生服务。这既为安宁疗护服务的开展提供了法律依据,也指明了安宁疗护应当基于分级诊疗制度开展,通过分工协作机制,使安宁疗护资源在不同级别医疗机构间进行合理配置和纵向流动。具体来说,为促进安宁疗护业务的有序开展,对于症状轻且情况稳定的安宁疗护患者,建议前往社区卫生服务中心或医养结合机构接受安宁疗护服务,后续与三级医院的医生保持远程指导。[1]二、三级医院主要为突发急性病变或症状较重的安宁疗护患者提供服务,并承担技术支持、人才培训等任务。[2]同时,畅通转介通道,在安宁疗护患者发生急性病变时及时向上转介;当病情得到控制后,经患者及其家属同意,可再次转回社区医院或居家,形成"医院—社区—家庭"这一理想的转介机制。此外,鼓励机构间成立医联体,由安宁疗护中心或开设安宁疗护专科的三级医院牵头,促进优质资源共享,提升服务水平和上下级转诊效率。

(三)支持社会力量开展安宁疗护服务

充分动员社会力量开展安宁疗护服务,如举办医疗机构或医养结合机构,既起到了弥补公立医疗机构资源短缺的作用,也能实现市场调节效果,增强市场活力,以不断满足更多患者的多样化、差异化需求,实现服务的从

---

[1] 参见刘昊:《安宁疗护分级诊疗模式的探讨》,载《医学与哲学》2022年第23期。
[2] 参见北京市卫生健康委员会《关于印发北京市加快推进安宁疗护服务发展实施方案的通知》,载 https://wjw.beijing.gov.cn/zwgk_20040/ylws/202202/t20220214_2609156.html,2023年11月22日访问。

有到优。

综上，我国应建立以基层医疗卫生机构为供给主力军、以安宁疗护中心及开设安宁疗护专科的三级医院为引领，各级医院、基层医疗卫生机构、医养结合机构互相衔接和协作的多元化安宁疗护服务供给体系，以满足社会需求。

第二节　安宁疗护实施主体准入的基本原则

制定安宁疗护服务实施主体的准入标准，即明确主体在开展具体的安宁疗护服务前应满足的实体条件和程序条件，这不仅决定了可以开展安宁疗护服务的主体范围，更关乎我国安宁疗护服务的发展方向，以及最终传达怎样的价值理念。在制定具体的实体条件或程序条件前，应首先明确准入的基本原则，以明晰安宁疗护制度的逻辑链条，减少具体准入条款内含的价值冲突。

一、准入规则应始终贯彻人文关怀理念

安宁疗护的终极目标是逝者善终、留者善别，这一目标要求照护团队在整个安宁疗护过程中践行全方位的人文关怀理念。具体表现为：在面对患者时，除了为其提供优质的医疗服务外，还要给予心理层面的爱与关怀，以及在精神层面帮助他们寻找生命意义，实现精神超越。与此同时，团队成员要与患者家属保持密切的沟通、交流，注重减轻家属的负面情绪。

这一切的实现，依靠的不仅仅是一腔热情，更需要客观条件的支撑。这就决定了在制定准入规则时，需要将人文关怀理念贯穿始终，通过在环境布局、设施设备和人员配置上作出特殊规定，以保证人文关怀理念在安宁疗护服务的全流程中都能得到贯彻落实。

首先，在物理环境上，为体现人文关怀理念，机构应为住院患者提供一

个整洁、安静、具有温馨家庭气氛的休养环境。最低限度上,应保持病区空气清新、光线适宜,宜设置空气净化器,必要时按需净化;保持病房室内温度、湿度适宜,温度宜控制在20—26℃范围内,湿度宜控制在30%—70%范围内,符合《医院负压隔离病房环境控制要求》等。此外,鼓励有条件的机构使用色彩、植物、艺术画等元素装饰病房;也可以设置家庭房,方便家属陪住,并为患者摆放私人物品留有空间,以减少患者对疾病的恐惧感和对医院的陌生感。

其次,在布局上,要有明显的功能分区。病区内除设置疗护区外,还应设置关怀区和生活辅助区。其中,疗护区主要包括病房、护士站、检查室,帮助患者减轻身体疼痛、提高身体舒适感。关怀区以关怀室、谈心室为主要形式,给予患者与家属精神支持,是病区最重要的组成部分。生活辅助区是患者生活起居以及参加各种公共活动的功能空间,包括餐厅、图书室、冥想室、祈祷室等。① 此外,因临终患者大多行动不便,各个功能区域都要考虑进行无障碍设计,墙面配备扶手,保证出行的便捷性。

最后,在人员配置上,应组成包括社工、志愿者、心理咨询师在内的多学科团队,助力安宁疗护从单一输出转变为赋能支持。现代医学模式已经由单一的生物学模式转变为身心同治,这要求医务人员不仅要关注疾病本身,还要同步关注病人的心理因素及社会环境对疾病的影响,而这一目标的实现依靠的就是医患间的持续沟通和充分信任。但在当前医疗资源紧张的背景下,仅依靠医务人员的力量显然是不够的,需要社工、志愿者、心理治疗(咨询)师等群体的加入形成多学科、多领域的协作。同时,为防止实践中出现医护人员"身兼数职"而无法满足患者"身、心、社、灵"各方面需求的情况,应在准入时明确人员配置,真正形成分工明确、各司其职的多学科协作团队。②

---

① 参见深圳市生前预嘱推广协会:《安宁疗护机构的人性化设计》,载 https://szlivingwill.org.cn/info/getInfoDetail?id=133,2023年12月5日访问。
② 参见周依依:《城市安宁疗护服务研究——以N市为例》,中共江苏省委党校2022年硕士学位论文。

二、准入规则应充分考虑不同类型机构的共同性与差异性

如上文所述，我国要建立起主体多元、模式多样的安宁疗护供给体系，如引导医疗机构在已开设的科室中增设安宁疗护病床或增设安宁疗护专科，鼓励有条件的医疗机构转型或新建安宁疗护中心，支持医养结合机构开展安宁疗护服务等，目前已形成扩大服务供给这一基本导向。基于此，在制定具体的准入规则时，要充分考虑不同类型安宁疗护机构的共同性与差异性，以应对多元化供给主体的现实需要。

一方面，为保证安宁疗护服务的规范运行，基本准入标准不可突破，即强化底线思维以防范潜在风险。《基本医疗卫生与健康促进法》已明确将安宁疗护纳入全方位、全生命周期的医疗卫生服务范围，质量安全自然是重中之重。所以，不论是医养结合机构还是三级医院，只要开展了安宁疗护服务，就要遵循《医疗机构管理条例》《医疗机构从业人员行为规范》《关于印发安宁疗护中心基本标准（试行）和安宁疗护中心管理规范（试行）》等文件的有关规定，有开展安宁疗护服务必备的固定场所，配备相适的设施设备及资质人员，执行国家制定公布或者认可的技术规范和操作规程。此外，所有从事安宁疗护服务的人员都应当接受与岗位工作相匹配的培训，具备必要的知识和技能，尊重患者权益、服从职业道德。

另一方面，要适当考虑实施主体的类型和承担的主要任务，以促进安宁疗护事业向高质量发展。不能以一刀切的方式设置不合理的准入条件，包括但不限于设置明显不必要或者超出实际需要的准入条件。例如，安宁疗护病区有分区要求，但对于仅设置了安宁疗护病床（病房）但未独立设置病区的机构，允许功能接近的室、站共用场地。又如，因二、三级医院主要为突发急性病变或症状较重的安宁疗护患者提供服务，因此，在人员配置上会有更高的要求。《南京市安宁疗护机构设置基本标准（试行）》就规定了安宁疗护服务机构为三级或二级医疗机构的，应有 MDT 团队。同时，值得警惕的是，制定准入规则时所考虑的差异性必须是合理、适宜的，不得仅以不同所有制、地区为由对安宁疗护服务实施者实施不合理的差别化准入对待。如提供

居家安宁疗护服务的机构均需主动向所在地的卫生健康行政部门申请开展家庭病床登记，与公立或私立、医院等级等因素无关。

第三节 安宁疗护机构准入的标准

一、机构资质

1. 医院、基层医疗卫生机构增设安宁疗护诊疗科目的：开展安宁疗护专科服务，应向核发《医疗机构执业许可证》的卫生健康行政部门申请办理开设安宁疗护诊疗科目的注册登记。

2. 养老机构：具备医疗资质的养老机构可在登记备案后开展安宁疗护；无医疗资质的养老机构可与附近有资质的医疗机构签约建立合作关系，共同开展安宁服务，并向相关部门注册登记。通过签约合作的方式将医疗卫生与养老服务资源连接起来，能够显著提升安宁疗护服务的可及性。具体来说，签约内容应当基于合作双方的实际情况展开，明确规定由医疗机构为签约养老服务机构提供医疗护理、安宁疗护、家庭病床、急救绿色通道、远程医疗等服务，并且协议内容应在规定时间内向地方卫生健康部门备案，接受上级部门的监督。[①]

3. 安宁疗护中心及独立设置的安宁疗护机构：除取得执业许可证外，应当根据国家卫生健康委《安宁疗护中心管理规范（试行）》的规定，制定并落实管理规章制度，执行国家制定公布或者认可的技术规范和操作规程，设置独立医疗质量安全管理部门或配备专职人员，保障安宁疗护服务质量和患者安全。

---

① 参见《重庆市卫生健康委员会重庆市民政局关于进一步规范养老服务机构与医疗卫生机构签约合作的通知》，载 https://wsjkw.cq.gov.cn/zwgk_242/wsjklymsxx/jkfw_266458/zcwj_266459/202311/t20231103_12515359.html，2023年12月25日访问。

此外，开展居家安宁疗护服务需向所在地的区卫生健康行政部门申请开展家庭病床服务登记。

二、建筑、环境要求

安宁疗护门诊及病房的建筑、环境应当符合相关国家标准或行业标准中有关空气、噪声、消防、无障碍设计的要求，同时照顾终末期患者的特殊需求，参照执行《安宁疗护中心基本标准（试行）》中的有关规定。

1. 对于安宁疗护门诊，应当设置单独诊室，布局合理、能保护患者隐私，同时满足消防安全、环境卫生和无障碍设计要求，体现人文关怀理念。[①]

2. 为住院患者提供相对独立的病区与病房，塑造整洁、安静、温馨、足以实现安宁疗护功能的休养环境：

（1）保持病区空气清新、光线适宜，宜设置空气净化器，必要时按需净化。

（2）保持病区室内温度、湿度适宜，温度宜控制在20—26℃，湿度宜控制在30%—70%，噪声应不大于50dB，符合《医院负压隔离病房环境控制要求》。

（3）病房色彩的基调宜宁静、柔和。[②] 鼓励有条件的机构使用色彩、植物、艺术画等元素装饰病房。[③]

（4）对于独立的安宁疗护病区应有明显的功能分区，并体现人性、人道关爱的特点：疗护区包括病房、护士站、检查室；关怀区宜设置关怀室、谈心室；生活辅助区应配备餐厅，宜设置图书室、冥想室、祈祷室等。对于仅

[①] 参见《上海市社区卫生服务中心安宁疗护（临终关怀）科设置标准》，载 https://wsjkw.sh.gov.cn/zcfg2/20211230/cf334774d2c546369491ddf812f01a02.html，2023年12月25日访问。

[②] 参见黄聪、沈波涌、谌永毅：《湖南省安宁疗护病房管理的专家共识》，载《中华护理杂志》2023年第16期。

[③] 参见《南京市级安宁疗护指导中心建设标准（试行）》《南京市安宁疗护机构设置基本标准（试行）》《南京市安宁疗护医疗服务机构评审标准（试行）》，载 https://wjw.nanjing.gov.cn/njswshjhsywyh/202010/t20201030_2466358.html，2023年12月25日访问。

设置了安宁疗护病床（病房）但无独立病区的机构，允许功能接近的室、站共用场地。

（5）病房以1—4人间为主，每张床的净使用面积不少于$5m^2$；2人以上的房间，床间应设帷幕或隔帘。有条件的机构可以设置家庭房。

（6）每个病房均设置卫生间，卫生间地面需满足无障碍和防滑要求。

三、设备要求

开展门诊或住院安宁疗护服务，除配备与同级综合医院相同的基本装备外，还应当配备与安宁疗护工作流程、服务项目相适应的设备。

（一）基本设备

安宁疗护机构应至少配备听诊器、血压计、温度计、身高体重测量设备、呼叫装置、给氧装置、电动吸引器或吸痰装置、气垫床或具有防治压疮功能的床垫、治疗车、晨晚间护理车、病历车、药品柜、心电图机、血氧饱和度监测仪、超声雾化机、血糖检测仪、患者转运车等。

临床检验、消毒供应与其他合法机构签订相关服务合同，由其他机构提供服务的，可不配备检验和消毒供应设备。

（二）门诊设备

安宁疗护机构除需配备办公设备（电脑、打印机、诊疗桌椅等）、一般诊查设备（体温计、听诊器、血压计、简易血氧饱和度仪、血糖仪、读片灯、手电筒、皮尺、诊察床、叩诊锤等）、洗手池、空气消毒设备等外，还应设有隐私保护装置。

（三）出诊设备

如安宁疗护机构开展居家安宁疗护服务的，应当配置适应工作需要的小型、便于携带的诊断、检查、治疗器材，其中出诊包包括但不限于听诊器、血压计、体温表、手电筒、压舌板、注射换药器材及与所开展服务项目相关的器材，以及必要的通信设备。有条件的机构，可提供整合式的移动检查检测设备。

（四）病区设备

开展住院安宁疗护服务的社区卫生服务中心，应配备与安宁疗护工作流程、开展业务项目及服务量相适应的设施设备，包括病床、床单被单被褥、移动紫外线灯、治疗车、病历车、担架车、换药车、床旁洗头器具、心电图机、电脑及打印机、淋浴设备、桌椅、家具等。

第四节 安宁疗护从业人员的准入

日本"安宁疗护之父"柏木哲夫博士（Dr. Tetsuo kashiwagi）将"HOSPICE"中的七个字母作为首字母缩略，引申出七个准确解释安宁疗护内涵的单词，它们分别是 Hospitality（亲切）、Organized Care（团队照护）、Symptom Control（症状控制）、Psychological support（心理支持）、Individualized Care（个性化照护）、Communication（充分沟通）和 Education（死亡教育）。其中，Organized Care 形象指出了安宁疗护的服务方式应当是有组织、有系统的团队运作，即通过组建一个包含医生、护士、药师、社会工作者、营养师、心理咨询（治疗）师等人在内的团队，为患者及家属提供最佳服务，提高患者临终前的生活品质。[①]因此，在制定准入规则时，要求安宁疗护机构组建以医生、护士为核心人员，以药师、社会工作者等人为辅助人员的团队。

---

① 参见李蓝:《我国安宁疗护立法的必要性和可行性研究》，江西财经大学 2019 年硕士学位论文。

一、核心团队成员

（一）医师

医师指经注册在医疗卫生机构中执业的医师或助理医师。为发挥中医技术在安宁疗护服务中的本土化优势，鼓励中医类别医师参与到诊疗过程中。二级以上安宁疗护服务机构应至少有 1 名副高级及以上专业技术职称的医师。病房的医师数与病床数之比建议不低于 1：10。[①] 对于与有资质的医疗机构合作的养老机构，建议由合作医疗机构按照每 10 张床位配备 1 名执业医师，每日巡诊。同时，根据患者的疾病变化情况，可以聘请其他专科的医师定期巡诊。安宁疗护科医师的具体职责为：负责终末期患者的全程诊疗管理；动态评估患者后制订诊疗计划；控制疼痛等不适症状；提供疾病咨询；指导和帮助团队其他成员；倾听患者及家属意见。

（二）护士

护士指取得护士执业证书，履行保护生命、减轻痛苦、增进健康职责的人员。二级以上安宁疗护服务机构应至少有 1 名中级及以上专业技术职称的护士，且具备丰富的安宁疗护相关专业知识和工作经验。每 10 张安宁疗护床位配备 4 名护士。安宁疗护科护士的具体职责为：制订舒适护理计划并负责临床护理工作；协助医生开展诊疗管理；培训和指导患者家属、护理员掌握舒适护理技能；了解患者的心理状态并予以积极疏导；提供丧亲护理。

此外，对于提供居家安宁疗护服务的医护人员，应具有相当的安宁疗护工作经验，可以独立开展安宁疗护临床工作。

---

① 参见《国家卫生计生委关于印发安宁疗护中心基本标准和管理规范（试行）的通知》，载 https://wjw.fj.gov.cn/jggk/csxx/lljkc/yyjh_35818/201906/P020190606353530256315.pdf，2024 年 1 月 2 日访问。

二、团队辅助人员

（一）社会工作者

社会工作者简称社工，指接受一定的专业教育或培训、从事专业化社会服务的专业技术人员，广泛分布在社会福利、慈善事业、精神卫生、残障康复等领域，通过综合运用专业知识、技能和方法，帮助社会困境人群。在安宁疗护服务过程中，社会工作者能够促进患者积极参与决策、协助团队了解家人的观点，解决医患间的对话难题。[①] 此外，社会工作者的职责还包括提供人文关怀、协助患者及家属申请其他公共服务、管理志愿者团队等。因此，通常会要求在安宁疗护行业中就职的社工需具备心理、精神等方面的专业知识。

（二）心理治疗师或心理咨询师

现有研究调查显示，在安宁疗护事业中，与心理支持和人文关怀有关的服务需求大，但实施少，存在明显的供求失衡情况。[②] 配备心理治疗师和心理咨询师是解决这一难题的不二选择。其中，心理治疗师是指具有医学或临床心理学知识背景的心理从业人员，可以进行精神疾病的诊断与评估，针对的是异常人群的心理干预。心理咨询师的服务对象是非心理疾病人群。心理治疗师资格的取得须通过全国统一考试，这是目前国家认可的、唯一的心理咨询与治疗执业证书。在安宁疗护服务过程中，心理治疗师或心理咨询师具体职责为：负责评估患者及家属的心理状况；缓解家属及团队成员的心理压力。

[①] 参见［美］多娜·J.瑞思：《安宁疗护社会工作》，刘晓芳、方洁、林卫珊译，社会科学文献出版社2019年版，第65页。

[②] 参见张慧超等：《分级诊疗制度下江苏省安宁疗护服务项目需求与实施现状调查》，载《中国卫生经济》2023年第8期。

（三）营养师

营养师指从事个人膳食和营养状况的评价与指导，传播营养、平衡膳食与食品安全知识，促进社会公共健康工作开展的人员。从事安宁疗护工作的营养师应当具有营养健康相关的工作经验，具体职责为：根据患者身体情况，为患者提供饮食指导和制订营养调理方案；对患者及家属进行营养教育。

（四）护理员

护理员是医疗辅助服务人员之一，主要从事辅助护理工作。护理员在安宁疗护事业中是不可或缺的基础力量，宜按照与护士1∶3的比例配备，在照护过程中大量的工作依靠他们完成。具体职责为：为患者提供饮食、清洁、睡眠、排痰、排泄、消毒、沟通、安全与急救、协助身体活动等关于生活照护、辅助活动的服务；提供陪伴和沟通等关怀服务。

（五）药师

药师指取得药师执业资格或助理药师执业资格，经注册在医疗机构或者社会药店中执业的专业技术人员。在安宁疗护服务过程中，药师的具体职责为：负责药事管理和质量控制；提供治疗和控制症状的用药指导；促进合理使用麻醉药品。

（六）康复治疗师

康复治疗师是指运用物理作业、言语等治疗措施，为患者进行治疗和训练的技术人员。专业技术范围包括物理治疗、作业治疗、假肢与矫形、言语和语言治疗、中医传统康复等康复医学治疗技术。在安宁疗护服务过程中，康复治疗师的具体职责为：为患者提供多层次的物理疗法、作业疗法、心理疗法、言语矫治等舒适治疗。

（七）志愿者

志愿者队伍是实施安宁护理的重要力量，指自愿参与培训并为患者及其家属提供安宁疗护照护服务的个体。研究表明，高质量的志愿者服务不仅可以延长临终患者生存时间、缓解负面情绪，还可缓解医护人员压力、节约医疗费用。① 在安宁疗护服务过程中，志愿者的具体职责为：关怀、倾听及陪伴患者；关注患者的情感诉求与灵性需求；协助患者梳理情绪。

（八）音乐治疗师

音乐治疗师是提供音乐治疗服务的人员，通过运用音乐活动的各种形式，对服务对象进行刺激与启发，让偏离正常状态的患者恢复健康。在我国，音乐治疗在精神康复、心理治疗和特殊教育领域已有了广泛运用。② 在安宁疗护服务过程中，音乐治疗师的具体职责为：通过音乐帮助患者调节情绪；缓解疼痛；改善患者睡眠；在自然状态下提升生命质量。

（九）芳香治疗师

芳香治疗师又称芳疗师，指运用从芳香植物中提取出来的精华成分（如精油、纯露），通过按摩、涂抹、吸闻等方式以调理并改善服务对象的身心状态。在安宁疗护服务过程中，芳香治疗师的具体职责为：通过香味刺激帮助患者调节情绪；改善睡眠质量；缓解疼痛。

团队辅助人员以及保障工作正常开展的行政后勤人员，可由各机构根据自身安宁疗护服务开展的实际情况按需配备。同时，鼓励条件允许的二、三级医院和安宁疗护中心组建 MDT（Multi-Disciplinary Team）团队，将肿瘤、中医、疼痛、康复、麻醉等学科的医师和优秀的护理人员纳入进来，联合制

---

① 参见何昭好、李斌、高星：《安宁疗护志愿者培训的研究进展》，载《护理学杂志》2023年第21期。

② 参见宋博媛：《音乐治疗师执业资格认证的教育现状与改善对策》，载中国音乐治疗学会：《中国音乐治疗学会第十三届学术交流大会论文集》（2017年），第134页。

订安宁疗护诊疗计划和照护计划,避免单一学科在制订计划过程中的片面性,也能增加会诊机会,为患者提供更高质量、更全方位的支持和帮助。

三、居家安宁疗护的特殊要求

2019年11月,中共中央、国务院印发《国家积极应对人口老龄化中长期规划》,提出完善安宁疗护,构建机构—社区—居家安宁疗护体系。相较于机构或社区安宁疗护,居家安宁疗护有其天然的优势,如有利于患者获得连续性的医疗照护、容易获得家庭安全感的支持。但由于服务开展的场所并非医院,配套服务设施自然相对缺乏。为保证医疗照护水平不降低,上门提供服务的安宁疗护从业人员应当具备更高的能力。

(一)核心团队成员应具有安宁疗护工作经验及独立工作能力

实践中,已有多地对居家医疗服务和家庭病床服务人员资质作出了特殊要求。如《北京市加强老年人居家医疗服务工作实施方案》规定,医师应当具备与所提供居家医疗服务相符合的执业类别和执业范围,同时至少具备3年以上独立临床工作经验的执业医师;护士应当至少具备5年以上临床护理工作经验和护师及以上技术职称,药学专业技术人员应当取得药师及以上技术职称。《上海市家庭病床服务办法》规定,从事家庭病床服务的医师、护士、康复等人员,应具有相关的注册执业资质,并具有2年以上临床工作经历,能独立开展工作。居家安宁疗护需要借助家庭病床来实现,因此,当涉及居家服务内容时,医疗机构应当遵守地方对人员资质所作出的特殊要求派出医务人员。

结合居家安宁疗护发展现状来分析,可以说,对人员资质作出特殊要求是必要且合理的。原因在于:一方面,如上所述,当采用上门服务方式时,从业者不可避免地需要应对配套服务设施相对缺乏的客观情况。虽然从业者可以尽可能地选择风险低、适宜居家操作实施的技术和服务项目,但仍有多项工作待开展,如除需要完成皮肤、伤口管道护理等基础护理外,还要处置疲乏、疼痛、呼吸困难等症状。此外，当出现突发情况时，上门服务者需要根据患者的实际情况实施紧急救治措施。因此，要求核心团队成员能够独立开展工作的要求是必要且合理的。另一方面，不同于医院或社区安宁疗护，居家安宁疗护的上门访视具有周期性，通常为每周 1 次。医务人员和患者相处的时间较少，接触有限，建立信任关系的难度较大。而安宁疗护核心价值之一即要求团队成员去倾听患者及家属意见，了解患者的心理状态并予以积极疏导，给予社会支持。基于此，应当要求提供居家安宁疗护服务的团队成员具备更加丰富的实践经验，以娴熟的技能和专业的服务打开患者的心扉，帮助患者承认死亡、应对死亡。此外，结合实践我们可以发现，居家环境下出现医疗纠纷的可能性更高，寻求法律救济的难度也大，既往的临床工作经验能够帮助服务人员避免一些风险。综上，核心团队成员应具有安宁疗护工作经验及独立工作能力。

（二）在居家照护团队中设置个案专员

安宁疗护三级联动体系的核心与基本要求即打破医院、社区、居家三方间的壁垒，建立基于终末期患者需求而随时进行上下联动、双向转介的渠道。[①]对于居家的终末期患者来说，转介通道是否通畅十分关键。因此，为提高效率，建议在居家照护团队中增设个案专员角色，其职责包括但不限于协调医患沟通、监测追踪、对居家患者的症状控制情况及生活质量情况进行评分，如遇突发情况及时安排专家问诊和协调转介。[②]其实，上海、深圳、广州等地早已开始探索实施肿瘤个案管理模式，并取得了明显的成效，如缓解了患者术前焦虑状态、提高了其信息接收水平和心理社会适应能力。[③]将这种模式推广到居家安宁疗护中，既有利于优化服务团队人员结构，让团队

---

① 参见谢沛英等：《医联体视域下"医院—社区—居家"安宁疗护服务模式的探索与实践》，载《中国护理管理》2023 年第 11 期。
② 参见李丽：《居家安宁疗护服务模式概述及发展思考》，载《上海护理》2023 年第 4 期。
③ 参见张凤玲、卢吉、侯胜超：《国内肿瘤患者个案管理应用进展及展望》，载《护理学报》2023 年第 24 期。

中的专业人员得以节省时间用于医疗照护,提升服务效率;也能够弥补居家安宁疗护上门访视时长较短的不足,由个案专员对患者进行持续关注,增强服务的安全性。

第五节 安宁疗护从业人员的培养制度

一、学科建设

安宁疗护在我国起步相对较晚,虽然近年来相关需求与日俱增,有了一定的发展,但仍有诸多需要改善之处。例如,由于学科建设滞后导致患者、医务人员相关认知不足,不同机构间提供的服务差异性较大等。因此,在后续发展中,学科建设作为助力安宁疗护事业可持续发展的基础和内生动力,应被作为重中之重。具体来说,应从以下三方面内容出发,不断深化安宁疗护学科建设。

(一)鼓励高校开设安宁疗护二级学科

在将安宁疗护学科化的过程中,我们首先需要论证两个问题:第一,将安宁疗护学科化的必要性;第二,增加安宁疗护二级学科的可行性。首先是必要性问题。2023年全国死亡人口1110万人,60周岁及以上人口占比为21.1%。[1]基于人口老龄化与癌症高发的背景,做好安宁疗护是实施健康中国战略的现实需要。将其学科化有利于更加系统、全面地研究如何面对终末期患者,如何进行疼痛管理、症状控制和死亡教育。此外,优质的学科建设有利于汇聚人才,增强科研创新能力,提升临床服务能力。因此,学科化的必要性得以论证。其次是可行性问题。《授予博士、硕士学位和培养研究

---

[1] 参见《中华人民共和国2023年国民经济和社会发展统计公报》,载国家统计局网,https://www.stats.gov.cn/sj/zxfb/202402/t20240228_1947915.html,2024年3月2日访问。

生的二级学科自主设置实施细则》中规定自主设置二级学科时，应与所属一级学科下的其他二级学科有相近的理论基础，或是所属一级学科研究对象的不同方面。此外，该二级学科要具有相对独立的专业知识体系，目前已形成若干明确的研究方向……安宁疗护以护理、人文关怀为主要服务内容，未偏离护理学科的理论基础，只是因为安宁疗护的服务对象为终末期患者及其家属，所以基于这一特殊性，需要研究并制定相对独立的临床护理操作规程，强化护理人员在心理、精神及社会支持等方面的作用，以满足实际工作需要。此外，如前文所述，在人口老龄化与癌症高发的背景下，社会对安宁疗护人才的需求日益增长，虽然越来越多的医务人员投入安宁疗护事业中，但由于缺乏专门的学科，"不会做、做不好"成为阻碍该行业可持续发展的主要因素，最终导致人才供给不足。综上，在高校条件允许的情况下，增加安宁疗护二级学科具备必要性和可行性。值得高兴的是，2024年1月，中国学位与研究生教育学会受国务院学位办委托发布《研究生教育学科专业简介及其学位基本要求（试行版）》，在护理学学科（学科代码：1011）下增设了包括成人与老年护理学、健康与慢病管理学、护理人文社会学在内的八个二级学科。①可以发现，护理人文社会学指以护理学领域中的人文社会问题为研究对象的综合性二级学科群，其中就包含了安宁疗护学，旨在以终末期患者症状控制、生存质量维护、相关标准和管理政策等为主要研究内容。根据学科基本要求，研究生除具备科学研究能力和学术交流能力以外，也要求具备一定的临床实践能力。可以预见，在学科建设的加持下，未来安宁疗护事业的护理人才将越来越多，从业人员供给不足的缺口会有较大改善。

（二）加大对安宁疗护学科的资源投入

安宁疗护事业的可持续发展需要坚实的资源保障。第一，强化在师资配备方面的资源投入。具体来说，教师是教育的主体，是促进学科发展的中

---

① 参见中国学位与研究生教育学会：《研究生教育学科专业简介及其学位基本要求》，载https://www.acge.org.cn/encyclopediaFront/enterEncyclopediaIndex，2024年3月2日访问。

坚力量，也有赖于他们在理论知识和临床实践方面的教授，才能培养出一代代优秀的安宁疗护从业人员。所以，在促进学科发展过程中，要将培育骨干师资力量作为优先策略。第二，通过倾斜性资源投入提高安宁疗护职业吸引力。有研究显示，影响从业人员开展安宁疗护服务的主要因素是"待遇较低、工作量大，付出与收获不成比例"。[1]为提高职业吸引力，可以借鉴全科医学的学科建设策略，在职称评聘、工作量考核、研究生招生计划、薪酬待遇等方面向安宁疗护学科适当倾斜。[2]

（三）搭建国内外交流平台，推进安宁疗护对外交流合作

"全球安宁疗护现状的特点之一表现为发达国家和发展中国家之间形成鲜明的对比。"[3]在医疗条件较好、社会福利完善的国家，安宁疗护已形成较为成熟的体系，并成为卫生保健部门、医疗卫生机构和患者的共同关注。与之相比，我国在安宁疗护领域还有广阔的发展空间，仍有相当一部分群众对于安宁疗护和相关心理辅导方面的服务知之甚少，许多服务机构也还未建立起系统、科学的服务模式。因此，为加快推进我国安宁疗护事业的发展进程，需要搭建起中外合作的桥梁，既通过引进、吸收、消化、再创新的方式，吸收借鉴国际先进安宁疗护经验，同时在对外交流中积极传播中国安宁疗护建设的实践成果。具体来说，可通过开展国际合作研究、互派访问学者、定期举办学科论坛等形式，进一步加深对安宁疗护学科建设、人才培养、队伍建设、社区/居家安宁疗护模式等方面内容的研究。

二、人才培养

学科建设的直接目的是人才培养。安宁疗护学科建设与人才培养之间相

---

[1] 参见杨森等：《上海市中心城区社区医疗机构肿瘤安宁疗护资源使用状况调查及医护人员职业满意度分析》，载《中国全科医学》2021年第12期。
[2] 参见《国务院办公厅关于改革完善全科医生培养与使用激励机制的意见》。
[3] 丛亚丽：《我国安宁疗护的困境和出路》，载《中华医学杂志》2022年第48期。

辅相成，两者间具有显著的联动作用。优秀的学科建设能够吸引高水平人才投身安宁疗护事业中，促进高层次人才的成长，并逐步提升整个行业从业人员的素质与能力。

（一）高层次人才的引进与培养

高层次人才是指在人才队伍各个领域中层次比较高的优秀人才，包括特殊人才、学科带头人、优秀教授、学术骨干、优秀青年教师。高层次人才对于学科的建设和行业的发展至关重要，其来源渠道可以分为内部培养和外部引进两类。从可持续角度看，为防止人才结构性短缺，自主培养是关键，具体策略包括：（1）请进来。邀请国内外优秀的安宁疗护理论与实践专家分享研究成果，通过讲座、课题合作、教学查房等方式，与专家、学者开展学术交流，借助"传帮带"提高安宁疗护从业人员的实践技能。（2）走出去。不断探索人才培养模式，积极为职工创造规培、进修、公派出国的机会，将业务骨干送到较早提供安宁疗护服务的国家或地区，补齐薄弱环节短板，锻炼国际视野，把先进经验带回来。①（3）建立青年人才储备。有理想、有拼劲的青年人才是安宁疗护的生力军。所以，要有意识地盘活青年资源，如高校或医疗卫生机构可设立"安宁疗护青年人才培养计划"，给予青年安宁疗护从业人员更多的训练、帮助，支持青年人开展安宁疗护相关研究。对于引进的海外优秀人才，除在入口时严格把控人才质量外，在引进后也要尤为关注，帮助其克服"水土不服"问题，保障引进人才的利益、激发引进人才的活力，以发挥人才引进的最佳效能。

（二）岗前教育、岗中继续教育

实践中，大量的安宁疗护从业者反映"不知道如何应对面对患者的负面情绪""不知道怎么去跟患者沟通"，甚至时常会对自己提供的服务是否属于

---

① 参见陈淑华等：《公立医院高层次人才和学科带头人引进与留用的实践探索》，载《现代医院》2022年第11期。

安宁疗护产生疑惑。① 此类问题的根源就在于，从事安宁疗护的人员缺乏持续的专业教育。② 由于我国安宁疗护起步较晚但需求量大，许多从业者在并未接受过针对性培训、不具备相应的知识和技能的情况下就开始执业了。因此，他们在开展具体服务时，常常照搬以往的临床治疗方式，无法给患者提供死亡教育和灵性关怀。③ 解决这一难题的关键就在于持续拓宽培训的覆盖面、提高培训质量，努力打造符合实践需要的安宁疗护服务队伍。

从培养形式上看，建立岗前教育、岗中继续教育的培养体系是基本要求。首先，在从业人员上岗前，除要求具备相应岗位资质外，还应当安排其学习安宁疗护专业知识、技术、技能和工作态度等相关内容的授课，并着重进行人文、人道主义理念教育，让从业人员真正理解"去者善终，留者善存"的内涵与价值，激发从业人员做好安宁疗护服务的内生动力。此外，为了帮助从业人员更好地胜任安宁疗护岗位工作，在岗前可设置一定的实习带教期，让即将上岗的从业者在带教老师的指导下完成临床训练，在实践中进一步将安宁疗护服务规范内化于心，使理论知识与实践工作融会贯通。在岗中，也要不断加大培训力度，既要借助教材和各地举办的安宁疗护人才队伍能力建设培训班、专科护士培训班等，组织从业人员持续学习高质量课程，又要结合实践中服务的开展情况查缺补漏，聘请经验丰富的老师进行针对性授课。目前已有南京医科大学、河北中医药大学等多个医科大学开设了有关安宁疗护的必修课程；浙江省卫生健康委员会发布的《浙江省全省域开展安宁疗护工作实施方案》中也明确提出要制定安宁疗护培训系列课程大纲，分层分类做好安宁疗护从业人员的岗位技能培训。这些有益探索不仅能为从业人员铺路搭桥，更是为安宁疗护专科人才培养体系在全国范围内推广铺开指明了方向，有利于我国安宁疗护事业更上一层楼。

---

① 参见周依依：《城市安宁疗护服务研究》，中共江苏省委党校 2022 年硕士学位论文。
② 参见王蒙蒙、徐天梦、岳鹏：《我国现行安宁疗护的相关政策梳理、挑战与建议》，载《医学与哲学》2020 年第 14 期。
③ 参见谌永毅等：《健康中国建设背景下安宁疗护事业的发展》，载《中国护理管理》2019 年第 6 期。

从培训内容上看，以下两点内容尤为值得关注：第一，培训从业人员具备死亡应对和死亡教育的能力。[①]无论是核心团队成员还是团队辅助成员，都具有对患者及家属进行死亡教育、纾解心理压力的职责。每个人终将面临死亡，面对这场从摇篮到天堂的生命之旅，如何顺利完结至关重要。许多终末期患者及家属受传统观念的影响，将死亡视为洪水猛兽，避而不谈，反而加重了心理负担。谈论死亡是实现安宁的基础，所以，安宁疗护从业者应当让患者及家属明白，当疾病注定无法治愈时，医学仍可继续发挥它的价值，来帮助患者正确应对死亡，帮助亲属走出哀伤。因此，从业人员在上岗前，应当通过培训使其具备死亡应对和死亡教育的能力，帮助患者实现从认识死亡到直面死亡到超越死亡的飞跃。第二，对从业人员进行系统的服务流程培训。在现阶段，为保证安宁疗护服务的规范性及质量水平，有必要将实践中完整的服务流程以文字或视频的方式固定下来。尤其对于居家安宁疗护服务模式，现有研究的受访者曾提出"如果没有服务流程，上门服务可能会出现问题，有了相应的服务流程之后，我们照着去做就容易一些"[②]。针对这一现实问题，各机构应当立足于自身实际情况，同时汲取优秀安宁疗护中心的有益经验，形成各岗位从业人员可参照执行的服务流程。

[①] 参见陈圆圆等：《国内外安宁疗护志愿者核心能力的范围综述》，载《循证护理》2023年第13期。

[②] 饶梦等：《社区医护人员实施居家安宁疗护促进及阻碍因素的质性研究》，载《护理学杂志》2023年第1期。

第五章 安宁疗护的行为规范与生前预嘱制度

第一节 症状控制的行为规范

一、症状控制的服务内容

《安宁疗护实践指南（试行）》在"症状控制"部分规定了控制13种症状，并对这些症状分别规定了评估观察事项、治疗原则、护理要点、注意事项。北京市卫生健康委员会、北京市中医药管理局发布的《北京市加强老年人居家医疗服务工作实施方案》中《北京市居家医疗服务项目目录（试行）》规定居家安宁疗护的症状控制内容包括14种症状：疼痛；咳嗽、咳痰；恶心、呕吐；吞咽困难；厌食、纳差；尿失禁、便失禁、便秘；便血；腹胀；水肿；发热；厌食/恶病质；口干、口腔溃疡；睡眠/觉醒障碍（失眠）；躁动、谵妄。疾病终末期患者因大部分身体机能丧失、症状较多，同时不同患者的原发疾病类型存在不同，故建议在立法中通过"列举＋概括"式规定症状控制的内容。

疼痛控制是安宁疗护的重要部分，甚至是最重要的内容。笔者认为，疼痛控制应在理念上遵循国际疼痛研究协会《蒙特利尔宣言》的精神，在操作上应遵循WHO的三阶梯止痛疗法和《安宁疗护实践指南（试行）》。

疼痛控制在理念上应遵循《蒙特利尔宣言》的精神。《蒙特利尔宣言》即《获得疼痛治疗是一项基本人权的宣言》。2010年9月3日，在加拿大北克省蒙特利尔市举行的第 13 届世界疼痛大会结束之际,国际疼痛研究协会(IASP)举办了国际疼痛峰会,以解决世界上疼痛得不到缓解的问题。峰会结束时,与会代表通过了《蒙特利尔宣言》。国际疼痛研究协会对世界上无法缓解的疼痛给予了深入的关注,并发现世界上大多数地方的疼痛管理都不完善,其原因在于:由创伤、疾病和绝症引起的急性疼痛得不到充分治疗,也没有认识到慢性疼痛是一个严重的慢性健康问题,需要像糖尿病或慢性心脏病等其他慢性疾病一样得到治疗;医护专业人员在疼痛的机制和治疗方面存在严重的知识缺陷;无论是否有诊断结果,慢性疼痛都会被严重污名化;大多数国家在将疼痛作为健康问题进行管理方面没有国家政策或政策非常不完善,包括研究和教育水平不足;疼痛医学并没有被公认为是一门独特的专业,没有建立在研究和全面培训计划基础上的独特的知识体系和明确的实践范围;据世界卫生组织估计,有 50 亿人生活在很少或无法获得受管制药品的国家,他们无法或无法充分获得中度至严重疼痛的治疗;阿片类药物和其他对疼痛治疗至关重要的基本药物的供应受到严格限制。《蒙特利尔宣言》认识到所有人都享有固有的尊严,拒绝给予疼痛治疗是极其错误的,会导致不必要的痛苦是有害的,故宣布,以下人权必须在全世界得到承认:第 1 条,所有人不受歧视地获得疼痛控制的权利;第 2 条,疼痛患者了解其疼痛并被告知其疼痛被如何评估和控制的权利;第 3 条,疼痛患者能够获得训练有素的医护人员对其疼痛进行适当评估和治疗的权利。为了保障以上权利,《蒙特利尔宣言》提出了以下义务:(1)政府和所有医疗机构有义务在其权力的法律范围内,并考虑到合理可用的医疗资源,制定法律、政策和制度,以帮助促进而非限制疼痛患者获得完全适当的疼痛管理。不制定这样的法律、政策和制度是不合伦理的,也侵犯了因此受到伤害之人的人权。(2)与患者有治疗关系的所有医疗专业人员,在其专业执业的法定范围内,并考虑到可合理获得的治疗资源,有义务向疼痛患者提供该执业领域内合理谨慎和称职的医疗专业人员应提供的疼痛管理,不提供这种疼痛管理是对患者人权的侵犯。①

疼痛控制在操作上应遵循 WHO 三阶梯止痛疗法。经过数年临床实践，WHO 的三阶梯止痛疗法已经成为一种被国际上广泛接受的止痛方法。它的特点是：方法比较简单，采用的药物为数不多，费用不高，但效果较好，90% 癌症患者的疼痛可用这个比较简单的方法予以完全控制。②20 世纪 90 年代之前，我国终末期患者疼痛控制方面较为落后，对癌症疼痛患者主要使用肌内注射杜冷丁、布桂嗪或非甾体消炎药物如阿司匹林等，并且一般都是在患者疼痛不能忍受的情况下，既达不到满意的疼痛控制，更不考虑调整剂量的需要，所以既非按阶梯给药，也不是按时给药，医护人员顶多也不过只满足于疼痛的部分缓解，而从无设法使患者从疼痛中完全解脱的要求；自 1990 年起，为了在我国提高癌症患者的生存质量，我国卫生部门开始学习并推行 WHO 三阶梯止痛疗法，不少医院和科室也已开展了癌痛治疗工作，有大量癌症患者从中受益，也在很大程度上改变了我国以往对癌痛治疗的落后状况。③因此，笔者认为，安宁疗护的疼痛控制应继续坚持使用 WHO 的三阶梯止痛疗法。

疼痛控制在操作上还应遵循《安宁疗护实践指南（试行）》。根据该指南，在遵循 WHO 三阶梯止痛疗法使用镇痛药物后，要注意预防药物的不良反应，及时调整药物剂量。结合病情给予必要的其他药物和或非药物治疗，确保临床安全及镇痛效果。同时要避免突然中断阿片类药物引发的戒断综合征。在护理方面，应根据疼痛的部位协助患者采取舒适的体位；给予患者安静、舒适环境；遵医嘱给予止痛药，缓解疼痛症状时应当注意观察药物疗效和不良反应；有针对性地开展多种形式的疼痛教育，鼓励患者主动讲述

---

① See Declaration of Montreal: Declaration That Access to Pain Management Is a Fundamental Human Right, Journal of Pain & Palliative Care Pharmacotherapy. Vol.25, p. 29–31 (2011).

② 参见李同度：《国内外癌症疼痛控制的过去、现状和未来》，载《齐鲁肿瘤杂志》1997 年第 3 期。

③ 参见李同度：《国内外癌症疼痛控制的过去、现状和未来》，载《齐鲁肿瘤杂志》1997 年第 3 期。

疼痛，教会患者疼痛自评方法，告知患者及家属疼痛的原因或诱因及减轻和避免疼痛的其他方法，包括音乐疗法、注意力分散法、自我暗示法等放松技巧。

二、疼痛控制的双重效应原则

在进行疼痛控制时还应符合双重效应原则。以吗啡为例，吗啡中毒剂量成人为0.06g、致死剂量为0.25g，而临床应用的吗啡控释片用于肿瘤患者止痛，每日应用的剂量可能远大于0.06g的中毒剂量，甚至超过0.25g的致死剂量。这样问题随之而来，如何既能为患者解除痛苦，又不致引发严重的不良反应，如果两者之间存在矛盾时，临床医生又该如何做？① 这就涉及双重效应原则。

双重效应原则的含义是，尽管有负面的副作用，但出于善意的行为仍然是道德的。法律在临终治疗决策中采用双重效力之前，还没有在法律推理中使用双重效力原则的传统。它首次出现在1957年英国的 R v. Adams 案中法官对陪审团的阐释，尤其是关于在临终关怀中使用阿片类药物来减轻疼痛的情况："但这并不意味着，帮助患者和垂死者的医生必须在几分钟甚至几小时内，而非几天或几周内，计算他所服用的药物对患者生命的影响，否则将面临谋杀指控的危险。如果医学的第一个目的即恢复健康无法实现，那么医生仍有很多事情要做，他有权做一切适当和必要的事情来减轻疼痛和痛苦，即使他所采取的措施可能会附随缩短生命。这并不是因为对医务人员有特殊的保护，而是因为不造成死亡的行为不属于谋杀。我们在这里处理的不是哲学或技术原因，而是常识。死亡原因是疾病，而所给予的对决定死亡时刻有附随效应的适当医疗，在任何合理使用时都不是死亡原因。但是任何医生，任何人，无论是在垂死的情况下还是在健康的情况下，都无权故意割断生命之

---

① 参见刘宇鹏、万献尧：《浅谈临终医疗的双重效应原则》，载《医学与哲学（临床决策论坛版）》2008年第2期。

线。"①该案中涉及提交给法院的医学证据,这些医学证据反映了当时的医学观点,即由于吗啡会抑制呼吸,使用吗啡缓解疼痛和症状会导致昏迷和死亡。特别是,人们对吗啡等阿片类药物的"高"剂量达成了一致,超过这一剂量的时间和可能的因果关系可能会受到质疑。然而,过去三十年来临终关怀和姑息治疗运动的经验表明,安全有效地在痛和症状控制中使用吗啡、其他阿片类药物、镇静剂无须成为死因成谜的原因。②没有临床科学证据表明,如果使用适当的技巧来治疗症状,吗啡会导致死亡。尤其是,呼吸抑制作用已被证明是微弱的,而且疼痛的存在可拮抗阿片类药物的呼吸抑制和镇静作用。

目前,双重效应原则适用于安宁疗护,并被医学界普遍接受。③但是需注意的是,与任何一类药物一样,阿片类等疼痛控制手段如果使用不当则是危险的。因此,在法律上双重效应原则被不断具体化。例如,有学者认为,在安宁疗护的场合,满足双重效应原则应符合以下四个条件:(1)服用姑息性药物本身并不是不道德的;(2)目的是减轻疼痛,而不是加速病人的死亡;(3)疼痛的缓解不是通过导致患者死亡来实现的;(4)从比例上讲,缓解疼痛的必要性足以保证接受加速死亡的风险。④还有学者归纳了症状控制行为合法所需满足的四个条件:(1)行为必须仅用于减轻痛苦;(2)它必须针对痛苦或痛苦迹象进行管理;(3)它必须与这种痛苦相称;(4)它不能是故意造成死亡,程序上需要记录,且剂量的增加应当逐步进行。⑤结合以上

---

① See White B. P., Willmott L. & Ashby M. Palliative care, double effect and the law in Australia, Internal Medicine Journal, Vol.41, p.486(2011).

② See Ashby M. The fallacies of death causation in palliative care.Medical Journal of Australia, Vol.166, p.176(1997).

③ See Douglas C. D., et al., The intention to hasten death: a survey of attitudes and practices of surgeons in Australia, Medical Journal of Australia, Vol.175, p. 511–515(2001).

④ See Sulmasy D. P. & Pellegrino E. D. The rule of double effect: clearing up the double talk, Archives of Internal Medicine, Vol.159, p.545–550(1999).

⑤ See Lavery J. V. & Singer P. A. The "Supremes" decide on assisted suicide: What should a doctor do?, Canadian Medical Association Journal, Vol.157, p.405–406(1997).

论述,笔者认为,症状控制要符合双重效应原则需要考虑以下因素:

(一)医务人员的意图

实施安宁疗护的医务人员的主要意图应当是缓解疼痛,而不是导致死亡。相反,如果医务人员的意图是导致患者死亡,那么就可能被认定为故意杀人。例如,1992年在英国的一起案件中,考克斯医生是一名风湿病学家,被控谋杀患有类风湿性关节炎的老年患者博伊斯夫人未遂。考克斯没有被判谋杀,因为无法排除博伊斯夫人的其他情况导致了她的死亡。证据显示,13年来的医患关系使他们之间建立了异常牢固的情感和相互尊重的纽带。随着博伊斯夫人病情的恶化,考克斯无法控制患者的疼痛。然后,他给患者服用了26毫摩尔未稀释的氯化钾,而氯化钾没有治疗或镇痛性,且是致死剂量的两倍。博伊斯夫人几分钟内就去世了。陪审团接到指示,如果确信考克斯给博伊斯夫人服用氯化钾的主要意图是导致博伊斯夫人死亡,则对其定罪。法官指出,尽管以减轻疼痛和痛苦为目的的药物治疗是合法的,但这种缓解不能通过故意造成他人死亡来实现。考克斯被陪审团判定有罪,并被判处1年缓刑。[①]可见,对于医务人员的主观意图,仍需结合其行为来认定,例如开具的是不具有镇痛效果的致死剂量药物,那么就可能认定其意图并非缓解疼痛,而是导致死亡。

(二)遵循适当的医疗规范

如上所述主观意图实际上要结合客观行为来认定,因此,如果医务人员的行为符合医疗规范(如前文所述的WHO三阶梯止痛疗法和《安宁疗护实践指南(试行)》),其行为就是正常的症状控制行为,即便其附随后果是患者死亡,也不应承担法律责任;相反,如果医务人员的行为偏离了合理的医疗实践规范,那么就可能表明其意图是杀人而不是止痛。以澳大利亚两个州

---

① See White B. P., Willmott L. & Ashby M. Palliative care, double effect and the law in Australia, Internal Medicine Journal, Vol.41, p.488 (2011).

的立法为例：

南澳大利亚州的《医疗同意与安宁疗护法》(Consent to Medical Treatment and Palliative Care Act) 规定：

第17条（对濒死之人的照护）

（1）负责治疗或照顾处于绝症末期的患者的医生，或在医生监督下参与治疗或照顾患者的人，因实施旨在缓解疼痛或精神痛苦的医疗而不承担民事或刑事责任：

（a）经患者或患者代理人同意；和

（b）善意且无疏忽；和

（c）符合适当的安宁疗护专业标准。

（2）即使治疗的附随后果是加速患者的死亡。

（3）根据本州立法目的：

（a）根据第（1）款的规定，为缓解疼痛或精神痛苦而进行的医疗不构成介入性的死亡原因；

第18条（保留条款）

（1）本法不允许以导致患者死亡为目的进行的医疗行为。

（2）本法不允许任何人协助他人自杀。

昆士兰州《刑法典》[Criminal Code (Qld)] 规定：

第282A条（安宁疗护）

（1）在以下情况下，一个人为他人提供安宁疗护不负刑事责任：

（a）该人善意地以合理的照护和技能提供安宁疗护；和

（b）考虑到他人当时的状态和全部情形，提供安宁疗护是合理的；和

（c）该人是医生，或者，如果该人不是医生，安宁疗护的实施是由医生书面确认实施。

（2）即使提供安宁疗护的附随后果是加速他人死亡，第（1）款也适用。

（3）但是，本条不允许：

（a）意图杀害他人的作为或不作为；或

（b）协助他人自杀。

（4）为了消除任何疑问，须声明的是，只有遵循适当医疗实践规范的安宁疗护才是合理的。

（5）在本条中：

适当医疗实践规范是指澳大利亚医疗行业在以下方面的适当医疗实践规范：

（a）澳大利亚医疗行业公认的医疗标准、实践和程序；和

（b）澳大利亚公认的医学职业道德标准。

安宁疗护是指旨在维持或改善正在或将要遭受痛苦和折磨的人的舒适度的照护，无论是通过作为还是不作为。

通过以上法律条文可见，在澳大利亚法中，"符合适当的安宁疗护专业标准""遵循适当的医疗实践规范"是安宁疗护行为的必需要件，在符合该要件以及主观善意等其他要件的情况下，即便安宁疗护行为的附随后果是加速患者死亡，医务人员也不负法律责任。

目前我国法律尚没有规定症状控制尤其是疼痛控制的行为规范以及疼痛控制的法律责任之界限，但是在司法审判中已经出现个别案件涉及该类问题。较著名的是2017年北京市东城区人民法院判决的"吗啡纠纷案"[（2016）京0101民初字第1404号]。在该案中，患者肿瘤晚期，全身多发转移，合并肺部间质性肺炎，预后极差，医生向家属交待病情，家属表示理解。为缓解症状，医生为患者壶入及皮下注射吗啡，后患者循环、呼吸衰竭而死亡。半年后，患者的儿子以医院存在医疗过错为由到法院起诉，向医院索赔10万余元。在该案例中，北京市东城区人民法院主要审查了医院对终末期患者使用吗啡是否符合症状指征、是否遵循医疗用药规范，经审查后认为，患者具有使用吗啡的指征，吗啡有镇痛、镇静作用、可减少其心脏负荷，医院对吗啡的用量用法以及间隔时长也均符合规范，故"张某死亡……与吗啡的使用并无因果关系"。可见，医务人员的疼痛控制行为要符合双重效应原则，一个关键要素就是该行为应遵循适当的医疗规范，例如镇痛药的用法用量等。

(三)患者或患者的代理人同意

双重效应原则还要求医务人员在实施疼痛控制行为前获得患者或患者的代理人的同意。例如,前述南澳大利亚州《医疗同意与安宁疗护法》第17条明确要求疼痛控制等安宁疗护行为需经患者或患者代理人同意。我国国家层面及地方层面的安宁疗护相关规范性文件均要求安宁疗护按照患者知情同意进行,《"十四五"国家老龄事业发展和养老服务体系规划》等政策文件均强调医疗机构开展安宁疗护服务应遵循"充分知情、自愿选择"的原则,《北京市加快推进安宁疗护服务发展实施方案》强调尊重患者的意愿和决定,《上海市安宁疗护服务规范》规定安宁疗护服务应以患者自愿为导向。笔者认为,虽然《民法典》《医疗机构管理条例实施细则》等法律法规未将疼痛控制等安宁疗护行为明确纳入必须向患者告知的"手术、特殊检查、特殊治疗",但是近年来安宁疗护相关规范性文件更加具有针对性,基于特别法优于一般法的原理,应认为安宁疗护属于患者知情同意的范围。因此,医务人员的疼痛控制行为要符合双重效应原则,应当事先取得患者的同意。

三、医助死亡(包括安乐死和医助自杀)的禁止

在进行症状控制时,应注意疼痛控制与安乐死、医助自杀的区别。笔者认为,症状控制尤其是疼痛管理与安乐死、医助自杀存在本质区别,疼痛控制不仅是合法的而且是应被鼓励的医护行为,而安乐死、医助自杀在法理上存在争议。

安乐死来源于希腊语"eu"(好)和"thanatos"(死),其与后来出现的医生协助自杀(PAS)通常被承认其合法性的国家描述为患有无法接受传统治疗的自主性绝症患者的"权利"。在他们看来,促进死亡被认为是可以接受的,因为活着可能意味着持续的痛苦,没有解脱的希望,直到死亡最终到来。关于安乐死、医助自杀的法律、伦理、社会文化和临床基础的问题,以

及对医学特别是安宁疗护实践的影响，仍然存在争议，从国际整体立法情况来看，安乐死、医助自杀合法化仍面临各种障碍。承认安乐死、医助自杀的国家认为，对安乐死、医助自杀易被滥用的担忧是没有根据的，应该在自我决定权利的基础上鼓励安乐死、医助自杀。由于在伦理证成和法律程序上的一致性，医事法学界及一些国家的规范性文件将安乐死、医助自杀统称为"医助死亡"（Medical Aid-In-Dying, MAID）。[1] 笔者认为，无论是安乐死还是医助自杀，医生直接注射致死药物和提供致死药物给患者由患者自行注射，都是意图剥夺患者生命并进行了实质行为，故在伦理和法律评价上不应有所不同，因此我们也使用医助死亡一词指代安乐死和医助自杀。

（一）医助死亡与安宁疗护、生前预嘱的区别

医助死亡与安宁疗护的初衷虽然是类似的，都是为了减缓患者痛苦，但本质上是完全不一样的，而在我国也只有安宁疗护是合法的。安宁疗护的理念是自然善终，也就是认为生命的长短不应该由人来决定，但医助死亡刚好相反，其系人为缩短生命，由人为决定何时结束。再者，安宁疗护解决的是患者的痛苦缓解问题，而医助死亡却是因痛苦而解决生命的做法。安宁疗护已被列入我国相关规范性文件而获得保障，故而给予终末期患者适当的麻醉或镇静剂来缓解疼痛，通常也不会被认为是医助死亡。根据生前预嘱不给予或撤除维生医疗措施的正当性在于，每个人都有权利拒绝他不想要的身体侵犯，如果患者基于这样的理由而拒绝维生医疗，那么他的要求应该受到尊重，在这种情况下，患者死亡的原因是他本身的疾病，而不是医师作了什么或是没做什么，因此与医助死亡存在本质不同。安宁疗护与生前预嘱不延缓也不加速患者的死亡进程，不缩短也不延长患者生命期，而是强调安宁疗护团队及学科的整合，对于终末期患者及其家属进行身、心、灵的照护。安宁疗护的措施与用药以缓解痛苦为出发点，而医助死亡行为则以达成死亡为目

---

[1] See Battin, M. P, et al., Legal physician-assisted dying in Oregon and the Netherlands: evidence concerning the impact on patients in "vulnerable" groups, Journal of Medical Ethics, Vol. 33, p.591-597 (2007).

的，其动机与目的是截然不同的。

在法学理论尤其是刑法理论上，也应认为作为中断治疗的撤除维生医疗措施与作为受嘱托杀人的医助死亡存在本质不同。中断治疗只是放任疾病的进行，与创造新的死亡条件的受嘱托杀人有所区别。患者所表达的放弃治疗意愿，其在规范上的主要意义是在否定医师的治疗权限与义务，因而发生的死亡只是附随反射结果，与受嘱托杀人罪的嘱托系以造成死亡结果作为主要目标不同。脱离医疗关联性的故意终结生命行为，纵使得到患者承诺也不能阻却违法，而只能在符合受嘱托杀人罪的前提下，获得轻于普通杀人罪的刑罚。例如，担任医师的儿子在饱受癌症痛苦的父亲的要求下，为父亲注射有毒的致命针剂，就不构成所谓的中断医疗，父亲的嘱托亦非拒绝医疗，而是仍为故意杀人罪所禁止的行为。

此外，根据前文所述的双重效应原则，也可区分安宁疗护及生前预嘱与医助死亡的界限。根据该原则，一个带来坏结果的行为，在四个条件下是道德上许可的，这四个条件分别是：行为本身并非道德上不允许的；坏结果只是可预见的，但并没有被意图；坏结果不能与好结果不相称；坏结果并不是达成好结果的手段。那么不论基于何种动机或理由，医助死亡的基本意图是在结束患者生命，而根据生前预嘱撤除维持生命医疗措施的意图却不是患者的死亡（虽然死亡是可预见的），亦即在上述第二个条件上，撤除维持生命医疗措施与医助死亡有伦理上显著的不同。在国际立法现况中，绝大多数国家还是认为医助死亡为非法行为，只有少数国家将医助死亡合法化，而安宁疗护以及通过生前预嘱撤除维持生命医疗措施则已普遍获得接受，大多数国家也均立法予以认可。

（二）医助死亡暂时不应合法化的原因

第一，医助死亡贬低了生命尊严，也违反了不应该杀人的基本道德原则，基本原则的丧失导致再多的论证也无法掩盖其杀人的本质。生命具有神圣性，每个人都应该以敬畏、尊重和保护的态度对待生命，任何侵害生命或将生命当作试验对象的行为都是对生命神圣性的不敬。医助死亡的主张，固然来自人类同情、慈悲或怜悯的人道思想，但其本质，仍是杀人行为，与生命神圣的原则相抵触。

第二，死亡是一种终结、不可逆的过程。若在医疗过程中发生误诊或误判未来的预后状态，而为患者采取了医助死亡的行为，将出现造成枉死的可能性。并且，即使是患者要求医助死亡，患者作决定的当下是不是独立自主地出于本人的意愿，实质上是难以判别的，因而产生灰色地带，无法确定人的生命究竟是自主的或是由他人所掌控。无论是失智者还是罹患其他慢性疾病的患者，随着病程进展会逐渐丧失生活自理能力，长期需要他人照护可能会使患者产生罪恶感、内疚感，担心给配偶、子女等亲友造成困扰，因而倾向选择医助死亡。此种情况下的选择虽然是"出于自愿，非受他人胁迫的决定"，实际上却是受到外在环境影响，考虑到家属的经济、心理负担等因素而作出的选择，患者本人是否愿意活下去反而成了较次要的考虑。

第三，医助死亡的本意是减轻患者痛苦，但减轻痛苦的方法不仅仅只有终止生命，若是在可以维持其生活质量的前提下延长其生命，患者可能不会寻求死亡这一途径。因此，如果安宁疗护制度成熟，大部分患者在接受了较好的疼痛控制等安宁疗护后，可能打消自杀的念头。由此可知，在患者要求医助死亡之时，他们是否具备足够的自主决定能力是值得怀疑的。如果患者得到适当的安宁疗护，可能不会以自杀的方式来减轻痛苦。此外，一旦让医助死亡合法化，医师可能反而不会用心提供全方位的安宁疗护。

第四，滑坡效应的反对理由，即若对于终末期患者给予医助死亡，此种轻视生命的结果，可能为其他各种杀人行为大开方便之门。例如，患者的代理人也可能会积极促使患者接受医助死亡以获取个人利益；医助死亡如与器官捐献勾结，则医助死亡可能会被滥用。

第五，医助死亡与医生的角色不符。医生在传统上的角色一直是治愈患者，医助死亡与此形象并不符合。如果医助死亡被允许实行，患者可能会失去对医生的信任而不愿意去寻求医疗帮助，因为患者会担心医师是不是更有兴趣于如何帮助他死亡而不是如何帮助他康复。另外，医疗的本质是行善、是不伤害，要求医师协助死亡从本质上违背其医疗职业的本质。即使医生医疗措施的不作为（如不实施急救）与协助死亡（如开具致命毒药）将造成相同的结果，即患者死亡，但从伦理角度看，两者意义有极大不同。用医疗手段致使患者死亡不仅背离医师的职业宗旨，也将从根本上改变医师和患者的关系，甚至将威胁社会对于生命价值的认定。

综上所述，医护人员在进行疼痛控制行为时既要严格遵守镇痛药物剂量等操作规范，也要遵守我国现行法律法规，即便在患者请求的情况下，也不得为患者注射致死药物或为患者开具致死药物帮助其自杀，从而避免构成安乐死或医助自杀的行为。

第二节 舒适照护和心理支持的行为规范

一、舒适照护

同为安宁疗护的重要方面，与症状控制重在"疗"不同，舒适照护的重点在于"护"。终末期患者多因疾病进展导致身体机能丧失，这就需要他人辅助其生活，为其提供照料，从而使得患者能够较为舒适地、有尊严地生活。由于一个人的生活需求涉及饮食、清洁卫生、睡眠、排泄、行动等各方面，故舒适照护的内容应当全面，这也是安宁疗护的全人照顾原则的体现。关于舒适照护的内容，《安宁疗护实践指南（试行）》规定了16项照护措施，并对医护人员进行各项照护措施的评估观察要点、操作要点、指导患者及家属的要点、注意事项予以了规范。《北京市居家医疗服务项目目录（试行）》对居家安宁疗护的舒适照护内容进行了一定程度的概括，共13项措施。其中在指南的基础上增加了遗体护理项目，其涉及患者死后尊严的维护，故此项目也是必要的。笔者建议立法采用"列举＋概括"式的规定，同时要考虑到机构舒适照护和居家舒适照护的不同特点。

在进行舒适照护过程中应以人为本。安宁疗护的全人照顾原则是为了提升患者的生命尊严，不仅仅是为了维持临终患者的生物性生存，而是要把临终患者当作"人"来对待，要充分关注患者的生活需要和感受。例如，在对患者进行照护时应当注重对其隐私的保护。例如，《安宁疗护实践指南（试行）》舒适照护部分的"床单位管理"注意事项要求"操作过程中观察患者生命体征、病情变化、皮肤情况，注意保暖，保护患者隐私"；"会阴护理"注意事项要求"为患者保暖，保护隐私"；"协助沐浴和床上擦浴"注意事项要求"床上擦浴时注意保暖，保护隐私"；"排尿异常的护理"关于尿潴留护理的操作要点要求"诱导排尿，如调整体位、听流水声、温水冲洗会阴部、按摩或热敷耻骨上区等，保护隐私"。

在进行舒适照护时还应注意避免发生侵权行为。提供舒适照护的医疗卫生机构及其医护人员应当依法履行好安全保障义务，避免发生侵权。例如，应保持病室地面不湿滑，安全标识醒目，浴室内应配备防跌倒设施（防滑垫、浴凳、扶手等），轮椅与平车使用前应先检查，保证完好无损方可使用，确保安全。医护人员应遵循舒适照护的实践指南，如果疏忽大意过失导致患者损害，应当承担侵权责任。

二、心理支持和人文关怀

研究表明，终末期患者的身体症状恶化将导致患者心理痛苦程度显著上升。[1]疼痛的发作与加重，同时面临着死亡的威胁，临终患者尤其是肿瘤晚期患者承受着巨大的心理压力，进而产生心理应激反应，往往会增加患者及其家属的痛苦。[2]安宁疗护的心理支持和人文关怀能够减轻临终患者的精神心理痛苦。根据全人照顾的理念，安宁疗护不仅是身体层面的照顾，还包括精神心理层面，比如通过与患者及其家属沟通、陪伴、倾听和交谈等，了解他们的心理需求，提供心理疏导，舒缓其心理、精神压力，以及灵性层面

---

[1] 参见张璐等：《晚期癌症患者心理痛苦的安宁疗护管理最佳证据总结》，载《护理学杂志》2023年第7期。

[2] 参见程芬：《安宁疗护对老年肿瘤临终患者心理应激反应及疼痛的影响价值分析》，载《婚育与健康》2023年第8期。

的照顾，包括尊重民情风俗及各种宗教信仰，增强信仰所带给患者的支持力量，使其心灵得到平静与安宁，与患者一同回顾生命，使患者体验生命的意义，协助患者对生命价值进行思考，将生死教育贯穿于服务的过程当中，使患者与家属树立正确的生死观，协助患者、家属面对及度过死亡的过程。① 因此，心理支持和人文关怀是安宁疗护的重要内容。

《安宁疗护实践指南（试行）》提出了心理支持和人文关怀的七项内容，同时该指南对七项内容的评估观察、操作要点、注意事项作出了规范。《北京市居家医疗服务项目目录（试行）》规定了居家安宁疗护的心理支持和人文关怀的八项内容。该列举内容在指南的基础上增加了患者转介安排与指导、丧葬准备与指导。患者转介安排与指导涉及居家安宁疗护与机构安宁疗护的衔接，丧葬准备与指导涉及患者死后尊严的维护，故这两个项目也是必要的。笔者建议立法对上述列举内容予以充分吸收。

第三节 法律服务支持的建议

安宁疗护奉行全人照顾和多学科协作的原则，不仅为终末期患者提供症状控制，而且给予其社会支持。国际上的安宁疗护实践经验认为，社会支持应当包含法律服务方面的支持，因为安宁疗护患者面临着影响他们生活质量的法律问题，基于此，安宁疗护服务者与法律专业者建立了创新的伙伴关系，使后者能够为患者提供包括法律服务支持和诉诸司法在内的照顾，在此过程中建立了安宁疗护全人照顾的新范式。我国安宁疗护实践虽然提出了心理支持，但是由于起步相对较晚，并未重视对安宁疗护患者的法律服务支持，有必要充分学习借鉴国际经验。笔者在考察安宁疗护患者法律服务支持的起源、国际现状的基础上，从中总结出针对安宁疗护患者的法律服务支持模式，以期有助于我国将法律服务支持嵌入整体安宁疗护服务之中，并为包

---

① 参见林章华等：《390例居家晚期癌症病人的全人照顾》，载《护理研究》2013年第1期。

括律师在内的法律专业人士向安宁疗护患者提供高质量法律服务提供一定指引。

一、安宁疗护患者法律服务支持的缘起

目前我国对在安宁疗护社会支持中的法律服务支持未予足够重视，但在国际上安宁疗护法律服务支持由来已久。将法律服务支持纳入安宁疗护的想法来自20世纪90年代末美国的医疗法律伙伴关系。他们率先将法律服务纳入医疗服务领域，并提出律师和医生可以成为解决健康及其潜在障碍的合作伙伴，特别有影响力的是纽约援助小组下属的法律健康部门为安宁疗护患者所作的工作。①

2006年，安宁疗护服务团体和法律专业团体在南非开普敦召开会议，讨论如何更好地满足艾滋病、结核病、癌症等危及生命的疾病患者的需求，会议认为应将法律服务支持纳入安宁疗护。②南非当时约有554万艾滋病毒感染者，超过总人口的10%，许多人同时感染了结核病，因此迫切需要关注应对这些流行病的医疗和社会层面的支持。③安宁疗护服务团体指出，患者迫切需要为孩子的护理作出安排，他们对财产的处置和家庭的未来感到焦虑，无法获得所需的止痛药，陷入债务，难以获得社会福利，还需与歧视和暴力作斗争，并努力处理身份证和死亡证明的复杂申请程序，呼吁法律专业人士"帮助我们成为更好的患者代言人"。④这些问题中的许多都是法律专业

---

① See Legal health, https://legalhealth.org/.

② Ezer T. The start of a new movement: Access to justice for palliative care patients. Available from https://www.opensocietyfoundations.org/voices/start-new-movementaccess-justice-palliative-care-patients.

③ See South African National Strategic Plan for HIV & AIDS, TB and STI, 2007-2011. Available from https://data.unaids.org/pub/ExternalDocument/2007/20070604_sa_nsp_final_en.pdf.

④ See Ezer T. The start of a new movement: Access to justice for palliative care patients. Available from https://www.opensocietyfoundations.org/voices/start-new-movementaccess-justice-palliative-care-patients.

团体的日常工作及专业所长，因此合作关系诞生了。

南非安宁疗护协会致力于通过与法学院以及法律非政府组织和公益律师的合作，解决危及生命的疾病患者面临的法律和人权问题。他们一起为安宁疗护医生和护士组织了一系列讲习班。[1] 鉴于有关安宁疗护法律资料的缺乏，他们编写了一本手册《安宁疗护的法律手册》，以帮助安宁疗护工作人员确定法律问题，在必要时提供意见，并增强法律从业者对安宁疗护患者需求的理解。[2] 南非在安宁疗护患者法律服务支持方面的做法激发了其他国家的类似举措。

二、安宁疗护患者法律服务支持的国际现状

在全球范围内，安宁疗护患者面临的法律和权利问题存在一些共性。常见的法律问题包括财产处理和起草遗嘱、家庭法事务和子女安排、债务处理和确保社会福利、应对歧视问题，特别是对艾滋病毒感染者或在司法体系中遇有障碍的患者。

马拉维安宁疗护协会启动了消除遗嘱污名化的工作。自 2014 年以来，马拉维安宁疗护协会与合作的安宁疗护机构一直致力于支持患者了解遗嘱的作用，并考虑他们是否需要订立遗嘱，以确保他们的房屋和资产得到保护并转移给直系亲属。帕特里克是 Ndi Moyo 安宁疗护中心的一名患者，他是第一批接受社会工作者的指导完成正式起草签署遗嘱的人之一。Ndi Moyo 安宁疗护中心持有一份已签署的遗嘱副本及其相关记录，以备安全保管。Ndi Moyo 安宁疗护中心报道称，帕特里克得知自己的妻子和孩子将在他去世后得到照

---

[1] See Ezer T, Deshko L, Clark NG, Kameni E, Lasky B. Promoting public health through clinical legal education: Initiatives in South Africa, Thailand, and Ukraine. https://digitalcommons.wcl.american.edu/cgi/viewcontent.cgi?article¹/₄1117&context=hrbrief.

[2] See Hospice Palliative Care Association. Legal aspects of palliative care. Available from https://www.hpca.co.za/category/law-manual.html.

顾,并可利用遗嘱捍卫自己对家庭土地的所有权,这让他松了一口气。①

在罗马尼亚,Sperantei 安宁疗护院就两名儿童未来的监护权和护理问题征求了律师的意见,这两名儿童的母亲是一名安宁疗护患者。律师在布拉索夫家庭法院启动了相关程序,并获得了法院命令,考量儿童的最佳利益后将他们安置在其外祖母身边。②

乌干达艾滋病法律伦理网络与乌干达安宁疗护协会合作,为乌干达西部的一名女性安宁疗护患者提供了法律服务支持,维护了其财产权。这位患者受到了分居丈夫的暴力威胁,并被告知尽管她的健康状况极为虚弱,但还是要搬离家庭房产。乌干达艾滋病法律伦理网络的律师发起了一次家庭会议,并指导家庭长辈调解和监督一项协议,允许患者继续在家庭房产中生活。乌干达艾滋病法律伦理网络报道称,当患者没有暴力和无家可归的威胁时,她发现更容易照顾自己的健康并坚持安宁疗护。③在格鲁吉亚,律师和安宁疗护工作者合作,促成一名安宁疗护患者与正在服刑的丈夫团聚,这位患者在团聚后仅四天就去世了,能够与丈夫最后道别使她感到宽慰。④

三、安宁疗护患者法律服务支持的模式

考察国外的安宁疗护法律服务支持的实践,笔者总结出法律服务支持模式往往包括以下四个核心组成内容。

---

① See Tamar Ezer, Naomi Burke-Shyne, Kiera Hepford, Journal of Pain and Symptom Management, Vol.55, p. 157-162(2018).

② See Tamar Ezer, Naomi Burke-Shyne, Kiera Hepford, Journal of Pain and Symptom Management, Vol.55, p. 157-162(2018).

③ See UGANET. Palliative care patient with HIV assisted to reclaim her property right. https://uganet.org/index.php/2016/08/03/palliative-care-patient-with-hiv-assisted-to-reclaim-her-property-rights/.

④ See Human rights and palliative care(Georgian video). https://www.youtube.com/watch?v¼ODKlumpVHVI&list¼UUDrA587_3xFbokpMimR7sIQ&in.

（一）培养法律助理技能

法律助理，广义上是指具有基本法律知识和解决简单法律问题的技能（无论是通过正式培训还是通过获得工作经验）的人。国外的安宁疗护法律助理模式各不相同。在罗马尼亚和马拉维实施的相对较新的法律支持举措中，安宁疗护工作人员或社会工作者总结患者经常发生的法律问题，然后制定了有针对性的应对策略并发展了必要的法律技能，使他们能够解决相关问题。罗马尼亚的Sperantei安宁疗护院从2010年开始，在五年的时间里对其社会工作者团队所面临的问题进行了广泛的分析，并发现了社会工作者会面临的诸多法律问题，这一分析促使Sperantei安宁疗护院设计出一种专门针对常见患者需求的法律支持模式。该安宁疗护中心目前正在实施一个法律助理系统，其中包括一名专业社会工作者，他同时也是法律助理，并得到整个安宁疗护社会工作者团队的支持，这些社会工作者普遍对法律和权利问题有着较多认知。上述分析还提醒了Sperantei安宁疗护院，社会工作者在为年轻患者刚成年时首次申请成年人福利遇到的法律困难，作为回应，首席社会工作者兼法律助理研究并确定了与年轻人相关的养老金和社会保障福利，然后制定科学合理的流程图，以引导更多的社会工作者团队处理与政府机构的程序性事务。马拉维的六家安宁疗护院联合设立的马拉维安宁疗护协会发现，土地权和财产问题会引起患者的极大关注。除此之外，在男性患者无遗嘱死亡的情况下，遗孀和子女极易被剥夺财产，对家庭的健康、稳定和福祉产生持续的影响。作为回应，安宁疗护院中的工作人员（通常是一名社会工作者）每月都会就草拟遗嘱进行信息交流。安宁疗护院支持工作人员理解订立遗嘱的重要性，并为他们如何支持患者起草遗嘱进行培训，还建立了切实可行的机制，以确保遗嘱中记录的患者意愿得到支持，例如遗嘱副本可以留存在安宁疗护院或存放在当地政府办公室。①

奈里安宁疗护院与肯尼亚安宁疗护协会联合建立了一个通用法律助理

---

① See Tamar Ezer, Naomi Burke-Shyne & Kiera Hepford, Journal of Pain and Symptom Management, Vol.55, p.157-162 (2018).

模式。在奈里安宁疗护院,有两名社会工作者参加了法律助理培训,使他们能够识别患者提出的法律问题,并应对法律问题或将技术问题提交给律师的技能。奈里安宁疗护院的法律助理模式之所以引人注目,还有两个原因:第一,对这项工作进行全面记录;第二,将法律助理服务嵌入家庭护理。社会工作者处理在家庭护理期间与患者对话产生的法律问题时,直接为患者提供服务,并增加诉诸司法的机会。2015年,奈里安宁疗护院和肯尼亚安宁疗护协会开始了一个试点项目,通过电子数据管理系统记录患者的法律问题。所有患者的法律问题都是使用法律评估工具手动记录。[1]法律助理注意保护患者的数据隐私,未经患者同意,不会记录信息。使用唯一标识符而非患者姓名,将硬盘拷贝文件输入在线数据库,以保护患者身份。通过管理在线数据库,肯尼亚安宁疗护协会可以实时查看数据输入。肯尼亚安宁疗护协会现在可以快速分析数据,以加深对患者法律问题趋势的理解,或分析法律助理支持的有效性。奈里安宁疗护院与肯尼亚安宁疗护协会希望这些数据可以作为资料,提高人们对患者法律需求的认识,作为整体安宁疗护服务的一部分,并倡导在肯尼亚扩大安宁疗护的法律服务支持。[2]

(二)获得专业法律咨询

国外安宁疗护法律服务支持实践中具有很大创新性和多样性的就是建立患者获得律师专业法律服务的途径。安宁疗护院与律师的合作来自私人机构、公共部门、大学和非营利组织等,也可能是基于机构或个人关系。在格鲁吉亚,一个积极参与安宁疗护的机构,即格鲁吉亚开放社会基金会为律师举办了一次关于安宁疗护的介绍会,这次会议和一部相关纪录片引起了许多律师

---

[1] See Musyoki D., Gichohi S. & Ritho J., et al., Integration of legal aspects and human rights approach in palliative care deliveryd the Nyeri Hospice model. https://ecancer.org/journal/10/656-integration-of-legal-aspects-and-humanrights-approach-in-palliative-care-delivery-the-nyeri-hospice-model.php.

[2] See Ali ZV. Human rights and legal aspects of palliative care in Kenya. https://www.ehospice.com/Default/tabid/10686/ArticleId/10213/.

的共鸣，并激发了三家私人律师事务所与安宁疗护机构之间的合作关系。这些律师事务所专门邀请公益律师为安宁疗护患者处理案件。格鲁吉亚开放社会基金会扮演了将安宁疗护机构与公益律师连接起来的一个信息交换所。①

在罗马尼亚，Sperantei 安宁疗护院于 2015 年开始每月向律师提供一笔数额不多的费用，以支持律师投入更多的时间和资源，帮助安宁疗护患者就复杂问题提供法律咨询和代理，并支持首席社会工作者/法律助理发展其律师助理技能。马拉维安宁疗护协会与马拉维国家法律援助机构谈判达成了一项备忘录，成功地将安宁疗护患者的法律需求列入政府议程。马拉维法律援助组织委托一名律师和两名律师助理对安宁疗护转介作出回应，并为患者提供法律咨询。马拉维安宁疗护协会为律师和律师助理提供交通和午餐费用，以促进其参与安宁疗护患者法律支持。匈牙利的 P'ecs Baranya 安宁疗护项目与该国的佩奇大学法学院和医学院建立了合作伙伴关系，并试点了跨学科诊所，为安宁疗护患者提供法律支持。他们首先分析了法律框架，并收集了医生与安宁疗护患者互动的数据。这一分析将为工具包的开发提供信息，该工具包包含关于预先指令和临终决策的指导方针和模板。该项目将对来自法学院和医学院的学生进行实质性内容和实践技能（包括面试、咨询和起草文件）的培训。学生们在医学—法律学生学科配合下工作，以支持对安宁疗护患者的整体护理。在乌干达和肯尼亚，安宁疗护机构与法律援助公益组织建立了伙伴关系。在肯尼亚，肯尼亚安宁疗护协会与法律公益组织"肯尼亚艾滋病法律和伦理问题网络"合作，扩大安宁疗护患者获得法律服务的机会。患者主要通过安宁疗护转介获得该法律服务。该公益组织的律师或其附属的公益律师受理安宁疗护患者及其家人的案件。②"乌干达艾滋病法律伦理网络"在乌干达的 10 个地区提供法律援助，并与 15 家医院、安宁疗护院和艾滋病

---

① See Ezer T. Uniting lawyers with hospices in Georgia. https://www.opensocietyfoundations.org/voices/uniting-lawyers-hospices-georgia.

② See Advocating for integration of legal services as a component of holistic palliative care. Available from https://www.kelinkenya.org/2014/11/advocating-for-integration-of-legal-services-as-a-component-of-holistic-palliative-care/.

护理中心签订了备忘录，乌干达艾滋病法律伦理网络的法律援助律师每月为安宁疗护患者提供免费法律援助。①

虽然上述这些模式各不相同，但它们都将法律服务纳入安宁疗护，并将法律从私人办公室带入社区。因此，它们增加了安宁疗护患者诉诸法律的机会，并有助于提高患者生活质量和康复效果。

（三）对患者及其家属赋能

对患者及其家属赋能是安宁疗护法律支持的一个关键组成部分。通过向患者及其家属进行信息传递和知识共享，以培养其法律知识并减少司法的不透明性。国外安宁疗护法律支持实践通过法律知识的口头传授或通过信息材料和指南向患者告知他们的权利，而关于权利的信息告知则催化了患者的法律需求，并引发其向律师请求法律支持。

马拉维安宁疗护协会编制了法律信息材料，并将文本翻译成各种语言。患者和家属还可以参加全国六家安宁疗护院每月举行的非正式法律信息讨论（通常侧重于立遗嘱）。在罗马尼亚，律师和社会工作者每月安排会议，患者和家属可以讨论他们的疑问和咨询有关法律和权利的问题。在乌干达和肯尼亚，安宁疗护服务者和律师共同制定和宣传关于患者权利的信息手册或指南并帮助患者起草遗嘱，这些材料均由安宁疗护机构或者医院提供。②在肯尼亚的 Nyeri 安宁疗护中心，乳腺肿瘤生存小组成员在安宁疗护中心为相同境况的患者提供支持，讲述自己的经历，并在社区和更广泛的会议上倡导患者的权利。其中一名安宁疗护患者表示"我已经认识到我不是受害者。在法律诊所，我学会了如何立遗嘱，遗嘱是为了每一个人的权利。我继承了父母的财产，那么如果我想把我的土地留给我的两个儿子，就需要把地契写

---

① See Kangethe P., Kamede E. & Owomugisha I. Quality of life includes access to justice for people living with HIV. https://uganet.org/index.php/2016/08/03/succession-planning-challenges-stresses-palliative-care-patient.

② See Luyirika E. & Kiyange F. Development of legal and human rights guidelines for palliative care in Uganda. https://www.ehospice.com/africa/Default/tabid/10701/ArticleId/12917.

在我的名下"。①

(四)促使安宁疗护服务者树立法律意识

安宁疗护服务者是患者及其家属获得法律服务支持的核心组成部分。通过日常提供安宁疗护服务和互动,医护人员是直接了解患者及其家属法律需求的人。因此,促使安宁疗护服务者树立较强的法律和权利意识是非常重要的。

在南非,开普敦大学和威特沃特斯兰德大学的法学院学生为安宁疗护医护人员举办法律讲习班。②这一模式促进了安宁疗护工作人员最大限度地了解法律和权利问题。在肯尼亚,安宁疗护服务者通过参加培训了解基本的法律知识,使他们能够回答患者的法律问题和关切。肯尼亚安宁疗护协会及其合作的安宁疗护院已将律师助理和律师纳入医护人员的转介选择范围。乌干达艾滋病法律伦理网络、乌干达安宁疗护协会与卫生部和非洲安宁疗护协会合作,对医护人员进行大规模的法律和权利培训,并出版了指南。此后,乌干达安宁疗护协会使用这本指南将法律和权利问题纳入卫生专业人员的安宁疗护入门培训内容。该指南还用于支持受过培训的安宁疗护从业者更新知识,并由卫生机构提供服务和指导。③

法律服务支持作为全人照顾的重要组成部分,在国际社会上得到了越来越多的认可,在国外实践中安宁疗护专业人员正在通过调解、法律指导或转介律师来解决他们所面对的法律和权利问题。国外安宁疗护法律服务支持实践的各类模式也表明了这一举措的可行性。笔者认为,安宁疗护的法律服务支持有助于提高患者和家庭的生活质量。因此,建议立法时可在现行《安宁

---

① See Open Society Foundations. Bringing justice to health. https://www.opensocietyfoundations.org/sites/default/files/bringing-justice-health-20130923_0.pdf.

② See Ezer T., et al., Promoting public health through clinical legal education: Initiatives in South Africa, Thailand, and Ukraine. https://digitalcommons.wcl.american.edu/cgi/viewcontent.cgi?article=1117&context=hrbrief.

③ See Luyirika E, Kiyange F. Development of legal and human rights guidelines for palliative care in Uganda. https://www.ehospice.com/africa/Default/tabid/10701/ArticleId/12917.

疗护实践指南（试行）》规定的症状控制、舒适照护、心理支持和人文关怀的基础上增加一种安宁疗护行为，即法律服务支持。其内容可规定如下：安宁疗护服务人员应当为患者及家属提供基本的法律服务支持，尽量解答有关遗嘱、生前预嘱、逝后财产或子女事务安排等方面的法律问题，以减轻患者及家属在法律方面的顾虑。患者及家属的法律问题较为复杂的，安宁疗护服务人员可建议其咨询专业律师。安宁疗护服务机构应当为安宁疗护服务人员提供必要的法律知识培训，并可以与专业律师或律师事务所合作为患者及家属解决有关法律问题。

第四节 生前预嘱制度

一、生前预嘱的订立

（一）订立生前预嘱的主体要求

各法域的立法都将生前预嘱的订立主体限定为成年人，且必须具有医疗决定能力。例如，《瑞士民法典》第370条规定："有判断能力的人得在患者处分中写明，在其成为无判断能力人后，同意或不同意采取的医疗措施。有判断能力的人亦得指定自然人，在其成为无判断能力人后，与主治医生协商，并代表指定人决定应采取的医疗措施。"即订立生前预嘱的主体须为具有判断能力的成年人，此处判断能力应是指医疗决定能力。在医疗决定能力的判断上，如果患者能够了解其所要接受的检查或治疗的本质与其可能伴随的风险、利益及可能的结果，且能够理解治疗上的不同选择并表达出自己的偏好，则该患者便可被视为具有决定能力。并且决定能力可能随所欲决定事项的不同而异，也可能随时间而改变。关于医疗决定能力的判断，在民法上应适用意思能力的标准个案判断。如果患者采取预先医护计划等咨询程序，则可以由医师判断患者是否具有决定能力，最好能为其进行临床决定能力的评估，甚至当遇到较复杂的个案时，医师也可寻求精神科医师或临床心理师的协助，以判断患者的决定能力。在成年患者未采取咨询程序的情况下，如果其通过法律所规定的订立方式订立了生前预嘱，则可以推定其具备决定能力，除非有充分证据证明患者在订立时是处于无能力的状态。之所以推定通过法律所规定的方式和程序订立了生前预嘱的患者具备决定能力，是因为法律为生前预嘱设定了较严格的保护机制（safeguards），这些保护机制的目的就在于确认患者具备决定能力且意愿表达无瑕疵，那么能通过这些保护机制而完成订立行为的人应可被推定为有决定能力。比较立法例上的保护机制一般包括书面形式要求和见证程序。

（二）订立生前预嘱的形式要求

由于生前预嘱的作用是将患者的医疗意愿特别是维生医疗决定固化下来以备将来患者丧失决定能力之用，故绝大多数法域之立法均对其明确要求书面形式。欧洲国家的生前预嘱立法皆作了书面要求之规定。虽然《美国统一医疗决定法》规定生前预嘱可以采取口头形式，但是绝大多数州的制定法设置了书面形式要求，而少数认可所谓"口头生前预嘱"的州也对其规定了不亚于书面形式的要求，如马里兰州制定法规定口头生前预嘱在符合下列要求的前提下才具有与普通生前预嘱相同的效力：在主治医师、医师助理或执业护士以及一位见证人的面前作出，其内容作为个人医疗档案的一部分被记录下来，且该记录应由前述人员签名[①]。可见，虽然所谓口头生前预嘱的内容由患者口头表达，但最终仍由他人以书面形式固定下来。在欧洲人权法院的Lambert案中，由于法国《公共卫生法典》第L. 1111-11条规定了书面形式要求（"成年人可以书写预先指示"），而文森特兰伯特没有留下任何书面医疗决定，造成其庞大家庭为了证明患者的真实意愿而对簿公堂。

从生前预嘱的法制史来看，书面形式是生前预嘱的应有之义。其原因在于国家利益，更明确说是国家保护人的生命的利益，该保护生命的国家利益可以限制患者拒绝维生医疗权。最典型的判例就是美国联邦最高法院Cruzan

---

① MD HEALTH GEN § 5-602（d）(2).

案。Cruzan 因一次车祸经医院诊断为持续植物人状态，州地方法院授权终止患者的维生医疗设备及营养供给，法院认为一个处于 Cruzan 这样状态的植物人，在州宪法及联邦宪法上有权利拒绝延长其死亡的维生医疗设备，而且因为患者意识清醒时曾表示过，她不愿成为需要靠维生医疗设备才能活下去的植物人状态。而后联邦最高法院同意一审，并判决患者可依其自主意思表示拒绝接受其不愿意接受的维生医疗措施，但详细的规定仍留待各州建立其特殊规范；而密苏里州的法律规定家属必须提出清晰且令人信服（clear and convincing）的证据，证明患者在意识清醒时曾有此表示。[1]联邦最高法院认可了密苏里州的证据标准，且指明该较高的证据标准的原因在于保护生命的国家利益："虽然密苏里州承认在某些情况下代为决策者可以为患者决定是否撤除维生医疗措施，但是它也建立了程序机制来保障代为决策者的行为尽最大可能符合患者有意思能力时的明示意愿。密苏里州是可以在其程序中适用明确而又可信的证据标准的，当所关涉的个人利益特别重要、远比损失金钱更重大时，该证据标准就是一个恰当的标准。这里，密苏里州对保护和保障人的生命存在普遍利益。它可以合法地寻求保障个人生死抉择的人格要素。州也有权防止代理人不保护患者的行为。"[2]Cruzan 案引发全美对生前预嘱的关注，因为此案中患者并未订立书面生前预嘱，而所谓清晰且令人信服之证据的直接表现就是生前预嘱文件。因此可以说，生前预嘱就是因为患者口头表达医疗意愿难以具有强有力之证明力而产生的固化患者事先医疗决定的法律工具。正考虑此点，美国大多数州不允许采取口头形式订立生前预嘱，患者需清楚地以书面形式表示，不可事后由证据推出曾为如此之表示，否则就有违生前预嘱制度之本旨。

与其他法律通常要求书面订立的制度一样，书面的生前预嘱文件具有重大优势。可携带的书面指示有利于患者的医疗决定，口头指令不如书面指令可靠，更容易被误解和欺诈。相反，书面订立存在被误解和受欺诈的概率要

---

[1] See Cruzan v. Director, Missouri Department of Health, 497 U.S. 261 (1990).

[2] See Cruzan v. Director, Missouri Department of Health, 497 U.S. 261, 262 (1990).

小得多。书面生前预嘱也为执行患者决定的医师提供了证据保障,而不至于被家属恶意指控未经患者同意撤除其维生医疗设备。口头形式也无法确定患者在口头表达时是否具备决定能力,相反,作为保护机制的书面形式能够保障患者在表达指令或指定意定代理人时是具备相应能力的。在涉及患者生命的医疗情境下,肯定需要患者将拒绝维生医疗的意愿写下来并尽可能地清楚和易于理解。① 仅仅依赖口头表示可能会导致患者家属之间或家属与医疗人员之间产生纠纷,另一个危险在于,患者向之吐露之人可能无法准确记得患者使用的字词,而对用词的略微误解就可能引起对患者本意的重大偏离。②

外国的判例法亦表明,口头的医疗指令在实践中的应用是非常有问题的。在英国 W. Healthcare NHS Trust v. KH 案,一位患者告诉她的女儿说,她不想靠机器维持生命;她的朋友也作证说,她一再表示,如果她无法识别自己的家人的话,她不希望成为女儿的负担。③ 尽管患者有这些口头表达,法院仍认为它们没有表明患者拒绝人工营养的意图:"不存在一项生前预嘱足以清晰地表明她愿意被撤除食物和水,而这将导致她的死亡。没有证据表明她意识到这种选择的本质,或者饥饿产生的不快或死亡;如果认为在本案的情境下存在一项生前预嘱,那么将背离英国法律的既定原则,尽管通过证据可以看出她的愿望表达得很强烈。"④ 可以发现,法院在传统上不愿意判定口头预先指示具有其被承认为有效且可适用所必需的精确度和细节度。⑤ 进一步而言,如果一个法域没有对生前预嘱进行立法(当然这种立法应规定订立形式为书面),就会向公众发出错误的信息,即口头预先指示与书面指令具有同等质量。实际上并非如此,因此制定相关法律将促进生前预嘱的合法性

---

① See Martin Cheuk-hang Ho, The Future of the Law on Advance Directives Refusing Life-sustaining Treatment in Hong Kong, Hong Kong Law Journal, Vol. 42, p. 22 (2012).

② See Martin Cheuk-hang Ho, The Future of the Law on Advance Directives Refusing Life-sustaining Treatment in Hong Kong, Hong Kong Law Journal, Vol. 42, p. 22 (2012).

③ See [2004] EWCA Civ 1324.

④ See [2004] EWCA Civ 1324.

⑤ See Martin Cheuk-hang Ho, The Future of the Law on Advance Directives Refusing Life-sustaining Treatment in Hong Kong, Hong Kong Law Journal, Vol. 42, p. 23 (2012).

和社会接受度,调查显示美国关于生前预嘱制定法的存在直接导致更多的民众写下生前预嘱。①因此,为生前预嘱立法且立法规定生前预嘱须为书面订立将有助于民众对该法律工具的认可,以更好地推广使用此反映患者医疗决定的法律文件。

(三)生前预嘱的见证或公证程序

公证或见证程序即让中立的第三方证明患者在订立预嘱时具备决定能力且没有受到欺诈或胁迫,从而确保患者维生医疗意愿的真实性。见证属于私证,符合法定条件的人应订立人要求,根据自己所见所闻,以自己的名义,对生前预嘱订立过程的真实性、合法性进行证明。②与私证相对的是公证,公证具有权威性。因此,为生前预嘱文件进行公证,无疑能够确保此种重大医疗决定文件的真实性,在实际医疗情境下,家属、医师也无须对其重新进行确认,而应当直接地接纳和认可经公证的生前预嘱文件的证据力和执行力,除非发现确有充分证据能够推翻该公证证明的内容。

多数立法例明确要求订立生前预嘱应履行见证或公证程序。美国绝大多数州制定法规定生前预嘱需经见证。③英国《意思能力法》第25条第6款对于拒绝维生医疗的预先决定要求见证人签字。《奥地利普通民法典》第284f条第2款规定,"如果被代理人虽亲笔签名,但并未亲自书写,则被代理人必须在三个不偏袒的、有完全民事行为能力的和精通所使用语言的见证人的面前确认其亲笔签名的委托书的内容符合其意思"。新加坡《预先医疗指示法》第3条第2款规定,生前预嘱须"两名见证人同时在场见证"。还有一些立法例规定生前预嘱的订立人可对见证或者公证择一进行。例如,美国新泽西州规定生前预嘱应在两位成年见证人见证下订立,或者(Alternatively)

---

① See Martin Cheuk-hang Ho, The Future of the Law on Advance Directives Refusing Life-sustaining Treatment in Hong Kong, Hong Kong Law Journal, Vol. 42, p. 23 (2012).

② 参见杨倩:《遗嘱见证制度比较研究》,西南政法大学2012年硕士学位论文。

③ 例如,佛蒙特州: VT ST T. 18 § 9703;犹他州: UT ST § 75-2a-107;得克萨斯州: TX HEALTH & S § 166.003;等。

在公证人面前进行。少数立法例规定生前预嘱必须进行公证,如奥地利《生前预嘱法》第 6 条规定有法律拘束力之生前预嘱必须在公证员面前订立。

对于见证程序,为确保见证的客观性,应规定不得担任见证人的范围。美国华盛顿州《自然死亡法》规定,见证人不得与声明人有血缘或姻亲关系,不得根据声明人之遗嘱或遗嘱附书在声明人死亡时有权获得声明人的任何财产,不得是声明人的主治医师、医疗机构及其雇员。[1]可见,见证人资格的排除主要考虑两方面的因素:一是是否与作出生前预嘱的患者有亲属关系或其他重要利益关系;二是是否为患者所在医疗机构的医师或员工。这种考虑的法理在于确保患者不受家属或医疗机构的劝诱或压迫,也为了防止家属或医疗机构为私利而作出不客观的判断,特别是生前预嘱以拒绝维生医疗为内容,其关系到患者的生死,此时与患者有继承或保险受益关系的人可能会为私利而利用见证人的身份以不当地影响患者独立作决定。

如上所述,无论是在法理上还是在比较法上,都可证明见证或公证程序对生前预嘱制度有着重要意义。新加坡《预先医疗指示法》第 4 条规定了见证人的职责在于确保患者:没有精神紊乱,已达 21 周岁,自愿作出生前预嘱而不存在引诱或强制,已明白作出生前预嘱的行为的性质和后果。笔者建议立法时设定订立生前预嘱的见证或者公证程序。

(四)生前预嘱范本

为了便利民众使用生前预嘱,官方或者医疗机构或者其他民间机构可制作生前预嘱范本供民众选择使用。生前预嘱范本的来源可分为法律所规定的以及机构所提供的。法律所规定的生前预嘱范本主要见于美国法。经考证,美国几乎所有州的生前预嘱制定法都提供了生前预嘱的可选择范本(Optional form)。法律仅是鼓励民众使用其提供的范本,而非强制必须使用,因而称为可选择的(Optional),各州法律所提供之范本的"解释"部分也对此进行了声明。例如佐治亚州制定法所规定的范本"佐治亚医疗预先指示"

---

[1] WA ST 70.122.030.

中声明:"使用此医疗预先指示形式完全是选择性的。在佐治亚可以使用其他形式的医疗预先指示。"[1]除美国外的其他地区没有直接在法律中规定生前预嘱范本,而是由相关机构提供范本,一般是卫生行政机关、医疗机构、公益机构、生前预嘱公益网站等。

法律或机构提供的生前预嘱范本条款内容是严格按照生前预嘱法律的规定拟定的,并且具有较高的完整性,从而有利于民众订立一份合法而严谨的生前预嘱法律文件。我国虽然没有制定关于生前预嘱的任何法律法规,但是我国已有1个关于生前预嘱的公益组织,即成立于2013年的北京生前预嘱推广协会,该协会由北京市卫生局主管的公益社团组织,北京生前预嘱推广协会同时运营"选择与尊严"公益网站,该网站推出了生前预嘱范本"我的五个愿望"。

二、生前预嘱的撤销

(一)撤销生前预嘱的能力

1. 立法现状

从一般法理上来看,撤销个人的有法律意义的决定应当以个人具备决定能力为前提,似无须多加探讨,然而从比较法上来看,各法域关于撤销生前预嘱的法律规则确有分歧,可分为三类:一是要求撤销人须具备决定能力;二是明确规定无论个人是否具备决定能力都可撤销指示;三是没有对撤销是否需要具备决定能力作出规定。

第一种模式即撤销人必须具备决定能力。美国的10个州(阿拉斯加、加利福尼亚、特拉华、佛罗里达、缅因、新墨西哥、纽约、俄勒冈、弗吉尼亚、怀俄明)规定订立人须具有决定能力才可有效地撤销或修改生前预嘱。如怀俄明州制定法规定,"有能力的个人可以撤销全部或部分生前预嘱"。[2]

---

[1] GA ST § 31-32-4.
[2] WYO. STAT. ANN. § 35-22-404.

《英国意思能力法》第24条第3款规定,"个人在任何时间,只要他有能力如此行为,都得撤销或修改预先决定"。苏格兰地区《精神卫生法》第275条第3款规定:"作出预先声明之人得根据本款规定撤回之,此撤回须符合以下规定:(1)在撤回时该个人有能力意图撤回该声明……"

第二种立法模式即明确规定不论有无决定能力均可撤销生前预嘱,主要见于美国的21个州(亚拉巴马、亚利桑那、阿肯色、康涅狄格、伊利诺伊、艾奥瓦、路易斯安那、明尼苏达、密苏里、蒙大拿、内布拉斯加、内华达、新泽西、北卡罗来纳、俄克拉何马、宾夕法尼亚、罗得岛、田纳西、得克萨斯、佛蒙特、华盛顿)。如得克萨斯州制定法规定,"声明人可以在任何时间撤销指示,不管该声明人的精神状态或能力"[1]。

除以上两种立法模式外,其他法域并没有对撤销预先指示是否需要具备决定能力作出规定。如《德国民法典》第1901a条第1款规定"病人处分可以随时不要式地予以撤回"。美国尚有17个州对此问题未置可否,如俄亥俄州制定法规定"声明人可以在任何时间以任何方式撤销声明"[2]。

2. 分析与建议

对于撤销生前预嘱应否以订立人具备决定能力为前提,美欧学者虽有探讨,但仍乃医事法上悬而未决之理论问题。笔者试对此问题进行分析,并阐述个人见解。

第一,撤销能力与订立能力、修改能力。对于撤销生前预嘱是否需要具备决定能力,笔者持肯定意见。根据一般法理,私人决定具有法律效果的前提在于作出决定之人具备必要的决定能力。只要是在具备决定能力基础上且未受到他人不当影响(欺诈、胁迫等)作出的决定,即使在他人看起来多么不合理,也应当遵从之。撤销生前预嘱将产生一定的法律效果,即生前预嘱不再具有法律约束力。因此,撤销生前预嘱这一决定需要撤销人具备必要的决定能力。既然法律要求订立生前预嘱人必须具备决定能力,那么撤销之

---

[1] TEX. HEALTH & SAFETY CODE ANN. § 166.042.
[2] OHIO REV. CODE ANN. § 2133.04.

也应具备一定的决定能力，只是该撤销能力不必如订立能力那么严格。订立能力的标准应当较高，因为生前预嘱是一种计划（预立医疗照护计划），是为自己主动设立规则、为医生积极提供指令，因此订立人必须充分了解该规则和指令的含义、适用情形、后果等，并且不遵从指示还可能使医护人员被追究法律责任，即影响到他人利益，因此订立生前预嘱应当是慎重的，这要求订立人具备较高的辨识能力或决定能力。与此不同，撤销生前预嘱是否定自己以前的决定，撤销不是一种积极主动计划，而是一种放弃自己决定的行为，只要患者有能力了解撤销是使先前的指示消灭，就满足了撤销能力的标准。因此，笔者认为撤销生前预嘱应当以具备必要的决定能力为前提，但如果法律降低该撤销能力的判定标准也似无不可。

至于修改生前预嘱，其等于先撤销原有的指示再订立新的指示，其本质上与再订立一份生前预嘱以替代前一份指示相同，因此，修改能力应当与订立能力一致，而区别于撤销能力。

第二，上述第二种立法模式的立法缘由以及复杂的医疗现实。对于为何第二种立法模式的立法者会规定无论有无决定能力都可撤销生前预嘱（即无决定能力也可撤销），有美国学者认为："这反映了一种观念，即如果错误违背了患者之意愿，那么最好是继续而非停止生命维持医疗。"[①] 该学者的解释是合理的，因为生前预嘱最初的也是最主要的应用领域就是承载患者拒绝维生医疗的意愿，如果订立了此种指示的患者后来要求撤销指示，那么这些法律宁愿直接认定撤销有效从而继续维生医疗。依该学者之意，如果对患者是否具备撤销能力判定有误从而违背了其真实意愿，那么这些法律宁愿认为患者是有能力意图撤销拒绝维生医疗之指示的，从而可以继续为其提供维生医疗；相反，如果错误地判定患者无撤销能力，那么其后果是停止维生医疗从而患者死亡，而该后果是不可逆的。故不以决定能力为撤销之前提以便于撤销可以增加继续维生医疗的可能性，再加上撤销能力的判定在法理上也无须

---

① See Roberto Cuca, Ulysses in Minnesota: First Steps toward a Self-Binding Psychiatric Advance Directive Statute, Cornell Law Review, Vol. 78, p.1158（1993）.

严格（见前文）遵守，因此，第二种立法模式干脆不要求撤销能力，且此模式在美国不在少数（21个州）。

复杂的医疗现实也使支持以决定能力为撤销前提的学者也不得不怀疑该前提是否符合现实。一位德国学者在理论上分析了撤销预先指示应具备决定能力后写道："然而，这可能很难付诸实践。如果一位先前订立了一份清楚的、经深思熟虑后的拒绝生命维持措施的预先指示的现已痴呆的患者现在却央求你使用抗生素治疗肺炎，你该怎么做？如果你刚遵照患者的预先指示停止了对该终末期肾癌患者的血液透析治疗，而她由于尿毒症脑病而产生妄想症，并撕毁了预先指示文件且要求重新恢复血液透析治疗，你该怎么做？"[1]在这些情况下，医生难免会对患者撤销表示给予考虑或者遵从，一是因为医生基于救死扶伤理念可能更倾向于继续提供维生医疗；二是医生考虑到如果将有撤销能力患者误判为无能力因而遵照原指示终止维生医疗而后患者死亡所可能引发的法律责任。可见，医疗现实的复杂性使得撤销是否需要能力这一原本在理论上似乎并不复杂的问题复杂化了，而法律不能仅以理论上的自足为唯一考量，还应考虑如何应对现实状况。

第三，第二种立法模式的不妥之处。对于第二种立法模式即明确规定无决定能力亦可撤销指示，笔者认为不妥。理由是：其一，第二种立法模式是建立在继续提供治疗的立法取向上，因而其规定便于撤销以拒绝维生医疗为内容的预先指示，然而预先指示的内容并不限于拒绝医疗。例如患者可能在生前预嘱中接受维生医疗，那么规定撤销无须决定能力反而与继续提供维生医疗的立法倾向相悖。虽然生前预嘱在维生医疗的适用场合以拒绝维生医疗为大多数，但是各国法律没有禁止在指示中同意或要求接受维生医疗，而且也存在患者要求被给予维生医疗的现实判例。如在欧洲人权法院的 Burke v. The United Kingdom 一案中，申诉人要求自己如丧失交流能力时仍被提供人工维生医疗措施，他不想这些措施被撤除，在此案的判决中，欧洲人权法

---

[1] See Peter Lack, Nikola Biller-Andorno & Susanne Brauer, Advance Directives, Dordrecht: Springer, 2014, p. 80.

院认为"申诉人目前所持有的意愿可以通过生前预嘱或预先声明在将来被考虑"。① 只要生前预嘱的要求不构成无效医疗的情形,那么其同意实施维生医疗的意愿应当得到遵从。又如,在医疗意定授权的场合,医疗意定代理人也可能作出同意或要求维生医疗的决定。如果将撤销无须具备决定能力的法律应用于上述同意维生医疗的情形,不利于对患者继续实施维生医疗,这反而违背了第二种立法模式的初衷。其二,确因严重精神疾病或身体疾病引发的意识损害而丧失决定能力的患者,仍有可能作出撤销的言语或肢体表示(如撕毁文件),但如果将此等因疾病而表示出来的"疯言疯语"也认为具有法律效力,与常理不符,故确有不妥。其三,如前所述,在理论上撤销确需必要的决定能力。基于上述理由,笔者不赞成完全不要求撤销具备决定能力的立法模式。

第四,建议采用浮动的撤销能力。通过上文的分析可知,一方面,明确规定患者无须决定能力也可撤销预先指示的立法模式在法理上是不合理的;另一方面,在临床实践中决定能力存疑之患者所作的撤销表示是难以被医生完全忽略的,特别是在患者拟撤销的是一项以拒绝维生医疗为内容的预先指示时。对于这一现象,美国学者也有类似表述:"从逻辑上讲,生前预嘱不能由一个无决定能力的患者来撤销或修改,因为无决定能力状态使得患者无法行使对治疗的知情同意或拒绝……虽然这一解释进路在理论上是自足的,但是其没有考虑到在实践中即使是明显无决定能力之患者的现时意愿一般也会被至少给予一定的考虑。"② 那么,法律应如何应对才可在理论与实践之间求得平衡?对此,笔者主张采用撤销能力的浮动制,即认为撤销能力不是全或无的问题,可以根据不同情况适用高低宽严不同的评断标准。其具体设计如下:

当患者试图撤销以拒绝维生医疗为内容的生前预嘱时,法律应当采用低

---

① See ECHR. Burke v. The United Kingdom (2006), p. 2, 9.
② See Elizabeth M. Gallagher, Advance Directives for Psychiatric Care: A Theoretical and Practical Overview for Legal Professionals, Psychology, Public Policy, and Law, Vol 4, p. 779 (1998).

门槛的撤销能力判定标准。除非患者的言语表示明显是幻觉、妄想症、病理性错觉等的产物，否则不应认定其为无撤销能力。只要患者对自己的言语表示的含义具有最基本水平的认知，就可以认定患者具备撤销能力。相反，当患者试图撤销以同意或要求维生医疗为内容的生前预嘱时，法律应当采用高门槛的撤销能力判定标准。该撤销能力标准应当相当于订立能力标准，虽然撤销同意性指示不同于订立一份拒绝性指示（因为撤销指示只意味着患者放弃自己的决定，并不意味着拒绝），但是在此种情形下可将前者拟制为后者，使撤销所要求的能力标准提高至订立预先指示所要求的标准。同时，法律还应考虑所拒绝或同意的维生医疗是否符合患者的客观最佳利益，这一观点由 Bruce Winick 教授提出。他认为，如果患者在生前预嘱中拒绝了现时被认为是符合患者客观最佳利益的医疗措施，则对撤销能力应当采取低门槛的判定，使得指示易于被撤销，从而增加患者受到适当医疗的可能性，其结果是使自由利益和治疗利益两方面都得到促进；相反，如果患者生前预嘱是同意接受现时被认为符合其最佳利益的医疗措施，就应采取高门槛的撤销能力判定标准，"当对预先指示拟进行的撤销或修改对患者的利益构成了重要风险时，那么基于有利原则的考量将合理化一项对能力的质询"。[1] 这一观点是建立在"治疗性法学"（Therapeutic Jurisprudence）的理念之上，治疗性法学分析法律作为治疗主体的功能。[2] 在制定和适用法律时，应当考虑法律对人的治疗性和反治疗性的影响。虽然人的医疗自主权这一原则不得突破，但是自主权的行使以决定能力为前提，而能力有无的确定相当困难，甚至能力不是全或无的问题，而是程度问题，因此有必要以治疗性法学为法理基础，根据某项医疗是否对患者客观上有利而对患者能力的判定予以浮动认定。Bruce Winick 教授将治疗性法学应用到生前预嘱的撤销制度上，笔者深表赞同。关

---

[1] See Bruce J. Winick, Advance Directive Instruments for Those with Mental Illness, University of Miami Law Review, Vol. 51, p. 91-93 (1996).

[2] 参见尹琳:《美国"治疗性司法"理念的实践及其启示》，载《政治与法律》2014 年第 12 期。治疗性法学由 David B. Wexler 和 Bruce J. Winick 两位教授提出，乃美国有力之学说。我国国内对此学说予以介绍的论著甚少，相对详细的就是尹琳的这篇论文。

于撤销生前预嘱的能力的条文表述可以是:"具有相应决定能力的个人可以撤销全部或部分生前预嘱。"

(二)生前预嘱的撤销方式

1. 生前预嘱撤销方式的三种立法模式

关于生前预嘱的撤销方式,比较立法例大致可以分为三种立法模式。第一种立法模式不对撤销方式作任何要求,其采用最宽泛的语言,允许患者以范围广泛的方式撤销生前预嘱。采用该立法模式的法域包括美国的31个州[①](并包括统一州法全国委员会制定的《统一医疗决定法》)、英国、德国。如美国加州制定法规定,有能力的患者可以在任何时间以任何传达撤销意图的方式撤销全部或部分生前预嘱。[②]《德国民法典》第1901a条第1款规定,生前预嘱可以随时不要式地予以撤回。我国北京航空航天大学法学院课题组的《中华人民共和国民法典·通则编草案建议稿》第61条也采取此模式:"患者预先指示可以任意撤回,不必采取前款规定的书面形式。"[③]

第二种立法模式和第三种立法模式则是对撤销方式予以列举,即只能以所列举之方式行使撤销权,二者的区别在于是否允许患者指令他人撤销。第二种立法模式允许患者指令他人进行撤销,主要见于美国的14个州。[④]其中10个州要求他人应在患者在场时进行撤销。如得克萨斯州制定法规定,一项生前预嘱可以通过下列方式被撤销:(1)由声明人或者由他人在声明人面前按声明人的指令,取消、污损、涂擦、烧毁、撕毁或以其他方式消灭生前预

---

① 阿拉斯加、亚利桑那、阿肯色、加利福尼亚、康涅狄格、特拉华、佐治亚、夏威夷、伊利诺伊、艾奥瓦、路易斯安那、缅因、明尼苏达、密西西比、密苏里、蒙大拿、内布拉斯加、内华达、新泽西、新墨西哥、纽约、北卡罗来纳、北达科他、俄亥俄、俄克拉何马、俄勒冈、宾夕法尼亚、罗得岛、南达科他、佛蒙特、怀俄明。

② CAL. PROB. CODE § 4695 (b).

③ 北京航空航天大学法学院课题组(龙卫球主持):《中华人民共和国民法典·通则编草案建议稿》,载中国法学创新网,https://fxh.qmtc.net/index.php/Home/Xuejie/artIndex/id/9597/tid/1.html。

④ 佛罗里达、艾奥瓦、印第安纳、肯塔基、新罕布什尔、南卡罗来纳、得克萨斯、弗吉尼亚、华盛顿、威斯康星、亚拉巴马、堪萨斯、犹他、西弗吉尼亚。

嘱;(2)由声明人书面撤销以表达其撤销生前预嘱的意图,并签名和日期;(3)由声明人口头陈述其撤销生前预嘱的意图。① 其他4个州则没有患者在场的要求,只要他人按照患者指令进行撤销即可。如犹他州制定法规定的撤销方式包括:(a)在文件上写上"无效";(b)涂擦、烧毁、撕毁或以其他方式消灭或损毁文件;(c)指令他人进行(a)或(b)项中的行为;(d)书面撤销,并由下列人签名和日期:(i)声明人;或者(ii)一个成年人:(A)代声明人签字;并且(B)按照声明人的指令;(e)口头表达撤销的意图……②

第三种立法模式不仅列举撤销的方式,且不包括指令他人进行撤销行为。采取此立法模式的有美国田纳西州、马里兰州、科罗拉多州,瑞士等。美国田纳西州规定本人可以书面或口头方式撤销。③《瑞士民法典》则规定本人以书面和销毁文件的方式撤销。④ 美国马里兰州和科罗拉多州则规定本人以书面、口头、销毁文件的方式撤销,如科罗拉多州制定法规定"声明可以由声明者通过口头,书面或者烧毁、撕毁、取消、涂擦、销毁的方式予以撤销"。⑤

2. 医疗现实与科技发展对撤销方式的影响

当今的医疗现实表明,某些类型的患者虽然丧失了活动肢体以及讲话的功能,但是其具有意思能力和意识,也可以通过某种方式与外界交流,而神经科学与脑科学的迅猛发展则使意识障碍患者对外传达信息成为可能。撤销方式的本质是承载撤销之意思的信息传递方式,法律要对撤销方式进行规定就必须考虑现代医疗环境下的患者交流方式。

---

① TEX. HEALTH & SAFETY CODE ANN. § 166.042.
② UTAH CODE ANN. § 75-2a-114.
③ TENN. CODE ANN. § 32-11-106.
④ 《瑞士民法典》第371条第3款规定,预先指示的撤销准用预防性命令的相关规定。该法第362条规定了预防性命令的撤销,即以订立制度所要求之方式进行撤销,以及通过销毁文件的方式进行撤销。据此,个人可以预先指示订立制度所要求的形式(根据第371条第1款,订立预先指示须以书面形式)撤销预先指示,也可以通过销毁预先指示文件来撤销预先指示。
⑤ Colo. Rev. Stat. § 15-18-109.

临床上一般将严重脑创伤分为四类：昏迷、最小意识状态、植物状态、闭锁状态（即闭锁综合征）。① 前三类虽然存在微妙的医学差异，但共同点是患者都失去了意思能力，意识处于严重受限状态。与前三不同，闭锁综合征患者有意识、有自我认知、能思考，虽然完全瘫痪且无法言语，但是可通过眼球垂直活动或眨眼与他人交流。② 闭锁综合征是指双侧脑桥腹侧病变，累及下行性皮质脊髓束和皮质延髓束，引起患者随意运动严重障碍，不能活动或讲话，仅能通过瞬目动作或眼球活动与外界交流信息，患者貌似存在意识障碍，但实际上意识清楚，认知功能存在的一种神经病学状态。③ 闭锁综合征的临床特点是：意识清楚，不能说话，四肢瘫痪，头面部除睁闭眼及眼球垂直运动外无其他自主运动，可用睁闭眼或眼球上下注视表示"是"与"否"。④ 显然，对于闭锁综合征患者来说，不可能通过传统方式如书面、口头、毁损文件方式撤销生前预嘱，但因此而否定其撤销的权利是不合理的，因为其具备行使撤销的意思能力，且可以通过眨眼和眼球活动实现交流。不仅如此，日新月异的科技也将为意识障碍患者传递撤销意思提供更便利的技术支持。

在 2006 年 9 月的《科学》上刊登了科学家使用功能性磁共振成像（fMRI）⑤ 来测试被诊断为植物状态的患者对言语指令的反应的论文，论文指出"该病人保留了理解口头指令的能力以及通过脑活动而不是通过言语或动作来回应指令的能力"，并进一步指出"无须动作或者训练就可对指令作

---

① See Steven Laureys, Adrian M. Owen & Nicholas D. Schiff, Brain Function in Coma, Vegetative State, and Related Disorders, The Lancet Neurology, Vol 3, p.537-546（2004）.

② See Stacey A. Tovino & William J. Winslade, A Primer on the Law and Ethics of Treatment, Research, and Public Policy in the Context of Severe Traumatic Brain Injury, Annals of Health Law, Vol. 14, p.13-14（2005）.

③ 参见杨雪莲：《1 例闭锁综合征患者的护理》，载《中国现代药物应用》2012 年第 22 期。

④ 参见吕博川、王耀山：《闭锁综合征的临床、CT 与病理》，载《中国神经精神疾病杂志》1987 年第 1 期。

⑤ 功能性磁共振成像（fMRI, functional magnetic resonance imaging）是一种新兴的神经影像学方式，其原理是利用磁振造影来测量神经元活动所引发之血液动力的改变。

出回应表明了一些无交际患者包括被诊断为植物状态、最小意识状态、闭锁状态的患者可以借助某种手段通过调节自己的神经活动来使用他们残余的认知能力向周围的人传达他们的思想"。[1]2010年2月的《新英格兰医学杂志》上刊登了英国和比利时科学家成功使用fMRI技术实现与一位被诊断为植物状态的患者进行交流的论文。[2]在这次研究中,为该患者设置了6个是或否的问题,该患者准确回答了其中的5个。当然,这些回答是科学家通过fMRI技术直接从其脑部活动中侦测出来的,论文指出"fMRI使得该患者能够建立功能性和互动性交流"。[3]该论文在结论部分指出:"本研究表明,fMRI为一位严重意识障碍患者建立了仅通过调节大脑活动就可交流的能力……随着进一步的发展,这种技术可以被一些患者用来表达他们的思想,掌控他们的环境,提高他们的生活质量。"[4]

另一种便利瘫痪患者交流的技术是"脑机接口"技术,即在大脑与外部设备之间建立的直接的交流通道,其连接了生物智能系统与人工智能系统。[5]脑机接口系统可以将全身瘫痪患者的大脑信号转换成电脑屏幕上的文字。近年来此技术甚至可以将瘫痪患者的脑信号转换为语音。例如,美国波士顿大学成功将电极植入一名闭锁综合征患者大脑从而将他的思想转换成语音。[6]

医疗现实表明,全身瘫痪且无言语能力的患者如闭锁综合征患者,虽然无肢体活动能力,但其具备决定能力并意识清楚,且可以通过眨眼等眼球

---

[1] See Adrian M. Owen, Martin R. Coleman, et al., Detecting Awareness in the Vegetative State, Science, Vol.313, p.1402(2006).

[2] See Martin M. Monti, Audrey Vanhaudenhuyse, et al., Willful Modulation of Brain Activity in Disorders of Consciousness, New England Journal of Medicine, Vol. 362, p.579-589(2010).

[3] See Martin M. Monti, Audrey Vanhaudenhuyse, et al., Willful Modulation of Brain Activity in Disorders of Consciousness, New England Journal of Medicine, Vol. 362, p. 585(2010).

[4] See Martin M. Monti, Audrey Vanhaudenhuyse, et al., Willful Modulation of Brain Activity in Disorders of Consciousness, New England Journal of Medicine, Vol. 362, p. 588-589(2010).

[5] 参见高上凯:《浅谈脑机接口的发展现状与挑战》,载《中国生物医学工程学报》2007年第6期。

[6] See Mark Tutton, Paralyzed man 'turns thoughts into sounds', CNN, December 17, 2009, http://www.cnn.com/2009/HEALTH/12/16/brain.computer.speech/.

活动与他人交流；而神经科学、脑科学、生物工程学的迅猛发展使瘫痪患者如闭锁状态患者以及部分意识障碍患者，包括最小意识状态患者和植物状态患者，可以在不进行任何身体活动的情况下直接通过脑部活动来与外界完成交流、传达意思。这些无疑会对撤销方式的立法产生重大影响：首先，只列举口头、书写、销毁等传统的撤销方式是不妥的，虽然这些方式不论是对于闭锁综合征者还是更加严重的意识障碍患者都是难以达到的，但闭锁状态患者可以通过眼球活动实现交流，一些意识障碍患者可以通过 fMRI 技术实现交流，而这些方式显然不属于上述任何一种传统方式；其次，通过脑机接口技术实现的电脑文字或语音表现是不能归为书面和口头方式的，因为这些文字和语音是电脑展现出来的，患者并没有书写和说话，患者只是进行了思维，因此这种技术方式并不能被传统撤销方式所涵盖；再次，借助眼球活动、fMRI 技术、脑机接口技术，全身瘫痪患者和意识障碍患者可以指挥他人进行撤销行为，而不必亲力亲为，故立法应当允许患者指令他人撤销这一方式；最后，撤销方式的立法应当为将来科技的进一步发展留有应对余地，显然概括式立法比列举式立法更能达到此目标，因为列举式立法无法涵盖现实中以及将来可能出现的各种撤销方式，而概括式立法不仅可以涵盖现今各种方式而且可以包容将来出现的新方式。

3.对三种立法模式的评价及建议

第一种立法模式允许患者以任何方式撤销生前预嘱，其范围不仅包括其他立法模式所列举的方式，即口头、书面、物理上销毁文件、指令他人进行撤销行为，而且包括其他可传递撤销意思的方式，如通过眨眼、借助 fMRI 以及脑机接口技术直接通过思维进行交流等方式。此立法模式的优点在于可以使那些不具有使用传统交流方式的患者包括完全瘫痪患者甚至严重意识障碍患者也有权通过某种非传统方式撤销生前预嘱。此立法模式的缺点在于其没有提出撤销的形式要求，法律上的形式要求的作用是保障某行为是出于行为人的真实意愿而不是因强制和胁迫而作出。

第二种立法模式一方面对撤销的方式进行列举，且要求他人代行撤销应当根据患者指令进行，有些法域还规定了患者在场的要求，这些规定都意在保障撤销的形式要求；另一方面，对于患者指令他人撤销，此立法模式并没有对传达该指令的方式进行列举限制，从而使患者可以采取不受限制的方式向他人传递代行撤销的意思，这种规定意在为患者采取各种方式向他人传达代行撤销的指令提供空间。如此，该立法模式意在既保存形式要求又为其他传达方式留有空间，这似乎是合理的，但是，既然允许他人代行撤销，就必然为他人施加不当影响或进行欺诈打开了方便之门，从而使形式要求的立法目的（即保障行为是出于本人的真意）落空。且此立法模式也没有对他人是否真的接受患者指令而行事设置监督程序，这也为他人进行虚假撤销创造了可能。特别是由于患者丧失活动能力，处于弱势地位，其易于被他人摆布，他人可能虚假声称受患者之指令而进行撤销。

第三种立法模式最强调形式要求因而也最具有限制性，其要求患者本人必须进行一定的物理动作才能完成撤销，或是书写，或是说话，或是销毁文件。假设患者处于完全瘫痪或闭锁状态，其不可能用手握笔或开口讲话，亦不可能撕毁或烧毁预先指示文件，那么依此立法模式该患者无法行使撤销权。特别是当该患者的生前预嘱是拒绝维生医疗，那么即便患者后来有接受维生医疗的意图，但因立法对撤销方式的限制，其无法撤销生前预嘱，这将导致患者生命违背其意思而逝去。显然该立法模式有剥夺了部分患者甚至是完全具备意思能力的患者改变其意愿的机会。

笔者认为，毫无疑问首先排除第三种立法模式，因为医疗决定特别是关涉维生医疗的决定，对个人重大健康利益甚至生命利益至关重要，如果因立法限制撤销的方式而剥夺患者撤销权，显然是不合理的，特别是如果生前预嘱是拒绝维生医疗的，那么只是因为某类患者不能通过传统方式撤销，就可能使此类患者无法重新要求维生医疗从而生命可能不合患者之意愿而逝去。该立法模式采取封闭式列举的传统方式，导致其无法应对撤销方式的多样化，更无法接受新科技给撤销方式带来的变革。第二种立法模式一方面意图设置某些形式要求——他人必须按患者指令进行撤销，一些立法例还要求他人撤销时患者必须在场——以防止撤销不是出于患者真意；另一方面，对于患者向他人给予的代行撤销的指令的方式不作限制，意图为传达指令的方式的多样性留有空间。此立法模式的目的是通过增加他人代行撤销这一程序从而间接地实现撤销方式的多样化和开放性。但是，笔者认为该立法模式有弄巧成拙之嫌，正是因为其意图保留一定程度的形式要求，才增加了他人代行撤销的程序，但是此代行程序本身却难以胜任形式要求的目的，因为该程序增加了处于弱势地位之患者受他人不当影响的风险，为他人进行虚假撤销创造了可能，因此所增加的他人代行程序反而违反了其本身的设立目的。并且，他人代行撤销也是建立在患者能够交流的基础之上，那么既然患者能够传递撤销的意思，就应直接地肯定患者有权以任何可交流的方式传递撤销意思，而无须增加他人介入的麻烦和他人不当影响的风险。因此，第二种立法模式反而不如第一种立法模式。第一种立法模式认可一切可传递撤销意思的方式，为撤销方式的多样性和开放性提供了最广阔的空间，其唯一需要改善的地方就是其形式要求的阙如。如上文所述，法律上的形式要求可以防止撤销不是出于本人的真意。因此，笔者认为应当在第一种立法模式的基础上增加形式要求，该形式要求一方面应当易于实现，否则会妨害此立法模式的不要式的优点；另一方面不能增加本人受不当影响的风险，否则会违反形式要求本身的设立目的。借鉴新加坡《预先医疗指示法》第7条"作出预先医疗指示的患者可以在至少一名见证人在场的情况下以书面或口头或者任何其他患者可以交流的方式撤销该预先医疗指示"规定，建议设立见证程序作为形式要求。一方面，由一名见证人见证撤销行为是较为方便和容易的，这不像指令他人代行撤销那样需要患者发出指令，只需要由一位成年人自愿承担见证行为即可；另一方面，见证程序是证明某行为的真实性的第三人程序，而不像代行撤销中的他人是代替本人行事，因而施加不当影响的风险很小。见证程序的作用是证明患者撤销时的意思能力状况以及撤销生前预嘱是否出于自愿、有无不当影响，因而设置此程序可以很好地满足撤销的形式要求。因此，建议在第一种立法模式的基础上增加见证程序，实际上类似于新加坡《预先医疗指示法》第7条，该条虽然列举了书面和口头方式，但最重要的是其还设置了弹性兜底条款，即"或者任何其他患者可以交流的方式"，这一弹性兜底用语表明其实质上不对撤销方式进行任何限制，同时此条还规定了见证程序以弥补形式要求。笔者认为可以不必进行列举，而直接规定"患者可以任何可传达撤销意图的方式进行撤销"，同时再加上见证程序，故生前预嘱撤销方式的条文表述可以是："订立生前预嘱的患者可以在至少一名见证人在场的情况下以任何可传达撤销意图的方式撤销全部或部分生前预嘱。"

三、生前预嘱的执行

（一）生前预嘱的执行条件

因国家利益之考虑，法律应当对执行生前预嘱设置法定条件，即执行条件制度，这意味着虽然任何有决定能力的成年人都有权订立拒绝维生医疗措施的生前预嘱，但是只有当患者的客观病情满足法律所规定的条件时，医师才可执行前述生前预嘱而不施行或终止维生医疗措施。

并不是所有生前预嘱立法都有这项制度，如《德国民法典》规定生前预嘱不依赖于患者疾病的性质和阶段而予以适用（第1901a条第3款）。不为生前预嘱设定执行条件确实可以保障患者的拒绝维生医疗权适应快速发展的医学，但这可能使那些有康复能力的患者也被撤除或不给予可以为其有效治疗提供时间的维生医疗措施；而为生前预嘱设定了执行条件的立法，虽然使拒绝维生医疗权不能很好地适应医学发展，如后文论述的医学界在植物状态之外又认定了一种较其为轻的病况即最小意识状态而多数法域的制定法并没有对其作出类似于植物状态的明确规定，但是对执行条件的设定却能很好地体现国家利益，使其成为国家在守护患者拒绝维生医疗权的同时维护生命利益的重要阀门。因此，法律设定生前预嘱的执行条件的法理基础在于国家利益，具体是指保护人的生命的国家利益。美国拒绝医疗权的判例法一般认为"可主张的国家利益中最重要的是保护人的生命的利益"[1]，如联邦最高法院Cruzan案认为此利益是"首要的"（paramount）[2]。但是根据Saikewicz案

---

[1] See Superintendent of Belchertown State School v. Saikewicz, 373 Mass. 728, 741(1977).

[2] See Cruzan v. Director, Missouri Dept. of Health, 497 U.S. 261, 271(1990).

判决，国家对公民生命权的保障具有相对性，即当个人的生命因为疾病而无法挽回时，国家的利益也会随之减少，而在疾病可被治愈的情况下，国家利益随之增强。保护生命的国家利益可以限制但不能完全压倒个人的拒绝维生医疗权，此限制主要体现在生前预嘱的执行条件制度，即在患者符合不可治愈疾病、终末期疾病等法定病况条件下，其生前预嘱始得执行。以我国现实为视角，虽然个人自主权蓬勃发展，但是国家在社会法律生活中仍具有极其重要的地位，特别是对公民生命的保护更是丝毫未予懈怠，而在生前预嘱呼声越发高涨之境况下，我国立法者仍持谨慎态度，可见我国对拒绝维生医疗权仍持保守立场，将来即使通过生前预嘱的法律，也难免为其设定较多的限制条件。因此，生命权保护的相对化绝不可能是放弃国家对生命权保护的利益，至于将来设定何种程度的执行条件，是如新加坡那样仅以终末期疾病为条件，还是如美国那样在终末期疾病之外还允许植物状态为条件，抑或在列举执行条件外再规定概括条款，则为另一层次的问题，但是可以预见，随着医疗科技的进步，生前预嘱的执行条件也会随之变化。

早期立法和判例强调患者须为终末期疾病状态才可执行其生前预嘱。典型的是 Matter of Conroy 案，美国新泽西州最高法院认为"关于患者病情的医学证据……与关于患者意愿的证据一样，都是作决定的重要前提……医学证据必须表明患者符合 Claire Conroy 的情势：老龄、无能力……严重和永久性的精神和身体损伤，并且预期生存期约为一年以下"。[①]虽然对临死时间存在不同规定，但是早期比较立法例（如美国各州立法以及原1985年《统一临终病患权利法》）都将终末期状态解释为"无论是否被给予人工维生医疗，患者都将很快死亡"。然而这种将生前预嘱的执行条件限定为终末期疾病的立法模式是存在问题的。首先，临床末期的适用条件要求患者必须濒临（一般是6个月内）死亡，而由于医学的进步，许多罹患不可治愈之重症患者，在维生医疗的支持下，多半变成慢性病患者而非终末期患者，如渐冻人患者或植物状态患者都非终末期患者，这些患者在依赖维生医疗技术的情

---

① See In the Matter of Claire C. CONROY, 486 A.2d 1209, 1231（1985）.

况下能够存活相当一段时间，他们显然不属于终末期状态，因而不能适用这类法律。[1] 如果这些患者明确表达了拒绝维生医疗意愿，那么仅因为他们不是终末期病况，此意愿就不会被执行，从而该立法模式严重限制了拒绝维生制度的适用范围，正如修正后的1989年《统一临终病患权利法》的法条评论所述，采用这一解释的立法"严重限制了有资格使用这些法律的临终病患的人数。这是因为新的医疗技术可以无限期地延长他们的生命，而这些法律正是因此种医疗技术而存在"。[2] 其次，此立法模式使终止维生医疗的制定法失去了存在的必要性。例如，在1989年的In re Guardianship of Browning 案中，佛罗里达州上诉法院就批评道，"如果在继续给予人工维生程序的情况下死亡仍将即刻到来，那么就没有必要为终止人工维生创建司法或准司法程序，因为在大多数情况下死亡在决定终止人工维生之前就发生了"。[3] 因以上缺陷，美国修正后的1989年《统一临终病患权利法》将"终末期病况"的定义改为"如不采用维生医疗，则患者将在相对较短时间内死亡"。[4] 美国大多数州制定法则是直接在终末期病人（terminal illness）之外增加持续植物人状态（persistent vegetative state）作为可执行生前预嘱的情形。[5] 德国联邦最高法院2005年一民事判决中也放弃了以往对终止维生医疗需患者陷入"不可逆转的死亡进程"的要求。[6] 世界其他法域亦将持续植物人状态纳入生前预嘱的执行条件。

值得注意的是，英国、德国已将生前预嘱的执行条件进一步放松。2011

---

[1] 例如，新加坡1996年《预先医疗指示法》第3条仍规定了终末期疾病的要求，第2条明确规定该末期概念为"无论是否采取维生医疗，死亡都将即刻到来"。因此，在关于预先医疗指示是否包含持续植物状态患者这一问题上，起草《预先医疗指示法》的新加坡医学道德委员会认为，"持续植物状态不一定是临终疾病，因此其不在本法案的适用范围内"。

[2] Uniform Rights of Terminally Ill Act § 1 Comment(1989).

[3] In re Guardianship of Browning, 543 So.2d 258, 265(1989).

[4] Uniform Rights of Terminally Ill Act § 1(9)(1989).

[5] See Lawrence Frolik, Richard Kaplan, Elder Law in a Nutshell (Sixth Edition), St Paul: West Academic Publishing, 2014, p.31.

[6] 参见王刚：《德国刑法中的安乐死》，载《比较法研究》2015年第5期。

年英国发生了一起关于是否终止最小意识状态患者的维生医疗措施的判例——W v. M and others案①，英格兰威尔士高等法院承认了对于这类患者，如果存在"符合制定法要求的生前预嘱"，则可以终止医疗。最小意识状态（minimally conscious state，MCS）是一种比植物状态稍好的病况，于1997年被医学界正式认可。②《德国民法典》第1901a条第3款对生前预嘱规定了各法域中最为宽松的执行条件，即生前预嘱"不依赖于被照管人疾病的性质和阶段而予以适用"。也即，生前预嘱的执行不受患者的客观病情的约束，只要存在有效的生前预嘱，不论患者的病情如何，医师都可依照该生前预嘱不施行或终止维生医疗措施。我国台湾地区亦放宽了生前预嘱执行条件。根据所谓"安宁缓和医疗条例"第7条，预立意愿书的执行条件是意愿人被确诊为终末期患者。终末期患者是指罹患严重伤病，经医师诊断认为不可治愈，且有医学上之证据，近期内病程进行至死亡已不可避免者。最新所谓"病人自主权利法"第14条在末期病人之外又增加了四种可执行预立医疗决定的情形，即处于不可逆转之昏迷状况，永久植物人状态，极重度失智，其他经中央主管机关公告之病人疾病状况或痛苦难以忍受、疾病无法治愈且依当时医疗水平无其他合适解决方法之情形。很明显，所谓"病人自主权利法"放宽了预立医疗决定的执行条件，只要病人符合上述五类临床情形之一，医疗机构或医师就可执行其预立医疗决定而终止、撤除或不施行维持病人生命的医疗措施。同时，我国台湾地区通过"疾病状况或痛苦难以忍受""疾病无法治愈""依当时医疗水平无其他合适解决方法"三个要件限制生前预嘱的执行，从而体现对不符合这些要件的病人的生命权的保护。

（二）执行生前预嘱的责任豁免

法律在为生前预嘱法律设计执行制度时的主要考虑是解决医疗人员遵行生前预嘱之行为含有的潜在责任，比较法上生前预嘱法律为遵行法律上有效

---

① ［2011］EWHC 2443（Fam）．

② 参见林元相、徐如祥：《最小意识状态的定义、诊断标准及临床鉴别》，载《中华神经医学杂志》2005年第2期。

之生前预嘱的医疗人员提供了某种形式的法律责任豁免。责任豁免条款的作用在于使依法执行患者明示意愿的医方免受侵害生命权法律责任的追究，从而消除医方的后顾之忧，以增加生前预嘱的被执行率。并且，无论是以保护医师免予遗弃、疏失或谋杀的起诉的形式，抑或免予故意伤害、造成精神损害的起诉的形式，遵行任何即使是有潜在问题的指示都是受到保护的。也就是说，如果医疗人员善意地信赖并执行了患者或其家属或者登记机构提供的表面有效的生前预嘱，则其不为依该指示不给予或撤除维生医疗负法律责任。例如，艾奥瓦州《医疗同意与自然死亡法》规定："善意地信赖了从医疗指示登记机构获取的表面有效的医疗指示而行为的医疗提供者，其依此信赖作出的行为应被免除民事和刑事责任。"① 根据美国立法例，刑事、民事责任以及专业惩戒是无差别地完全免除，例如加利福尼亚州制定法规定："善意并遵守通行医护标准的医疗提供者或医疗机构不因依据本条的任何行为而承担民事或刑事责任或专业惩戒，这些行为包括但不限于……（c）遵行生前预嘱。"②

执行患者拒绝维生医疗的生前预嘱或代理人拒绝维生医疗的代理决定，存在两种行为方式，即不施行维生医疗和撤除维生医疗，二者在法律和伦理上是否存在差异？不给予维生医疗主要指不给予心肺复苏术，即由患者事前签署 DNR（do not resuscitate）意愿书（属于生前预嘱的一种），从而不对患者积极施以侵袭性之急救措施，也即"不作为"；撤除维生医疗则是在施以心肺复苏术之后对依靠人工措施维持生命患者的生前预嘱给予撤除维生措施，也即"作为"。不作为在情感上较为社会大众所接受，作为的方式在感情上较不为社会大众所接受。一般而言，医护人员面临要终止或撤除维生医疗时，其为难程度比不施行维生医疗更高，这是因为直观上认为撤除维生医疗是由于积极作为而造成患者死亡，不给予维生医疗则是因消极不作为而允

---

① ID ST § 39-4513.
② CA PROBATE § 4740.

许患者死亡,此认知使得撤除治疗的困难度与争议性增加。① 然而,不施行与撤除除了在行为上有所不同以外,二者所造成之结果相同且均在尊重患者自主权的情形下为之,因此就宪法之生存权及人性尊严来看,二者意义应是相同的。② 有学者从患者意愿及最佳利益角度亦指出:若考虑医疗目的在于尊重并促进患者之最大利益并减轻痛苦,在临床上衡量患者采用维生治疗所能带来之益处与造成之痛苦后,若呼吸器之使用不符合患者的最大利益与自主意愿,那么在逻辑上与伦理上撤除与不给予是没有不同的。③ 主流学说皆认为,不施行与撤除不应有所差别。④ 例如,美国医学会(American Medical Association, AMA)、美国胸腔学会(American Thoracic Society, ATS)、英国医学会(British Medical Association, BMA)都曾对此表达明确立场:撤除和不给予维生医疗之间并没有伦理上的差别(AMA: no ethical distinction; ATS: no ethical difference; BMA: no necessary legal or morally relevant differences);医疗行为之伦理相关性(ethical relevance)并不在于"作为"或"不作为"之差别(distinction between acts and omissions),而在于其他因素,诸如医疗人员之动机(motivation)与其专业义务(professional obligation);ATS 从尊重患者自主(respect for autonomy)的角度指出:"医疗人员有责任尊重患者自主,依知情且有决定能力患者之要求,撤除或不给予维生医疗。就此而言,撤除或不给予并无伦理上的差异(no ethical difference)"。⑤ 西方医学伦理学之基

---

① 参见洪培豪等:《不施行与终止或撤除透析治疗之宪法争议》,载《肾脏与透析》2014年第1期。

② 参见王志嘉等:《安宁缓和医疗条例有关不施行以及终止或撤除心肺复苏术之法律观点》,载《台湾家庭医学杂志》2003年第3期。

③ 参见蔡甫昌等:《长期呼吸器依赖病患撤除维生治疗之伦理法律议题》,载《台湾医学》2012年第2期。

④ 参见陈信如、卢映洁:《从不施行心肺复苏术与撤除维生医疗之区别论安宁缓和医疗条例之修正(上)》,载《台湾医界》2013年第10期。

⑤ 蔡甫昌等:《长期呼吸器依赖病患撤除维生治疗之伦理法律议题》,载《台湾医学》2012年第2期。

本共识亦是：不施行与撤除维生医疗并无不同。① 因此，虽然在没有生前预嘱法律的地区，撤除维生医疗可能构成刑法上之杀人罪或帮助自杀罪，但是在有生前预嘱法律的地区，则该法律明确允许依患者生前预嘱撤除维生医疗，并给予医师责任豁免，因此类法律的特别法性质，因而阻却刑法上之违法事由，从而这些地区给予不施行与撤除相同的责任豁免。美国各州生前预嘱法皆设有明确条款，如得克萨斯州《健康与安全法典》规定"本节不纵容、授权或批准安乐死或允许一个主动的或故意的结束生命的作为或不作为，除了依本节而允许自然死"②，而该节规定之"指示（Directive）"包括不施行与撤除维生医疗（withhold, or withdraw life-sustaining treatment）的决定。③ 笔者采取通说，即不施行与撤除维生医疗没有伦理与法律上的差别，都应当被给予责任豁免。

四、生前预嘱的登记

生前预嘱的可及性（accessibility）是指已订立的生前预嘱可以被获得和知晓的可能性。生前预嘱承载和表达了个人的医疗意愿，但只有在健康危机导致患者无能力表意之时其能够被医生或亲友知晓，生前预嘱才有可能被遵从，患者的事前意愿才能得以实现。相反，即使个人订立了完备的生前预嘱，但其没有履行任何增加指示的可及性的措施，那么在健康危机来临之时医生或亲友就难以获知指示的内容甚至根本不知道指示的存在，这样已订立的生前预嘱就变得完全无用。考虑到可及性的意义，法律应建立增强生前预嘱可及性的通道，其中最重要的就是生前预嘱的登记制度。

---

① 参见王志嘉等：《安宁缓和医疗条例有关不施行以及终止或撤除心肺复苏术之法律观点》，载《台湾家庭医学杂志》2003年第3期。
② TX HEALTH & S § 166.050.
③ TX HEALTH & S § 166.031.

（一）由政府主导生前预嘱的登记制度

笔者认为，应当由政府主导建立生前预嘱登记制。例如，北京生前预嘱推广协会的注册中心缺乏政府介入而呈现服务的单向性，即只向个人提供登记服务，而缺少向医疗机构提供生前预嘱信息的服务。所以，虽然个人可以利用该注册中心上传、修改生前预嘱，但仅此而已，获取生前预嘱只针对患者单方而言，医院无法利用登记服务获取患者生前预嘱。又如，美国大多数的州立生前预嘱登记机构的服务是双向的，患者和医院都可以获得服务，医院经申请就可以获取经登记的生前预嘱及相关信息，或者经注册的医院输入患者的身份信息如社会保障号就可查询患者的生前预嘱。显然，登记机构为医院提供服务无疑将增强生前预嘱的可获取性，从而尽快确定患者的医疗意愿。虽然美国个别州的登记机构也不提供医院直接获取的服务，但是美国的私立生前预嘱登记机构比较发达，并且都提供医院注册获取服务[①]，因此医院仍有途径便利地获取在院患者的生前预嘱。我国则不同，我国大多数医院是公立医院，政府在医疗事业中的地位举足轻重，只有政府牵头的登记机构才具有获得医院信任并吸引其参与生前预嘱服务的基础。

政府主导型的生前预嘱登记制度有两种方式：一是由政府建立并运营的登记处；二是政府委托某个外部实体建立和运营生前预嘱的登记，并对其进行监管。笔者认为两种方式皆可，因为二者都是由政府主导的，只不过第二种方式的登记运营如网站数据库等是外包给外部实体，但这对于登记服务的使用人是没有差别的，因为对于使用人来说都是通过政府的生前预嘱登记机构来获得服务，登记协议的双方是登记人与政府生前预嘱登记机构，而委托运营关系只存在于政府和外部实体之间。例如，虽然佛蒙特州委托美国生前预嘱登记中心运营登记，但是该州居民仍须向该州卫生部申请登记，登记协

---

① 如美国生前预嘱登记中心：U.S. Living Will Registry, Frequently Asked Questions（FAQ）About the U.S. Living Will Registry, https://www.uslivingwillregistry.com/faq.shtm。

议双方是"登记人"与"佛蒙特州登记处"。① 实际上，内华达州和佛蒙特州采取第二种模式的原因在于作为私立机构的美国生前预嘱登记中心的运作成熟度高、数据库系统稳定、开发了先进的软件等。因此，如果北京市将来对生前预嘱及其登记进行立法时已经存在了运作成熟的外部机构，那么实行第二种方式也未尝不可。

（二）登记与否不影响生前预嘱的效力

笔者认为，对于登记是否影响生前预嘱的效力，应当从生前预嘱及其登记制度的目的进行分析。生前预嘱是一种保证患者的医疗意愿在其无法表意时也能得到充分表达的途径，这与遗嘱性质类似，遗嘱是一种保证个人关于财产分配的意愿在其死后（当然也不可能表意）也能得到表达的途径，虽然生前预嘱与遗嘱所承载的意愿的性质不同（前者是医疗意愿，后者是遗产分配意愿），但二者都是表达单方意思的法律文件，都是建立在绝对权基础之上（前者是自由权，后者是所有权），不存在保护善意第三人之信赖利益的制度目的，因而也无须公示公信作为其有效性的前提。生前预嘱登记的制度目的是增强此种法律文件的可及性，确保在患者无能力时其代理人及负责医生能获知其医疗意愿，但是否登记属于患者本人的选择权，如马里兰州法律规定"不要求个人向登记处提交生前预嘱"②。如果没有登记，患者也可采用其他确保生前预嘱能够被相关人获取的方式，相关人也可通过其他途径获取生前预嘱，通过哪种途径获取的生前预嘱并不影响生前预嘱本身的效力判断。类似的，我国在2013年3月成立了中华遗嘱库③，提供遗嘱的登记、保管和传递服务，但是否登记属于个人选择权，登记与否不影响遗嘱本身的法律效力，只要遗嘱按照民法典要求订立就具有效力。同理，将来我国制定生前预嘱法律，只要患者的生前预嘱是按照法律的规定订立，就应具有法律效

---

① See Vermont Department of Health, Create and Register an Advance Directive, https://healthvermont.gov/vadr/register.aspx.

② MD HEALTH GEN § 5-623.

③ 参见何莹：《我国首个遗嘱库成立》，载《中国老年报》2013年3月26日，第1版。

力,法律同时建立登记制度以增强生前预嘱的可及性,但是否登记属于患者的权利,不登记不影响生前预嘱的法律效力。

不仅如此,生前预嘱的撤销的效力也不受是否登记的影响,即患者将生前预嘱进行了登记,后撤销了生前预嘱,但是没有将该撤销事宜告知登记机构,则只要该撤销行为符合法律规定,那么未将撤销进行登记不影响撤销行为本身的效力判断。美国各州的制定法都对此进行了明确规定。例如,弗吉尼亚州的生前预嘱登记法规定:"未向卫生部门告知撤销已登记的文件不影响满足法定要求的撤销的有效性。"[1] 但是,因善意信赖已登记的生前预嘱而给予或不给予维生医疗的医务人员,不承担违反患者医疗决定的法律责任。

(三)采取电子化的存储方式

电子化(或无纸化)方式便于存储、查询、检索、调取,其存储空间巨大,不需要实体存储场所,可以节约成本,也能避免实体文件易受毁损的弊端。实体化/纸质化存储还可能存在文件被恶意涂改的风险,而电子化方式是将患者的生前预嘱原件扫描成不可修改的格式,如需修改必须以患者提交的新的扫描件代替,不存在直接在原扫描件上涂改的操作空间。有学者指出,"美国生前预嘱登记中心将文件扫描成只读的 PDF 文件,这样信息就不能被改动了"。[2] 很显然,电子化存储方式具有多方面优势,也优越于实体化存储,故笔者建议我国将来亦可采取电子化(或无纸化)存储方式。我国也完全具备这样的技术条件,如北京生前预嘱推广协会的生前预嘱注册中心就是以电子数据库系统为支持的。

(四)登记机构负有审查义务

笔者认为,登记机构有义务审查申请人提交的生前预嘱是否符合法定要求,这虽然增加了一项工作步骤,但有助于确保所登记的文件合法有效。特

---

[1] VA ST § 54.1-2996.

[2] See Vanessa Cavallaro, Advance Directive Accessibility: Unlocking the Toolbox Containing Our End-Of-Life Decisions, Touro Law Review, Vol. 31, p. 572(2015).

别是绝大多数立法例明确规定因善意信赖已登记的生前预嘱而行事的医疗服务提供者免予被追究法律责任,这一规定的基础就在于从登记机构获取的生前预嘱在法律上应当是无瑕疵的,因而医生才可以合理地信赖之,但是,如果法律明确规定登记机构无须审查申请人提交的生前预嘱是否符合法定要求,那么就无法保证经登记的生前预嘱是合法有效的,这样就丧失了信赖登记而免责的立法基础。有趣的是,亚利桑那州和内华达州的制定法在采取无须审查之立法模式的同时,还明确规定了善意信赖了从登记机构获取的生前预嘱的医疗服务提供者免予法律责任。① 这就产生了不协调之处:既然登记机构无须审查生前预嘱是否合法有效就可以办理登记,那么医生信赖该登记而免责的基础就不存在了。所以笔者认为,无须审查之条款与信赖免责之条款不可同时规定。笔者赞同登记前审查的立法模式,特别是如果个人在订立生前预嘱时没有查询相关法律也没有请教律师,那么其可能不知道所订立的文件存在法律有效性瑕疵,而登记机构对指示文件进行审查就可以确保文件的法律有效性,如果有瑕疵就予以退回,这样订立人也可明白所订立的文件存在法律瑕疵从而及时进行修正。并且如上文所述,登记前审查也是医生信赖登记而免责的前提,之所以医生可以获得法律关于信赖登记而免予责任的优待,就是因为登记前审查可以确保经登记的生前预嘱是合法有效的,并且医生也可以免予再次审查生前预嘱是否有效的程序,这也大大增加了生前预嘱被遵守的可能性。

(五)采用双向性获取程序

如果立法规定登记号和密码是唯一的获取途径,则是一种单向性获取,虽然具有保护患者隐私的好处,但是其与登记制度本身的增强生前预嘱可及性的立法目的不相符合,因为其没有向医疗服务者提供直接获取就诊的患者的生前预嘱的直接途径。医生如要获取也只得使用登记号和密码,而登记号

---

① 亚利桑那州:AZ ST § 36-3294 以及 AZ ST § 36-3296;内华达州:NV ST 449.940 以及 NV ST 449.945。

和密码只能依赖患者提供,如亚利桑那州法律规定:通过提交"患者的"档案号和密码,医疗提供者可以获取登记并接收患者的医疗指示文件。[1]在北卡罗来纳州和艾奥瓦州,由于法律规定登记机构只向登记人本人提供登记号和密码,医生要获取生前预嘱必须依赖患者提供档案号和密码,而当生前预嘱被需要时必然是患者已发生了健康危机从而丧失决定能力之时,此时是不可能依赖患者来提供相关登记信息的。虽然亚利桑那州法律规定登记机构也可向代理人提供登记号和密码,这一定程度上增加了医生获得登记号和密码的可能性,但是并没有从根本上解决问题,因为医生还是必须先从第三方处得到这些信息后才能向登记机构进行获取。因此,第一种立法模式不利于医疗机构和医务人员及时获取就医患者的生前预嘱,与登记制度增强生前预嘱可获取性的制度目标不相符合,因此美国仅有三个州采取这一立法模式。

笔者建议采取双向性获取的立法模式。之所以称为双向性,是因为该立法模式不仅规定了患者本人可以使用登记机构所提供的登记号和密码获取生前预嘱,更重要的是,其允许医疗服务者和代理人直接获取就医患者的生前预嘱。不论是加州和路易斯安那州所采取的请求程序,还是其他州在实践中所采用的在登记系统输入患者身份信息的程序,都不需要医生先从患者处取得登记号和密码,而可直接向登记机构获取就医患者的生前预嘱,这无疑增强了生前预嘱的可获取性,从而可以及时对患者的医疗事务作出决断。并且不存在隐私泄露的疑虑,因为医生和医疗机构必须提供患者的身份信息,而这些身份信息只有在患者已就医的情况下才能被医生获知,在没有发生健康危机时这些信息在通常状态下是不会被获知的。笔者认为,医疗机构可直接获取是登记制度的应有之义,如果只允许通过密钥由患者本人来获取自己已经登记的生前预嘱,那么登记机构就只是一个法律文件保存处而已,其功能只是和一个可储存生前预嘱文件的密码箱相同,还是需要患者自己来开锁,而生前预嘱的本质目的不是让患者可获取,而是让医务人员可获取从而知晓患者的自主意愿,因为医疗措施的最终执行人是医务人员,只有为医务人员

---

[1] AZ ST § 36-3295.

和医疗机构提供就医患者生前预嘱的直接获取途径，才能保证医疗提供者能够及时、准确知晓患者的预先决定，也才符合生前预嘱登记的制度目标。

登记制度不仅应当保证医疗提供者对生前预嘱登记的获取，还应规定医疗提供者因善意信赖所获取的登记内容而免责，否则将影响医疗提供者对获取的积极性和对登记的信任感。正因如此，美国多数州的生前预嘱登记法都有医生善意信赖登记免责的明确规定。当然，如前文所述，此善意信赖免责的规定应当建立在法律同时规定登记机构应在受理登记时对所提交的生前预嘱进行合法性审查的基础之上，在此不再赘述。

（六）规定登记的修改、删除、更新通知制度

登记必须准确地反映生前预嘱现时的内容和效力状态，如果发生影响其内容和效力的行为或事实，相关人员应当及时通知登记机构予以登记上的调整。个人在订立生前预嘱后有权对生前预嘱进行修改，如果在修改之前已将生前预嘱进行了登记，那么经修改后的新生前预嘱的内容就发生了变化，此时登记人应当立即通知登记机构请求修改登记的生前预嘱的内容或者申请提交并登记新的生前预嘱以替代原来登记的生前预嘱，从而使登记的生前预嘱与新生前预嘱保持内容上的一致。如果登记人没有及时通知登记机构修改，那么在个人发生健康危机后医疗机构向登记机构所获取的生前预嘱就是未经修改的，此未经修改的生前预嘱非但不能反映患者的真实医疗意愿，而且极有可能与新的生前预嘱中的医疗意愿完全相反，特别是如果原来登记的生前预嘱以终止维生医疗为内容，而患者在新的生前预嘱中表达了愿意继续接受维生医疗的意愿，那么在无法通过其他途径获知新的生前预嘱的情况下，医疗机构就会信赖未经修改的已登记的生前预嘱，并依此终止维生医疗，其后果相当严重。因此，登记人在修改生前预嘱后必须及时通知登记机构。

登记的删除也是登记制度的必要内容。对于登记的删除应当规定两种情形，即登记人撤销生前预嘱以及登记人死亡。撤销是订立人主动使生前预嘱丧失效力，也包括婚姻解除或无效致使代理型生前预嘱被自动撤销的情形，在收到撤销通知后登记机构必须立即删除已经丧失效力的生前预嘱。生前预

嘱订立人死亡客观上使得生前预嘱没有适用的可能,在向卫生部门确认订立人死亡事实后登记机构应当删除生前预嘱的登记。

　　为了防止登记人在撤销或修改生前预嘱后,或者登记人的个人信息发生变动后登记人可能会忘记通知登记机构,有必要规定登记机构应当每隔一段时间向登记人发出更新生前预嘱及其相关信息的通知。笔者认为,立法有必要明确规定登记机构有每隔一段时间进行更新通知的义务,这可以保证登记人将撤销、修改生前预嘱的事实及时通知登记机构,从而降低登记的生前预嘱与患者的实际意愿不一致的可能性;并且更新通知并非难事,既可以寄送更新通知信件也可以发送更新通知的电子邮件,其操作成本低廉,但具有上述重要的意义。

第六章　安宁疗护服务对象相关制度

随着中国人口老龄化趋势的不断加剧，低生育率状况预计将延续至21世纪中叶。这一发展态势不仅体现在老年人口数量的急剧增长上，更显著地表现在高龄人群占比的上升。由此，中国社会未来的护理供需格局将发生深刻变革，适龄劳动者与需护理者（包括儿童和老年人）之间的人数比例将持续变化，老年赡养比呈现显著且持续的上升态势。调研数据表明，我国单独居住的老年群体已超过半数，特别在一些大城市及农村地区，这一比例甚至更高。众多老年人不与子女或其他家人同住，面临居家养老的诸多不便与困难，甚至存在潜在的安全风险。①

随着家庭成员数量的减少和世代间隔的缩短，能够为老年人提供持续照顾的家庭人力资源明显减少，导致家庭传统承担赡养老人的功能大幅减弱。同时，居住地的分散使得家庭纽带逐渐疏离。即使是与父母居住较近的子女，也往往因为生活的种种压力，无法经常照顾父母。因此，中国事实上已经存在大量的空巢老人和独居老人。为了应对空巢及独居老年人口数量增加所带来的挑战，我国政府也在进一步加强安宁疗护服务的建设和发展。目前已经相继出台有关政策，鼓励和支持部分地区的医疗机构开展安宁疗护服务，并加大对相关人才的培养和引进力度。同时，社会宣传和教育也在加强，公众对安宁疗护的认知度和接受度较以往有了提高。

尽管如此，我国目前在提供安宁疗护方面仍然存在严重短缺，无论是地域差异还是城乡差距，均表现得非常明显。由于家庭护理资源匮乏，广大处

---

① 参见《民政部：我国老年人口中空巢老人占比过半》，载新浪财经，https://finance.sina.com.cn/china/2022-10-26/doc-imqmmthc2169900.shtml，2022年10月26日。

于终末期，特别是那些患有恶性肿瘤的患者，在生命的最后阶段，必须依赖医疗机构帮助以缓解痛苦及其他严重的症状。不合理的、高强度的临终治疗服务消耗了大量的卫生资源，也加重了医疗卫生服务系统的负担，更让许多家庭承受了沉重的照护负担。这种状况迫切需要我们转变临终照护的理念和服务模式，这对国内的安宁疗护服务供给提出更高的要求。

自2017年起，国家卫健委启动安宁疗护试点工作，北京、上海、浙江省温州市等地的医疗机构相继开展此项服务，《2022年我国卫生健康事业发展统计公报》显示，截至2022年末，我国设有临终关怀（安宁疗护）科的医疗卫生机构达到4259个。[①]然而，由于相关法律法规与实践指南的缺失，以及各地准入标准的不统一，安宁疗护服务的供给与利用在各地区间差异显著，安宁疗护事业发展仍存瓶颈。

本章节旨在全面梳理国际上成熟的安宁疗护体系的服务对象准入标准，深入剖析先行机构的实践经验，并结合我国实际情况，构建一套符合国情的准入标准。通过此举，期望能够推动我国安宁疗护事业的健康发展，为更多患者提供优质的安宁疗护服务。

第一节 安宁疗护服务的适用对象

近十年来，需要安宁疗护的老年人群体中，涉及的疾病分类主要是心脑血管病和恶性肿瘤，其次是呼吸系统疾病。需要安宁疗护的儿童主要涉及的疾病是围生期疾病、伤害、呼吸系统疾病、传染病、消化与营养相关等疾病。

世界安宁疗护联盟建议各国政府把安宁疗护像治愈性治疗那样，整合到本国的医疗体系当中，至少也应当在无法提供治愈性治疗时，能够提供缓

---

① 参见国家卫生健康委员会：《2022年我国卫生健康事业发展统计公报》，载https：//www.nhc.gov.cn/cms-search/downFiles/8a3994e41d944f589d914c589a702592.pdf。

和性治疗。在世界安宁疗护联盟的《世界安宁疗护概貌》报告中，将成人需要安宁疗护照护的病种规定为：肿瘤、心血管疾病（不包括猝死）、肝硬化、慢性阻塞性肺疾病、糖尿病、艾滋病、肾衰竭、多发性硬化、帕金森综合征、风湿性关节炎、耐药性结核病、阿尔茨海默病与其他痴呆症；儿童需要安宁疗护照护的疾病为：癌症、心血管疾病、肝硬化、先天异常（先天性心脏病除外）、血液和免疫系统疾病、艾滋病、脑膜炎、肾脏疾病、神经系统疾病与新生儿疾病。

2017年2月，国家卫生和计划生育委员会印发的《安宁疗护中心基本标准和管理规范（试行）》指出，安宁疗护是为疾病终末期患者在临终前通过控制痛苦和不适症状，提供身体、心理、精神等方面的照护和人文关怀等服务，以提高生命质量，帮助患者舒适、安详、有尊严地离世。[1]通过全方位的照护与支持，安宁疗护服务致力于为患者创造一个温馨、宁静的环境，让他们在爱与关怀中走完人生最后的旅程。在美国，临终关怀支持主要涵盖两大核心内容：一是聚焦于减轻患者不适、提供日常身体护理及医疗社会工作支持的主要服务；二是围绕物理康复、职业康复及语言康复治疗展开的辅助服务项目，旨在为患者提供更为全面细致的照护。[2]我国在安宁疗护的实践中，并未对此进行明确的区分。在临床实践中，安宁疗护主要运用能够减轻痛苦且不会增加患者痛苦的医疗技术方法，其主要目的是通过对症治疗减轻患者的症状负担，而不是进行以治愈为目标的高风险操作和手术。

---

[1] 参见《安宁疗护中心基本标准和管理规范（试行）》（国卫医发〔2017〕7号），载北京市政府网，https://www.beijing.gov.cn/zhengce/zhengcefagui/201905/t20190522_59953.html，2023年9月1日访问。

[2] 参见路桂军等：《安宁疗护服务对象准入标准的国际经验与中国实践》，载《医学与哲学》2021年第16期。

一、安宁疗护的医疗实质及准入标准

（一）国外安宁疗护准入标准

患者是否符合安宁疗护的准入标准，主要依据预期生存期和所患疾病两个核心条件来判断。参照英国国家医疗服务体系（NHS）对安宁疗护准入标准的建议，安宁疗护服务应当在患者需要时及时启动，服务期限可能从数天延续至数月甚至数年。特别是针对那些预期生存期不足12个月的患者，安宁疗护显得尤为重要。这些患者通常包括以下几类情况：身患如癌症、痴呆或运动神经元疾病等晚期不可治愈病症的患者；失能且预期在12个月内离世的患者；原有疾病急剧恶化导致死亡风险显著增加的患者；以及因意外灾难性事件（如事故或中风）而生命垂危的急性病患者。[1]

在美国，Medicare安宁疗护服务有着独特的准入要求，即患者在开始接受安宁疗护后，必须放弃对治愈性治疗的费用报销。具体准入标准涵盖两点：一是患者必须明确表示放弃对原发疾病的治愈性治疗；二是需要有两名专科医师共同诊断患者为终末期疾病，且按疾病自然进程患者预期生存期为6个月或更短。[2]在诊断终末期疾病时，医生需全面考量多重因素，这些因素包括但不限于：（1）终末期病症的核心表现；（2）与病症相关的各项诊断结果；（3）患者当前的主观感受及客观的医学检查结果；（4）当前使用的药物种类及治疗方案的先后顺序；（5）非终末期疾病相关的其他病症管理信息。通过综合考虑这些因素，医生能够更准确地评估患者的病情，为制订合适的治疗方案提供有力支持。[3]此外，当治愈性治疗不再带来益处，且治疗负担明显超过潜在收益时，患者也应被视为适合接受安宁疗护的对象。

---

[1] See United Kingdom National Health Service. What end of life care involves, https://www.nhs.uk/conditions/end-of-life-care/what-it-involves-and-when-it-starts/.

[2] See United Kingdom National Health Service. What end of life care involves, https://www.nhs.uk/conditions/end-of-life-care/what-it-involves-and-when-it-starts/.

[3] See U.S. Department of Health and Human Services. Medicare and Medicaid Programs: Hospice Conditions of Participation, https://www.govinfo.gov/content/pkg/FR-2008-06-05/pdf/08-1305.pdf.

加拿大的安宁疗护准入标准主要基于患者的预期生存时间，不同医疗机构的标准可能略有差异，但通常患者的剩余生命在4周到6个月之间。大部分安宁疗护医疗机构更倾向于接收剩余生命为3个月或更短的患者，并要求有终末期诊断和医生的转诊推荐。

相较于其他国家，日本在安宁疗护服务的准入标准上表现出了更大的包容性。日本并未对患者的预期生存期或疾病类型设置严苛的界限，而是秉持着人性化的服务理念，让所有有需求的患者都有机会享受到居家安宁疗护的温馨照护。这一政策使得更多患者能够在熟悉舒适的环境中度过生命的最后阶段，充分体现了日本在安宁疗护领域的关怀与尊重。然而，对于住院安宁疗护服务，则仅限于艾滋病晚期患者和癌症晚期患者。这种灵活的准入政策确保了安宁疗护服务能够更广泛地覆盖到需要的患者群体。[1]

（二）我国台湾地区安宁疗护准入标准

我国台湾地区的健康保障体系覆盖了安宁疗护服务，其主要服务对象涵盖了癌症晚期患者（约占九成）、终末期运动神经元病患者、老年及早期器质性神经疾病患者、脑部病变终末期患者，以及急性肾功能衰竭、肺衰竭、慢性肝病或肝硬化、心脏衰竭和慢性肾功能衰竭患者。在捍卫患者权益方面，台湾地区于2015年12月颁布的所谓"病人自主权利法"，规定年满20周岁且具备完全行为能力的个人（无论是患者还是医疗代理人），均享有医疗知情权与选择权。患者可以在意识清楚、具有决定及表达能力时，预先对失去表达能力时想要的医疗救治手段进行提前指示。当个体面临终末期疾病、不可逆昏迷、永久性植物状态、严重痴呆症，或是其他无法治愈且难以忍受的疾病或痛苦且没有其他合适治疗选择时，均可自主决定是否接受治疗。值得一提的是，我国台湾地区的安宁疗护服务在服务对象准入方面并无生存期限制，确保了所有符合条件的患者都能享受到这一重要服务。

---

[1] National Institute for Health and Care Excellence.End of life care for adults: service delivery, https://www.nice.org.uk/guidance/ng142.

二、我国安宁疗护准入标准建议

在患者接受安宁疗护理念并拒绝治愈性治疗的前提下，笔者建议，患者需满足以下标准方可进入安宁疗护：（1）医疗机构判定疾病终末期：医疗机构应根据患者的疾病进展、治疗反应和预后评估等因素，判定患者已处于疾病终末期，即无法通过积极治疗治愈或逆转病情。（2）中位生存期不足6个月：结合考虑当时疾病状态的中位生存期，患者预期生存期应不足6个月。这一评估需基于患者的疾病类型、病情严重程度和治疗选择等因素。除上述两条标准外，患者需至少满足以下一项额外标准：一是存在难以忍受的疼痛或其他症状，严重影响其生活质量；二是继续接受治愈性诊疗所承担的风险和痛苦显著大于可能带来的益处，患者无法承受并明确表示拒绝；三是身体功能严重障碍，如高龄老人出现脏器功能衰竭，且无法通过治疗改善，生活质量低下且处于痛苦状态，身体状况持续恶化，患者及其家属拒绝继续常规医疗诊治，转而寻求减轻痛苦的医疗帮助。

特此强调，前文所提及的"当时疾病状态的中位生存期不足6个月"这一标准，具体指在患者当前疾病状态下的预期生存期的中位数不足6个月。这一标准并非针对个体生存期的精确预估，而是作为参考依据，因此并不构成严格的准入或排除条件。每位患者的病情都是独特的，因此在具体实践中，还需结合患者的具体情况进行综合评估。此外，患者所指的群体包括：具备完全民事行为能力的患者本人及其授权委托人；无法判断自身病情状况或无法清晰表达意愿的无民事行为能力人，如未成年人、意识不清者、精神病患者等的法定监护人及法定代理人。

值得一提的是，若患者在接受安宁疗护一段时间后，经安宁疗护医生和专科医生的综合评估，病情有所好转并具备继续接受治愈性治疗的条件，或患者意愿发生改变，患者有权随时退出安宁疗护阶段，转入专科疾病的常规诊疗流程。

三、医患双方在安宁疗护准入中的角色定位

(一)患者在安宁疗护准入中的角色定位

患者在安宁疗护准入中的角色定位是多重且至关重要的。在这个过程中,患者不仅是服务的接受者,更是整个疗护过程的参与者和决策者。首先,作为服务的接受者,患者有权享受专业、高质量的安宁疗护服务。这包括疼痛管理、症状控制、心理支持、精神慰藉等多个方面。患者应当积极配合医护人员的工作,如实反映自己的身体状况和感受,以便医护人员能够制订个性化的疗护方案。其次,患者是疗护过程的参与者。在安宁疗护中,尊重患者的意愿和选择至关重要。患者有权参与疗护计划的制订,表达自己的需求和期望。医护人员应当充分听取患者的意见,尊重其选择,确保疗护方案符合患者的实际需求和价值观。此外,患者还是决策者。在某些情况下,患者可能需要在不同的疗护方案中进行选择,或者在疗护过程中调整方案。这需要患者具备一定的决策能力,能够权衡各种利弊,作出符合自己利益和价值观的决策。同时,患者也有权拒绝不符合自己意愿的疗护服务。在安宁疗护准入中,患者的角色定位还涉及伦理和法律问题。例如,患者应当了解自己的权利和义务,尊重医护人员的专业判断,同时也要维护自己的合法权益。在涉及生命伦理和法律问题时,患者应当与医护人员、家属等进行充分沟通,共同决策。

(二)医方在安宁疗护准入中的角色定位

医方在安宁疗护准入中的角色定位是多方面的,主要包括以下几个方面:

评估与诊断:医生需要对患者的病情进行全面评估,确定是否适合接受安宁疗护。这包括对疾病的预后、患者的身体状况、心理状况和社会支持系统进行综合考量。

制订疗护计划:医生需要根据患者的病情和需求,制订个性化的安宁疗

护计划。这包括疼痛控制、症状管理、心理支持、精神慰藉等方面，确保患者在临终前能够得到全面、细致的照料。

提供专业服务：医生需要提供专业的医疗服务，包括疼痛控制、症状管理、药物治疗等。同时，医生还需要与其他医护人员紧密合作，确保患者得到全面的关怀和照顾。

沟通与协调：医生需要与患者进行深入的沟通，了解他们的需求和期望，同时与家属进行充分的沟通，解释安宁疗护的理念、目的和方法。医生还需要与其他医护人员、社会工作者、志愿者等进行协调，确保患者能够顺利接受安宁疗护服务。

心理与社会支持：医生需要关注患者的心理状况，提供必要的心理支持和社会支持。这包括帮助患者缓解焦虑、恐惧等负面情绪，增强他们的信心和勇气，同时提供社会资源的链接，帮助患者解决生活中的困难。总的来说，医方在安宁疗护准入中的角色定位是全面而细致的。他们不仅需要提供专业的医疗服务，还需要关注患者的心理和社会需求，与患者和家属建立良好的沟通机制，共同为患者提供高质量的安宁疗护服务。

四、关于构建未来安宁疗护准入标准的价值探讨

（一）无预期生存期限制，顺应文化情境

英美等国的安宁疗护准入标准对患者的预期生存期设置了具体的限制，但笔者并不建议采取此类做法。考虑到临床诊疗的现实情况，任何医生都无法对患者个体的预期生存期进行精确预测。以美国的安宁疗护实践为例，尽管美国将符合安宁疗护资格的患者预期生存期限定在6个月以内，但根据研究显示，在长达20多年的安宁疗护服务历程中，安宁疗护的中位停留时间实际上仅为20—22天，这意味着超过一半接受安宁疗护的患者服务时间少于21.1天。这进一步表明，对预期生存期的过度限定可能并不符合实际临床需求。因此，笔者认为，在制定安宁疗护准入标准时，应更加注重患者的

实际状况和需求，而非仅仅依赖于对生存期的预测。[①]针对我国安宁疗护服务的现状，建议取消预期生存期的限制，并充分融入文化情境。这一提议旨在彰显对生命尊严的深切尊重和对患者需求的全面关怀。笔者的建议意味着，安宁疗护服务不应局限于生命最后阶段或疾病终末期的患者，而是应根据患者的实际状况与个性化需求，提供更为灵活、贴心的服务。这样的做法更能体现对生命的尊重与关怀，让每一位患者在人生的最后阶段都能得到应有的尊重与照顾。

在中国传统文化中，尊重和关怀生命一直是重要的价值观念。安宁疗护服务顺应文化情境，意味着在提供服务时要考虑患者的文化背景、信仰和价值观，确保服务方式与患者的期望和需求相符合。这种文化敏感性的做法有助于增强患者的归属感和满意度，提高安宁疗护的效果。无预期生存期限制的建议也体现了对生命质量的重视。在安宁疗护中，关注患者的身体、心理和精神需求同样重要。无论患者的预期生存期如何，他们都应该得到尊重、关怀和支持。这种服务模式有助于提升患者的生命质量，让他们在生命的最后阶段能够得到尊严和安宁。

同时，无预期生存期限制的建议也带来了一些挑战和考虑。如何确定患者是否需要安宁疗护服务、如何评估患者的需求和预期生存期等问题需要医护人员具备专业的知识和技能。此外，无预期生存期限制也可能导致服务资源的分配问题，需要相关部门和政策制定者进行合理的规划和管理。

（二）以患者意愿为标准，更具可操作性

在安宁护理实践中，我们首要关注的是患者的真实需求与意愿。安宁护理的核心目标是减轻患者病症所带来的痛苦，而非对其原始疾病进行进一步的诊断与治疗。这一准则的确立，不仅有助于医护人员在临床操作中明确自己的职责范围，也便于患者家属更好地理解治疗的目的，从而减少因误解导

[①] 参见路桂军等：《安宁疗护服务对象准入标准的国际经验与中国实践》，载《医学与哲学》2021年第16期。

致的纠纷。此外，笔者建议尊重并采纳医疗机构中非安宁疗护专科医生的诊断意见，并不强制使用诸如姑息医疗功能评分表等工具来评估患者状态。这样的做法不仅让医师能够凭借自己的专业知识作出判断，还降低了因评分表的不确定性带来的干扰，简化了患者的入院流程，使实际操作更加顺畅。

在区分常规医疗与安宁疗护的界限时，建议明确以"是否进行原发疾病的诊疗"为标准。这一标准的设定，使医疗机构与患者都能清晰地认识到何时开始或结束安宁疗护，确保患者能够在合适的时机得到所需的医疗照护，从而消除患者及其家属的疑虑。具体来说，当患者的身体机能出现衰退、症状负担加重等情形，并自愿选择安宁疗护时，他们可以及时得到相应的治疗和心理支持；而当患者的身体状况有所改善时，也可以重新考虑是否退出安宁疗护，转而进行病因治疗。这一流程的设计，有助于公众更加准确地理解安宁疗护的本质：它并非导向死亡的必然过程，而是在走向生命终点时提供的支持与陪伴，让这个过程更加平和、舒适且充满尊严。

（三）优化患者福祉，构筑全生命周期关怀体系

在临床实践中，由于多重因素的考量，如疾病的煎熬、医疗的风险、经济状况、生活质量需求、生活习俗及价值观差异等，患者或家属可能决定不再继续病因治疗。此时，他们可能面临两种选择：一是寻找能够有效缓解痛苦、提升生活质量的症状管理方法；二是选择放弃治疗，承受疾病的痛苦。若患者或家属选择前者，即寻求对症治疗，医疗团队同样面临决策：一是尊重患者意愿，提供以减轻痛苦为核心的安宁疗护；二是以不符合接收条件为由，拒绝患者需求，这不仅可能使患者失去疼痛缓解的希望，还可能导致其失去必要的医疗关怀，进而加剧痛苦，这显然违背了医学人道主义的基本原则。

因此，制定此准入标准时，需基于医疗的核心价值，旨在最大限度地减轻临终患者的痛苦，为他们及其家庭提供更多的支持与帮助。同时，这也为医务人员开展安宁疗护实践提供了明确的指导，确保不同年龄、不同疾病背景的患者都能享有安宁疗护的权利，从而真正实现全生命周期的关怀与照护。

第二节 安宁疗护服务对象的准入程序

住院服务和居家上门服务是安宁疗护的两种主要服务方式,医疗机构内安宁疗护服务主要涉及疼痛及其他症状控制、心理支持、人文关怀等方面。居家上门服务是安宁疗护的另一种重要服务方式。对于无法在医疗机构接受安宁疗护的患者,或者希望在家中接受照护的患者,居家上门服务成为一个重要的选择,可使患者在熟悉的环境中得到全方位的照护。

在医疗机构内开展的安宁疗护和居家上门提供安宁疗护服务对象均需要进行准入评估。这是因为安宁疗护服务需要针对不同患者的具体情况和需求提供个性化的治疗方案和服务,以确保服务的质量和安全。

对于医疗机构内的安宁疗护服务,准入评估一般由医生或专业医疗团队负责。评估内容主要包括患者的病情、预期生存期、生命质量、意愿和家庭支持情况等。通过评估,可以确定患者是否符合安宁疗护的服务对象范围,并为其提供相应的治疗和服务。对于居家上门安宁疗护服务,准入评估同样重要。评估内容除患者的病情和需求外,还需要考虑患者的自理能力和活动状况等情况。通过评估,可以确定患者是否需要居家安宁疗护服务,以及服务的具体内容和时间安排。

一、安宁疗护服务对象准入程序的重要性

安宁疗护服务对象的准入程序是确保患者能够得到适当、及时、有效的医疗服务的关键环节。通过对患者进行全面评估和审核,可以了解患者的病情、生活质量、家庭情况、社会状况,及时调整治疗方案和护理计划,确保患者的安全和舒适。

安宁疗护服务对象准入程序的重要性主要体现在以下几个方面:

（一）确保服务质量和安全

安宁疗护服务需要针对不同患者的具体情况和需求，提供个性化的治疗方案和服务。通过建立严格的准入程序，可以筛选出符合条件的患者，从而确保服务的针对性和有效性，避免无效或不当的治疗，提高服务质量和安全。

（二）优化资源配置

安宁疗护服务需要合理配置医疗资源，包括人力、物力和财力等。通过建立准入程序，可以根据患者的病情和需求，合理分配医疗资源，避免资源的浪费和过度使用。这有助于提高医疗资源的利用效率，优化资源配置。

（三）保护患者权益

安宁疗护服务涉及患者的生命健康和权益。通过建立准入程序，可以确保患者得到合适的治疗和服务，避免因治疗不当或无效而造成的伤害或损失。同时，准入程序还可以保护患者的隐私和尊严，维护患者的合法权益。

（四）提高医疗效率

通过建立准入程序，患者可以更快地得到合适的治疗和服务，减少不必要的等待和延误，同时有助于提高医疗效率。

因此，应该建立科学、合理的安宁疗护准入程序，并加强监督和管理，以确保准入程序的规范化和有效性。

二、安宁疗护服务对象准入程序的实施步骤

安宁疗护服务对象的准入程序主要包括登记预约、医护评估、制订治疗方案和护理计划、与患者及家属沟通、签署知情同意文件及实施安宁疗护等阶段。在实施过程中，应重点关注以下情况：

（一）登记预约

提供安宁疗护服务前的登记环节可以按照以下步骤进行：

1. 接收预约：医务人员通过医院或相关机构的预约系统接收患者或家属的安宁疗护服务预约。

2. 创建登记表格：在收到预约后，医务人员会在系统中为患者创建个案接收登记表格。

3. 面谈与信息收集：在与患者或家属的面谈中，医务人员需详细了解患者的病情、需求、期望和其他相关信息，并逐项记录在个案接收登记表格中。

4. 信息审核与整理：在收集完所有的信息后，医务人员对这些信息进行审核和整理，以确保其准确性和完整性。

5. 更新与核实：如果在审核和整理过程中发现任何不清楚或遗漏的信息，医务人员须再次与患者或家属联系以核实和更新这些信息。

完成以上步骤后，医务人员将拥有患者完整的登记信息，这将有助于其为患者提供更为精确和个性化的安宁疗护服务。

（二）医护评估

为确保患者能够在适当的时候接受到这一服务，进行准确的评估是至关重要的。在这一过程中，专家的参与尤为重要，而为了确保评估的准确性和避免单一专家的偏见或错误判断，通常建议至少有两名专家共同参与评估。不同的专家可能有不同的专业领域和侧重点，多专家参与可以为患者提供更加全面和多角度的评估。

在安宁疗护专家评估阶段，应重点关注以下几个方面：

1. 病情状况：医疗团队会评估患者的疾病是否已经进展到晚期或终末期，例如癌症是否已经扩散或无法通过治疗控制，或者患者的器官功能是否已经严重衰退。同时，医生会根据患者的疾病状况、身体状况和已有的医疗记录评估患者的预期生存期。

医疗团队可以运用卡氏功能评分量表（KPS）初步评估患者功能状态，运用姑息功能量表（PPS）评估预期生存期。若 KPS 小于 70 分，姑息功能量表（PPS）评估预期生存期大于 6 个月少于 1 年，则患者更适合接受居家安宁疗护服务；若 KPS 小于 50 分，姑息功能量表（PPS）评估预期生存期少于 6 个月，则患者更适合接受住院安宁疗护服务。此外，医疗团队还应当评估患者当前的症状，如疼痛、呼吸困难、恶心、厌食等，以及这些症状是否可以通过安宁疗护得到有效管理。

2. 生活习惯：评估患者的生活习惯，包括饮食、睡眠、运动等方面。了解不良生活习惯对患者病情的影响，为患者提供健康指导和生活建议，促进患者养成健康的生活方式。

3. 心理和社会状况：评估患者的心理状态、情绪和社会支持情况。了解患者及其家庭成员对安宁疗护的认知和接受程度，以及家庭成员在安宁疗护中的角色和参与度。

4. 医患沟通与团队协作：评估医护人员与患者及其家庭成员的沟通交流情况，以及团队协作和转诊流程的顺畅程度。了解医护人员对患者及其家庭成员的关爱和支持程度，以及在安宁疗护中的专业能力和服务态度。

5. 医疗资源与费用：评估患者的经济状况、医疗保险和支付能力，以及患者对医疗费用的关注和担忧。了解患者的医疗资源需求，以及医疗机构在安宁疗护中的费用管理政策和报销流程。

6. 医疗护理需求：评估患者的医疗护理需求，包括日常护理、康复训练、药物治疗等方面。了解患者的护理需求和意愿，制订个性化的护理计划，满足患者在生命最后阶段的医疗护理需求。

7. 患者及家属的教育与支持：评估患者及其家庭成员对安宁疗护知识的了解程度，以及对安宁疗护的接受度和参与度。了解患者及其家庭成员在安宁疗护中遇到的问题和困惑，为他们提供相应的教育和支持。

通过以上几个方面的专家评估，可以全面了解患者的状况，为患者提供更加精准的安宁疗护服务。同时，评估结果可以为医护人员提供参考依据，为患者制订更合适的护理方案。

（三）制订治疗方案和护理计划

根据专家评估结果，为患者制订个性化的治疗方案和护理计划。

制订安宁疗护治疗方案和护理计划时，要重点考虑以下信息：

1. 评估患者的病情和需求：对患者的病情状况、自身认知情况进行了解，明确患者对安宁疗护的需求和期望。

2. 制订个体化的治疗方案：根据患者的具体情况，制订个体化的治疗方案，包括疼痛控制、症状缓解、心理支持等方面的措施。

3. 优化护理措施：根据患者的护理需求，优化护理措施，包括日常护理、病情观察、康复训练等方面的内容。

4. 关注患者及家属的教育：对患者及家属进行安宁疗护知识宣教，提高患者及家属对病情和治疗方案的认识，增强他们的信心和配合度。

5. 跨学科团队合作：建立跨学科的医疗护理团队，包括医生、护士、心理咨询师、社工等人员，为患者提供全面、专业的护理服务。

6. 定期评估和调整方案：对患者进行定期评估，了解患者的病情和护理需求变化情况，及时调整治疗方案和护理计划。

7. 关注患者的心理和社会支持：评估患者的心理状态和社会支持情况，为患者提供心理支持和社会关怀，促进患者身心健康。

8. 合理使用医疗资源：合理使用医疗资源，包括床位、设备、药品等，降低治疗成本，提高医疗资源的利用效率。

9. 关注患者的生活质量：关注患者的生活质量，了解患者的生活习惯和需求，为患者提供生活照顾和关爱服务。

10. 持续改进服务质量：对安宁疗护服务进行持续改进，提高服务质量，为患者提供更加舒适、贴心的护理服务。

（四）与患者及家属沟通

向患者及家属详细解释治疗方案和护理计划，确保他们了解并同意治疗方案和护理计划。

向安宁疗护的患者家属解释安宁疗护计划时，应注意以下几个方面：

1. 充分了解患者的病情和需求：在向家属解释之前，医护人员应充分了解患者的病情和需求，确保能够提供个性化的解释和指导。

2. 解释安宁疗护的理念和目标：向家属介绍安宁疗护的理念和目标，强调关注患者的生命质量、提供身心关怀和支持。让家属了解安宁疗护的宗旨是帮助患者舒适、安详、有尊严地离世。

3. 说明治疗方案和护理计划：向家属详细说明安宁疗护的治疗方案和护理计划，包括疼痛控制、症状缓解、心理支持等方面的措施。让家属了解治疗方案和护理计划的具体内容，以及实施方式和时间安排。

4. 强调患者及家属的参与：鼓励家属积极参与安宁疗护计划，与医护人员共同协作，为患者提供支持和关爱。同时让家属了解他们在安宁疗护中的角色和责任，以及如何与医护人员合作，共同实现患者的舒适和尊严。

5. 关注家属的情感支持：了解家属的情感状态和需求，为家属提供情感支持和安慰，帮助他们度过亲人离世的悲痛时期。同时也要关注家属自身的身心健康，提供必要的心理辅导和支持。

6. 尊重家属的意愿和选择：在解释安宁疗护计划时，要尊重家属的意愿和选择。了解家属对安宁疗护的需求和期望，以及他们对治疗方案和护理计划的看法和建议。在合理的范围内，尽量满足家属的需求，使家属能够信任和支持安宁疗护计划。

7. 提供信息和资源：向家属提供相关的信息和资源，包括安宁疗护的相关知识、患者的病情状况、治疗药物和护理措施等方面的信息。同时提供家属心理辅导、社会支持等方面的资源，帮助他们更好地应对亲人离世的悲痛和失落感。

综合上述情况，在向安宁疗护家属解释安宁疗护计划时，应充分了解患者的病情和需求，关注患者的生命质量和身心关怀。向家属详细说明治疗方案和护理计划，强调患者及家属的参与和支持，关注家属的情感支持和选择，同时提供必要的信息和资源。通过与家属的良好沟通和协作，为患者提供更好的安宁疗护服务。

（五）签署相关知情同意文件

在安宁疗护过程中，知情同意文件的签署是保障患者权益的重要环节。安宁疗护服务过程中，确保患者的知情权和自主权至关重要。知情同意文件的签署，正是这一理念的体现和保障。

安宁疗护的主要目标是缓解患者的症状、减轻痛苦，提高生活质量，而非追求治愈。在这一过程中，患者和家属需要充分了解安宁疗护的目的、服务范围、可能的风险和限制，以及患者的权利和选择。知情同意文件作为传递这一信息的重要载体，具有不可替代的作用。

以下是患者接受安宁疗护服务前，建议签署的知情同意文件：

1. 安宁疗护知情同意书：该文件主要说明安宁疗护的概念、目的、服务内容、可能的风险和限制，预期的费用（尤其是自费部分需要特殊说明）以及患者的权利和选择。患者在签署该文件后，表示对安宁疗护有充分的了解，并自愿接受该服务。

2. 医疗措施与护理方法同意书：在安宁疗护过程中，医疗团队可能会采取一些特定的医疗措施和护理方法。患者和家属需要了解这些措施和方法的目的、风险、效果，并在同意书上签字，表示接受这些措施和方法。

3. 隐私保护同意书：安宁疗护过程中，患者的个人信息和医疗记录需要得到严格保护。隐私保护同意书旨在明确医疗机构和患者之间的隐私保护责任和义务，确保患者的隐私权得到尊重。

通过签署知情同意文件，患者可以充分了解安宁疗护的相关信息，从而作出明智的医疗决策，保障自己的权益。知情同意文件的签署过程也是医患沟通的过程。通过这一过程，患者可以表达自己的需求和意愿，医生也可以更好地了解患者的期望和偏好，从而提供更加个性化的医疗服务。另外，规范的知情同意文件签署有助于规范医疗机构的服务行为，避免不必要的医疗纠纷和诉讼。

（六）开展安宁疗护服务

经过上述审核流程后，如果患者及家属同意治疗方案和护理计划，则可以开展安宁疗护服务。安宁疗护的具体实施内容主要包括以下几个方面：

第一，症状控制。症状控制是安宁疗护的重要组成部分，其原则和方法对于提高患者的生活质量和减轻痛苦具有重要意义。根据原国家卫生计生委2017年发布的《安宁疗护实践指南（试行）》，症状控制主要包括对疼痛、呼吸困难、咳嗽咳痰、咯血等十三项症状的控制。安宁疗护的症状控制旨在减轻患者的痛苦和不适，提高其生命质量。其具体目标包括：（1）减轻疼痛和其他不适症状；（2）控制焦虑、抑郁等心理问题；（3）改善睡眠质量；（4）恢复或维持患者的日常生活功能。

症状控制的具体措施包括但不限于以下方面：（1）疼痛管理：采用药物治疗、物理治疗、心理治疗等手段减轻患者的疼痛；（2）呼吸困难管理：通过药物、吸氧、改变体位等措施改善患者的呼吸困难；（3）恶心呕吐控制：使用止吐药物、调整饮食等措施缓解患者的恶心呕吐症状；（4）焦虑抑郁疏导：通过心理疏导、药物治疗等手段缓解患者的焦虑和抑郁情绪；（5）睡眠障碍干预：采取药物治疗、心理治疗、调整作息等措施提高患者的睡眠质量；（6）营养与饮食支持：根据患者的营养需求和饮食偏好，制订个性化的饮食计划，保证其营养摄入；（7）症状管理的教育：对患者及其家属进行症状管理的教育，提高其对自身症状的认知和自我管理能力；（8）姑息性治疗的应用：2021年4月，《姑息治疗与安宁疗护基本用药指南》出台，在用药方面给出了明确指导。安宁疗护过程中，可根据患者的病情和需求，合理应用姑息性治疗手段，如止痛药、镇静剂等，以缓解其痛苦和不适。

第二，舒适照护。舒适照顾是安宁疗护重要的服务内容之一，旨在提高患者的身体和心理舒适度，缓解其痛苦和不适。比如，为患者提供一个温馨、舒适、安静的环境，使其能够感受到安宁和放松。这包括调整病房的温湿度、光线、噪声等方面，以及提供柔软的床垫、舒适的被褥等设施。同时，音乐、艺术和冥想等方法被广泛应用于安宁疗护中，可以帮助患者放松身心、缓解焦虑和疼痛。可根据患者的兴趣和需求，提供个性化的音乐、艺术和冥想等服务。

第三，心理支持。心理支持在安宁疗护中扮演着重要的角色。安宁疗护过程中心理支持要做到以下几个方面：(1)评估和观察：首先，对患者的心理状况和情绪反应进行评估。使用适当的评估工具筛查和评估患者的焦虑、抑郁程度及有无自杀倾向。(2)沟通与表达：鼓励患者充分表达自己的感受，包括恐惧、焦虑、不安等。提供给患者一个安全的环境，让他们可以自由地分享自己的想法和感受。(3)倾听与理解：运用沟通技巧，如倾听、沉默等，表达对患者的理解和关怀。这有助于建立信任关系，使患者更愿意分享他们的内心世界。(4)放松技术：指导患者使用放松技术，如深呼吸、放松训练等，以减轻焦虑。这些技术可以帮助患者缓解紧张和压力。(5)寻找社会支持：帮助患者寻找团体和社会的支持，建立社交网络。这有助于患者在困难时得到帮助和支持。(6)制定目标与计划：与患者一起制订现实可及的目标和实现目标的计划。这有助于患者保持积极的心态和动力。(7)处理愤怒情绪：如果发现患者有愤怒情绪，帮助患者识别并处理这种情绪。这可能牵涉到探究愤慨之所源，并给出针对性的指导。(8)专业干预：针对表现出显著压抑情绪或自杀意念的患者，需邀请心理顾问或治疗专家实施专业的介入治疗。这一类病人亟须资深心理援助。(9)避免意外发生：针对易产生自我伤害想法的患者，必须尽早识别并实施相应的预防策略，以防不测之事。

第四，家庭支持。安宁疗护中非常重视对患者的家属的服务和指导，这是因为在安宁疗护的理念中，家庭是患者最重要的支持系统。以下是一些安宁疗护中对患者家属开展服务和指导的案例：(1)心理支持：安宁疗护团队会为家属提供心理支持，帮助他们应对失去亲人的痛苦和焦虑。团队会与家属进行深入的对话，了解他们的情感需求，提供适当的心理疏导和支持。(2)家庭护理指导：安宁疗护团队会为家属提供家庭护理指导，包括如何进行日常的照顾、药物管理、营养饮食等方面。团队也会为家属提供培训和指导，让他们掌握必要的护理技能，更好地照顾患者。(3)社会支持：安宁疗护团队会为家属提供社会支持，如组织家属交流会、志愿者服务等活动，让他们能够互相支持和鼓励。通过这些活动，家属能够更好地应对患者的病情和自己的情感压力。（4）哀伤辅导：在患者去世后，安宁疗护团队将为亲眷们提供悲痛咨询服务，协助他们处理因丧失亲人所经历的苦楚与悲哀。团队会与家属一起探讨他们的情感需求，提供适当的支持和指导，帮助他们度过这段艰难的时光。

三、安宁疗护服务对象准入程序的特殊注意事项

（一）安宁疗护服务对象准入程序中的回避制度

安宁疗护制度中的回避制度是指在某些情况下，特定人员需要避免参与影响疗护决策和服务的过程，以确保公正性、专业性和患者的利益。这种回避通常基于特定的关系、利益冲突或其他可能影响决策公正性的因素。

在安宁疗护中，回避制度主要适用于以下几种情况：（1）亲属关系：如果疗护人员与患者或患者家庭成员有直接的亲属关系，他们可能需要回避参与该患者的疗护决策和服务，以避免情感冲突和偏见。（2）利益冲突：疗护人员如果与患者或患者家庭存在经济利益或其他形式的利益冲突，应当主动回避，确保疗护决策和服务不受利益驱动的影响。（3）先前关系：如果疗护人员与患者或患者家庭之前存在治疗关系或其他形式的业务往来，这可能影响他们对患者当前状况的客观判断，因此也需要考虑回避。（4）专业能力限制：在某些情况下，如果疗护人员认为自己缺乏处理特定情况的专业能力或经验，他们也应该主动回避，以确保患者得到最适合的疗护。

为确保回避制度的有效执行，通常会有以下措施：（1）制定明确的回避准则：在安宁疗护机构或组织中，制定明确的回避准则和政策，明确哪些情况下需要回避以及如何进行回避。（2）主动声明和记录：疗护人员需要主动声明可能存在的利益冲突或其他需要回避的情况，并在相关记录中详细记录。（3）监管和审查：相关监管机构或内部审查机制负责对疗护人员的回避情况进行监管和审查，确保制度的有效执行。

通过实施回避制度，可以提高安宁疗护服务的公正性和专业性，确保患者在需要疗护时能够得到客观、无偏见的服务。

（二）未成年人接受安宁疗护时的特殊注意事项

随着医学和伦理观念的进步，安宁疗护逐渐成为终末期患者，包括未成年人患者在内的选择。然而，安宁疗护也可能被误用或滥用，导致对未成年人的遗弃。因此，对家庭进行特殊评估，确保未成年人权益不受侵犯，显得尤为重要。遗弃行为不仅侵犯了未成年人的生命权和健康权，还可能对其心理、情感和社会融入产生长期负面影响。因此，防止以安宁疗护为名进行遗弃行为是保障未成年人权益的重要一环。

对未成年人家庭进行评估的关键要素：（1）家庭支持系统的评估：评估家庭成员对未成年人的支持程度，包括情感、经济和照顾能力等方面。若家庭支持系统薄弱，可能增加遗弃的风险。（2）家庭成员对安宁疗护的理解：评估家庭成员对安宁疗护的认知和态度，确保他们了解安宁疗护的真实目的和意义，而非将其视为遗弃的借口。（3）家庭内部沟通和决策过程：评估家庭在安宁疗护决策过程中的沟通和决策机制，确保未成年人的意愿和权益得到充分考虑和尊重。

为了确保未成年人的权益得到充分保护，笔者建议，在未成年人接受安宁疗护之前，最好保留相关的录音和录像资料。一方面，录音和录像可以作为未来可能出现的争议或误解的证据。在医疗决策、治疗过程或家庭沟通中，若有任何疑问或争议，这些资料可以作为参考和证明。另一方面，通过录音和录像，可以确保未成年人的权益和意愿得到尊重和记录。这有助于防止任何形式的遗弃行为或不当决策。同时，录音和录像可以提高医疗过程和决策的透明度。家庭成员、医疗团队和其他相关人员都可以更加清楚地了解未成年人的状况、意愿和治疗过程。

在实施过程中，录音和录像前应确保遵守相关法律和伦理规定。确保未成年人及其家庭成员明确同意录音和录像，并签署相关文件。录音和录像应清晰、完整，并妥善保存，可以考虑使用专业的设备和服务，以确保资料的质量和可靠性。录音和录像资料应受到严格的保密保护,只有经过授权的人员才能访问和使用这些资料。

第三节 安宁疗护与其他医疗护理制度的衔接

安宁疗护与其他医疗护理制度的衔接需要从多个方面入手,建立连续性、整合性、协作性、交流性和规范性的服务体系,为患者提供更加全面、高效、优质的医疗护理服务。

安宁疗护与其他医疗护理制度的衔接过程中,应把握以下几个重要的原则:

1. 医疗护理连续性:安宁疗护是一种关注患者生命最后阶段生活质量、减轻痛苦和不适的医疗护理服务,而普通医疗护理则更注重疾病的治疗和管理。尽管两者在服务理念和重点上有所不同,但它们都是医疗护理体系的重要组成部分,应当相互衔接,为患者提供全面的医疗护理服务。

2. 早期识别和评估:在患者病情恶化或生命即将结束时,及早进行识别和评估,判断患者是否需要安宁疗护。通过与普通医疗护理的紧密协作,了解患者的病情和护理需求,制订个性化的护理计划。

3. 跨学科团队合作:组建跨学科的医疗护理团队,包括医生、护士、心理咨询师、社工等,共同为患者提供全面、专业的护理服务。团队成员之间应保持密切沟通,确保患者在安宁疗护和普通医疗护理之间顺利过渡。

4. 信息和资源共享:建立信息和资源共享平台,确保医护人员能够及时获取患者的病情、治疗和护理信息。这有助于医护人员更好地了解患者的需求,制订合理的护理方案,并在必要时提供及时的干预和支持。

5. 标准化流程和操作规范:制定标准化流程和操作规范,确保安宁疗护和普通医疗护理之间的衔接顺畅。这包括患者转诊流程、护理记录规范、药物管理等方面的规定。通过遵循统一的规范和流程,提高医疗护理服务的质量和效率。

6.教育和培训：加强医护人员在安宁疗护和普通医疗护理方面的教育和培训，提高他们的专业知识和技能水平。这有助于医护人员更好地理解两种护理模式之间的差异和联系，更好地为患者提供服务。

7.患者及家属教育：对患者及家属进行教育，使他们了解安宁疗护和普通医疗护理之间的关系和意义。这有助于患者及家属更好地配合医护人员的工作，提高医疗护理服务的满意度。

8.政策与法规：安宁疗护与其他医疗护理制度在政策与法规方面也需要进行衔接，确保医护人员的权益得到保障，同时规范医疗护理服务的行为和标准。

一、安宁疗护与医疗多学科会诊

安宁护理提供的服务环境是多样化的，它可在医院内的不同专科门诊和病房、二级医疗机构、社区服务设施、老年照护中心或患者家中进行，不必特别设立专门的安宁护理病区。所以，及时识别患者所需，在现行的医疗体系、基础设施和医护人员配置下，有效减轻病人的痛苦，乃当务之急。协作诊疗不仅有助于各科医务人员减轻职业道德上的负担，也能舒缓在面临不治之症的终末期患者时产生的无奈、焦虑、犹豫和疲惫等消极情绪。此外，它还能提升医务人员对缓和医疗的了解，减轻病人的痛楚，使之能够克服恐惧死亡的心理，以及与患者及其亲属有效沟通，共同探讨关于心理、社会以及精神层面的议题。在实施安宁护理的跨专业团队讨论时，一方面需要为医疗工作者提供精神慰藉，目的是降低他们的职业疲劳和消极心理。从另一个角度讲，我们必须向医疗工作者提供专业技术辅助，协助他们缓解病人的痛楚，并提升他们在跨学科协作以及对缓和治疗方面的认识，以补充在临床治疗过程中所缺失的人文关照。

但实施会诊过程也面临着需要克服的若干难题。首先，整体规划的安宁疗护服务及其收费机制尚未达到完善状态。安宁疗护机构涵盖了一系列专业人员，如医师、护理人员、社会服务人员、志愿者、营养顾问、康复治疗专家等。在现行的计费框架下，扣除基础药物及医疗服务费后，往往难以向患者收取每项单独服务的附加费用。在进行安宁疗护的会诊时，通常所需的时间较一般会诊要长，原因是它要求有足够的交流和相互理解。因此，对于会诊服务的具体事项与费用的平衡问题，还需进一步深化研讨。其次，涉及会诊参与者的资格审核事宜。因缺乏统一的职业标准及评估准则，导致很难确认医护人员是否具有加入会诊团队的资格。

二、安宁疗护与医疗门诊

安宁疗护医疗门诊服务旨在减轻病人生理、心理、社会及精神层面的苦楚，在接诊过程中，医师向病者或其亲属提出问题并聆听他们的答复。医疗专业人员不仅依据其医学专业知识对患者的生理症状进行诊断，更是采用间接的问询方式，针对患者所遭受的痛苦进行多维度的分析，如探讨心理、家庭以及社会层面的可能原因，这些都是安宁疗护服务需谨慎考量的领域。在门诊服务中，医师能够召开"家庭咨询会"，与病人及其亲属进行深入沟通，了解他们对于疾病认知的深浅，向他们提供咨询及援助，辅助他们调适心理状态并接受疾病的发展变化。往往倾耳聆听胜过献计献策，在理解患者之苦楚根源后，方能制订出患者与其家人均能接受的治疗方案。制订治疗方案时，医务人员应考虑到若病人为心智成熟的成人，则应尊重其自主决定，哪怕是选择不接受延续生命的医疗手段，这一做法根植于对病人尊严、安宁及其权益的敬重。医师向患者解释每项治疗措施可能引发的结果，并通过有效的交流来判断病人所选治疗的恰当性。以防医患冲突，医师会把与病人及其亲属每一次的沟通详细记载在病历中。门诊实践与会诊实践同样面临着收费机制与人员准入的挑战。除此之外，还包含以下几个方面的难题：

一是门诊的工作效果难以进行客观评价。尽管有些医疗机构在实践中会对部分签署知情同意书的患者全程录像其就诊过程，作为宝贵的学习和研究资料。然而，由于资源和经济效益的限制，门诊缺乏专门的人员进行诊后回访，这使得绝大多数机构无法及时跟进患者回家后的状况，进而影响了照护的连续性。这种情况不仅降低了患者的满意度,也减少了健康促进的机会。多项研究显示,回访能够显著提升医疗服务质量,例如,它有助于建立患者与医护团队之间的信任关系,提高患者的依从性,从而带来更为卓越的照护效果。[①]

二是患者的准入标准尚未统一。目前,中国尚未对安宁疗护和缓和医疗作出明确的定义,这导致不同国家或地区的相关指南与标准存在差异。由于临床医生接受的教育和培训背景不同,他们对这两个概念的理解也存在显著差异。

三是安宁疗护的理念尚未得到普及。大部分患者不愿意在门诊接受安宁疗护服务。

三、安宁疗护与医疗远程照护模式的交叉与研究

安宁疗护医疗服务不仅局限于医院内,它同样可以在患者感到舒适与便捷的任何地点进行,如温馨的家中或宁静的疗养院。在中国,众多生命的终点是在家庭的怀抱中画上句点。许多患者在医院接受治疗后,选择返回家中,往往在归家后的短暂时光里静静地离世。这一现象深刻反映了人们对于"落叶归根"的深厚情感与期盼,同时凸显了医院在患者生命最后阶段关怀中的核心角色。然而,居家离世并非易事,它需要更多社会资源的倾斜与相关政策的扶持。遗憾的是,在中国,健康资源与医疗服务的可及性存在显著的不均衡现象,这导致许多急需安宁疗护的患者无法及时获知相关资源。

值得庆幸的是,互联网医院的兴起为安宁疗护带来了新的可能。通过线上医疗平台,安宁疗护服务能够触及更多患者,为他们提供症状控制、舒适护理、心理灵性支持以及哀伤辅导等全方位照护。这种以患者家庭为中心的"四全"照护模式——全人、全家、全程、全团队,不仅关注患者的身体需

---

① 参见阎格等:《北京协和医院安宁缓和医疗探索与实践》,载《医学与社会》2023年第10期。

求，更兼顾其心理与社会的整体福祉。

在远程医疗的实践中，医生首先全面了解患者及家属在身体、心理、社会及灵性层面的困扰，并对患者的居家环境进行评估，从而量身定制个性化的干预策略。同时，医生会指导家属和其他护理人员提供高质量的照护服务，并建议他们寻求当地医疗机构的协助。通过音像交互系统，医生能够实时监测患者的病情与生命体征，突破地理限制，实现医疗资源的优化配置。然而，高质量的居家安宁照护不仅依赖于远程医疗技术，它同样需要社区工作人员、志愿者以及社工团队的广泛参与和协作。当前，安宁缓和志愿者及社工培训尚未实现全面普及，特别是在偏远地区，专业团队的支援尤为匮乏。因此，远程照护服务在质量与普及度上仍有待提升，亟须建立更为完善的志愿者服务标准，以统一并提高照护服务的整体水平。

四、安宁疗护与医疗教育的衔接

当前，我国高等院校中并没有设立标准化的关于安宁疗护课程的教学规范，各个学院依照自身情况确定具体的教育内容和评估方法，这通常包括了理论讲解、分组研讨、实地考察以及临床实践。课程重点关注临终患者在生理、心理、社会关系和精神领域所遭遇的挑战，并探讨如何处理生前预嘱、拒绝执行心肺复苏操作（DNR）、医患双方的共同决策过程、决策困境、医患关系等安宁疗护中常见的议题。课程同样涵盖了对终末期患者症状管理的详细指引，包含缓解疼痛的用药方法及营养摄取的饮食建议。

随着2024年1月4日教育部办公厅《服务健康事业和健康产业人才培养引导性专业指南》的印发，五个新医科人才培养引导性专业正式进入公众视野，其中"老年医学与健康学科"尤为引人注目。这一新专业的设立，不仅是对我国日益严峻的老龄化问题的积极回应，也为未来的安宁疗护服务提供了新的发展方向和合作机会。老年医学与健康学科，顾名思义，专注于研究老年人的健康问题及其解决方案。这一学科涵盖了老年病的预防、诊断、治疗以及康复等多个方面，旨在提高老年人的生活质量和健康水平。与此同时，安宁疗护作为针对疾病终末期或老年患者的特殊医疗照护模式，其核心目标也是为患者提供身体、心理、精神等方面的全方位照护，使他们在生命的最后阶段能够得到尊重和舒适。未来，老年医学与健康学科和安宁疗护服务联系更加紧密。首先，在人才培养方面，老年医学与健康学科将为学生提供系统的老年医学知识和技能培训，使他们具备为老年患者提供全面照护的能力。这些专业人才不仅能够在医院、疗养院等医疗机构中发挥重要作用，还能够为安宁疗护服务提供有力的支持。日后，安宁疗护可重点从以下几个方面进行学科的建设。

1.学科理论体系：建立完善的安宁疗护理论体系，包括疾病终末期患者的生理、心理、社会和灵性等方面的评估与干预措施。

2.临床实践：加强安宁疗护的临床实践，提高医护人员的专业水平，包括与患者及家属的沟通、协调和管理等方面的能力。

3.伦理和法律规范：安宁疗护的伦理与法律规范是确保安宁疗护服务质量和保障患者权益的重要基础。这些伦理规范是安宁疗护的核心原则，涉及：（1）尊重患者自主权：安宁疗护服务应尊重患者的自主权，包括患者对于治疗、护理和生命终末期决策的选择权。医护人员应提供充分的信息和支持，帮助患者作出符合其价值观和意愿的决策。（2）不伤害原则：安宁疗护服务应避免对患者造成不必要的伤害或痛苦。医护人员应采取适当的措施控制患者的症状，缓解疼痛和其他不适感，确保患者的舒适和安全。（3）保密和隐私保护：医护人员应尊重患者的隐私权和保密权，确保患者的个人信息和病情资料得到妥善保管和保密。在与患者家属或其他人员沟通时，应遵守相关法律法规和伦理规范，保护患者的隐私权。

4.学科人才培养：建立完善的安宁疗护人才培养体系，包括培训、继续教育和学术交流等方面的机制，提高医护人员的专业素质和技能水平。

5.学科研究：安宁疗护涉及多个学科领域，因此跨学科研究也是学术研究的重要方向，研究内容包括跨学科团队合作的模式和机制、不同学科在安宁疗护中的角色和贡献等。

6.国际交流与合作：不同国家的安宁疗护机构和研究团队可以开展合作研究项目，共同探索安宁疗护的最佳实践、创新技术和治疗方法。通过跨国合作，可以充分利用各国资源和优势，加速研究的进展。国际安宁疗护组织可以开展教育培训项目，为各国的医护人员提供安宁疗护的专业知识和技能培训，这有助于提升全球范围内安宁疗护服务的质量和水平。各国政府和国际组织可以通过政策对话和合作，共同推动安宁疗护事业的发展，如制定国际标准和指南、推广安宁疗护的理念和实践、加强国际资源调配和合作等。

7.学科宣传与推广：与相关部门和机构建立合作关系，共同推广安宁疗护学科。可以与卫生健康部门、医学院校、科研机构、医疗机构等建立合作机制，共同开展宣传推广活动，扩大安宁疗护的影响力和覆盖面。加强安宁疗护的宣传与推广工作，提高公众对安宁疗护的认识和接受度，促进社会对安宁疗护的支持和理解。

第七章 安宁疗护的保障责任

第一节 安宁疗护社会保障的国家义务

20世纪60年代开始,安宁疗护医疗制度在全世界得到了快速发展。尤其是在欧美等发达国家,安宁疗护作为一项基本医疗服务被纳入国家和社会保障体系,进入主流医疗实践。在法律法规、医疗保险等系统配套制度的支持下,安宁疗护事业更是日益获得社会文化心理的认同,并成为缓解老龄化社会问题的成功做法。在我国,自2016年首次提出"推进安宁疗护工作"以来,安宁疗护服务逐步开放试点,并纳入国家医疗卫生体系,在政策措施、制度保障、标准规范、财政经费等方面不断尝试和优化。但是,总体来看,我国目前安宁疗护服务仍无法满足基本需求,安宁疗护社会保障事业的发展仍存瓶颈,迫切地需要找到一种符合我国特点的可持续性的安宁疗护国家和社会保障制度。

一、安宁疗护国家义务的理论基础

随着社会老龄化的不断加剧,如何通过症状干预、安宁疗护等医学手段有效缓解老年人的痛苦、减轻其精神压力,引起人们的广泛关注。这种关注不仅体现在医学领域对症状干预、安宁疗护等医学手段的研究上,更深刻地反映在社会权利观念的转变以及健康权概念的崛起上。人们逐渐认识到个体在健康问题上的权利,从而催生了现代意义上的医疗权——健康权。健康权的确立不仅强调了国家对公民健康的积极义务,也涉及消极义务,两者共同构成了国家对健康保障的核心内容。同时,伴随着老龄化趋势和国际人权运动的发展,安宁疗护作为一项重要的医疗服务逐渐受到重视。在这一背景下,国家对于安宁疗护的保障义务逐渐予以了认可。在我国,医疗卫生事业具有公益性质,因此安宁疗护服务的发展需要政府的积极参与和主导。政府在制定政策、建立制度、确立标准以及提供财政支持方面扮演着至关重要的角色,为安宁疗护服务的发展提供了必要的法律和制度保障。

(一)现代医疗权对国家义务的拓展

传统上,医疗服务往往被视为个体的私人责任,政府只扮演着监管和规范的角色。现代意义上,医疗服务逐渐被认为应当是国家的一项基本职责。这种转变不仅是治理层面的调整,更是一种对公共政策和社会伦理的重新思考,反映了社会对于个人权利和社会公平的更深层次关切。基于此,医疗权的概念和范围也开始发生变化。

过去,医疗权主要侧重于个体对医疗服务的享有权,而在新的理念下,医疗权更多地被视为一种社会权利,即每个人都有权获得质量良好的医疗服务,而非仅仅是一种个人权益。这种转变使得医疗权不再是个体与医疗机构之间的单向责任关系,而是涉及政府和社会全体成员的共同责任和义务,从而拓展了医疗权的内涵和外延。医疗权不仅包括个体对于自身健康的关注和维护,也涵盖了国家对于居民医疗保障的责任。在这一理念的指导下,越来越多的国家开始通过政策和法律手段确保医疗服务的普惠性和公平性,致力于构建覆盖全民的医疗保障体系。例如,实施全民医保、建设公立医疗机构、推动医疗资源的均衡配置等措施成为各国政府的重要举措。这种医疗权利观念的转变不仅是对医疗体系本身的改革,更是对社会公平和政府责任的重新定位,为构建更加和谐、包容的社会秩序提供了重要的理论指导和政策支持。

根据国家职能理论,国家的使命并非单一,而是具有复杂的双重性质。这一理论主张国家不仅应关注公民的正面福利,如提供基本的公共服务和保障人权，还应关注负面福利，即防止社会中的不利情况发生或加剧。①因此，国家的功能不仅局限于政治统治，还包括经济管理，因为经济的稳定往往是政治稳定的基础。国家通过提供公共服务和进行经济管理实现这些职能，以满足公民的需求和维护社会的秩序。②

从社会连带主义理论的角度来看，国家的存在旨在促进公民之间的相互合作，保护弱势群体的权利。社会连带主义强调了社会的相互依赖和合作，认为国家应当致力于建立一个更加团结、和谐的社会。③在这个理论框架下，政府不再被视为单纯的管理者，而是被赋予了更广泛的社会责任，成为公民权利的守护者和福利的提供者。这种理论观点的提出打破了以个人为中心的权利观念，强调了集体责任和社会正义的重要性。

将国家职能理论和社会连带主义理论相结合，可以更全面地理解国家在现代社会中的作用和意义。政府不再是孤立的行政机构，而是与社会各界紧密联系在一起的，其职能和责任超出了传统的范畴。这种理论视角为国家积极干预经济、提供社会福利以及促进公民参与社会事务提供了坚实的理论基础。从医疗权的角度来看，这些理论框架更是为医疗权作为社会权利的存在提供了理论依据。医疗权不再被视为个人的责任，而是被认为是国家保障公民福祉的重要组成部分。国家通过提供公共医疗服务、制定医疗政策以及保障医疗资源的公平分配来履行其医疗责任。这种理论观点的确立为建立普惠、公平的医疗体系提供了理论指导，并为推动医疗制度的改革和发展提供了新的动力和方向。

在正义论视角下，个人在面对疾病和死亡时的个体抗争往往显得力不从心。无论是生活中的偶发疾病还是难以避免的死亡，个体所能采取的行动似乎有限而无力。在这种情境下，传统的个体主义观念显得力不从心。正义理论呼唤我们重新审视这一问题，认识到在面对疾病和死亡时，个体的抗

---

① 参见洪保：《论国家的作用》，中国社会科学出版社1998年版。
② 参见程亚萍：《人权视域下的社会权研究》，中国社会科学出版社2020年版。
③ 参见崔寒玉：《论我国宪法中的国家义务理论渊源及其本位》，载《甘肃政法学院学报》2016年第6期。

争往往无法有效地应对不确定性风险。这种观点超越了个人行为的分析，而将焦点聚焦于整体社会的正义与公平。人们对于死亡形式和过程充满了不确定性，这种不确定性带来了对未来的焦虑和不安。疾病和死亡作为生命的必然阶段，其过程和结果常常是难以预料的。在这样的情境下，正义论提出了重要的思考：社会应当如何应对这种不确定性？个体在面对不可避免的死亡时，如何能够获得足够的支持和安慰？这些问题凸显了正义理论在解释社会现象和提出公正解决方案方面的重要性。在面对疾病和死亡这一人类普遍面临的挑战时，工具理性被激发，推动着人们团结一致，共同应对困境。集体行动和合作成为应对这一挑战的重要途径。人们意识到，单靠个体的力量很难有效地应对疾病和死亡所带来的痛苦和不确定性。因此，通过团结和合作，人们可以更有效地应对这些挑战，为自己和他人创造更多的支持和希望。人们期望获得科学病情评估、疾病管理、疼痛缓解、心理抚慰，以维护生命尊严和基本健康权。科学病情评估、专业的疾病管理、有效的疼痛缓解以及心理抚慰都被视为维护个体尊严和健康权的重要手段。在这一背景下，医疗被认为是每个人的基本权利，社会应当为之提供必要的支持和保障。健康权被视为每个人的基本权利。这意味着人们有权获得必要的医疗帮助，以保障其生命尊严和健康的基本权利。这一观点体现了对人类尊严和社会公平的关注，呼唤社会各界共同努力，为每个人提供平等的医疗保障和支持。这也是正义理论在疾病和死亡面前提出的一种积极的解决方案，旨在实现社会的公正与共融。

在19世纪，欧洲经历了一系列严重的疾病大流行，这引起了人们对社会卫生状况的关切，并催生了公共卫生学的兴起。社会的正义观念与医学知识的进步促使人们更加重视疾病的防治工作，进而提出了国家应当承担更多福利责任的主张。在这种背景下，一些国家开始在19世纪中叶立法保障民众的健康权利。1848年，英国政府颁布了《公共健康法》，明确规定政府有责任维护城市居住和工作环境的卫生状况，特别是保障供水和污水的卫生安全。这一时期，一些国家开始设立公共机构为病人提供护理服务，为贫穷和无力治病的人提供免费医疗援助。

在近代社会发展中，健康权的内涵与意义不断演进，逐渐脱离了传统的生命健康权和社会权利的范畴，成为与时代发展紧密相连的医疗权。资本主义社会的兴起与发展使统治者开始认识到，有效治理健康问题对国家治理至关重要，公民的健康保障成为国家权威合法性的重要组成部分。[①] 同时，生产关系的社会化导致了个体生活条件日益依赖于国家提供的各种社会物质条件，个人自由的实现不再完全依赖自由竞争，而更多地依赖国家的积极干预和公法保障。[②]

生存权利是人类社会秩序的基石，是平等和独立个体的自然属性，是社会契约的基础。这一观点在社会契约理论中占据重要地位，也成为后续政治哲学思想的重要基础。潘恩在其著作《人的权利》中进一步拓展了对人的基本权利的理解，体现了积极的健康权观念。他认为，穷人获得救济、老人获得赡养等都应被视为人的基本权利，而非施舍或慈善。这种观点颠覆了传统慈善观念，强调了社会对于弱势群体的责任。这一健康权观念强调了社会对于个体生活质量的关注，提倡为弱势群体提供必要的支持和保障。这些支持措施不是慈善行为，而是对每个人基本权利的认可和实现。这一观点在现代社会福利制度中得到了广泛的应用和发展，成为维护社会公平与正义的重要机制。

随着生产力的不断发展，社会生活方式与节奏的急剧变迁，也带来了严重的健康问题，一些人由于难以适应现代社会生活而陷入健康困境。传统的自由竞争消极治理模式已经无法应对社会现实的需求，政府积极承担起促进健康保障的义务。英国在1942年发布的《贝弗里奇报告》标志着国家对全面福利的积极介入，其中医疗保障成为关注的重点。该报告不仅对社会状况

[①] See Tobin&John, The Right to Health in International Law (Oxford, 2011; online edn, Oxford Academic, 19 Jan. 2012), https://doi.org/10.1093/acprof:oso/9780199603299.001.0001, accessed 21 april, 2024.

[②] See Tobin&John, The Right to Health in International Law (Oxford, 2011; online edn, Oxford Academic, 19 Jan. 2012), https://doi.org/10.1093/acprof:oso/9780199603299.001.0001, accessed 21 april, 2024.

进行了全面的评估，更对国家责任和义务进行了重新审视。这一举措意味着英国政府开始认识到，提供全民医疗保障不仅是一项道德责任，更是构建公平社会的基础。1948年，《世界人权宣言》进一步强调了医疗权的地位。这一宣言在国际法律文件中首次确立了健康权的重要性，强调了每个人都享有最高标准的健康权利。这意味着国家必须承担起提供全面社会公共服务的责任，包括医疗卫生服务。这一举措不仅加强了国家对医疗服务的义务，更为构建一个公平、包容的社会秩序提供了法律保障和道德支持。

此外，随着社会对个体权利的不断扩展，国家逐渐扮演了一个从摇篮到坟墓的保护者角色。从权利的属性来看，健康权包含积极健康权和消极健康权两个层面。对于积极权利和消极权利的区分，霍尔姆斯（Stephen Holmes）和桑斯坦（Cass R. Sunste）曾生动地描述道："消极权利是将政府拒之门外；积极权利是需要并盛情邀请政府登堂入室。前者需要公职人员姗姗而行，后者则需要公职人员雷厉风行。"[①] 也就是说，我们传统认识的消极健康权强调"不侵害"，而积极健康权则强调"要保障"，后者更加强调国家和社会积极促进健康权实施的主动性。1978年，《阿拉木图宣言》强调人人享有合理基本医疗服务。它要求这种医疗保障不仅应该覆盖全体公民，而且应该是人人都能够负担得起的。同时，医疗服务的质量和安全性也是不可忽视的，宣言强调了医疗卫生资源的合理分配。这一宣言为实现健康权提供了更为具体和实践性的指导，为建设全民医疗保障体系指明了方向。进一步地，联合国经济、社会和文化权利委员会于2000年发布的第14号一般性意见强调了国家健康的责任。该意见指出，国家应履行三项具体的义务，即确保医疗服务的可获得性（available）、可接近性（accessible）和可支付性（affordable）。这意味着政府不仅要确保医疗服务的提供，还要保证人们可以轻松获得医疗服务，而且这些服务应该是经济上可负担得起的。该意见提出了衡量国家义务履行情况的标准，为监督和评估国家医疗服务体系的运行提供了有力的依

---

① 参见［美］史蒂芬·霍尔姆斯、凯斯·R.桑斯坦：《权利的成本》，毕竟悦译，北京大学出版社2004年版，第23页。

据,推动了全球健康权的实现和保障。

综上所述,健康权由单一的消极权利向积极权利演变,也是对基本医疗保障理念的深刻拓展。当下,医疗不再只是关乎疾病的治愈,更包括及时预防、早期诊断、科学治疗、康复保健以及终末安宁的追求。从根本上说,健康权要求的并不仅是提供医疗服务以延续生命,还包括保障患者在生命终结阶段的尊严和舒适,使他们能够在平和、安详和有尊严的氛围中走向人生终点。

因此,安宁疗护不仅是基本健康权的一部分,还涉及医疗卫生服务、精神健康服务、食品药品安全以及医药科技的发展等多个方面。它是多种因素综合作用的结果,旨在确保每个公民在其生命的各个阶段都能够获得必要的照顾和关怀。[1]

(二)老龄化趋势对国家义务的诉求

目前,全球65岁及以上人口已达7.61亿,预计到2050年将增至16亿。[2] 这一趋势尤其在欧洲和北美洲更为明显,预示着60岁以上老年人口的比例将显著增加,从而形成一个更为老龄化的社会结构。在全球老龄化趋势不可避免的形势下,我们需要采取适当的政策与服务来应对这一挑战,并将其转变为新的发展机遇。医疗服务与保障在老年人健康中扮演着关键角色。如果老年人能够在良好的医疗保障下保持健康和活力,那么相关的社会治理措施,如延迟退休、银发经济等,将能够更加可持续地促进社会的发展和进步。这些举措不仅有助于老年人继续为社会作出贡献,也为社会提供了更广泛的参与机会,从而构建起一个更加包容和繁荣的社会。

---

[1] 参见邹艳晖:《国家对公民健康权给付义务的标准》,载《兰州学刊》2015年第9期。

[2] See World Health Organization, Ageing and health, https://www.who.int/zh/news-room/fact-sheets/detail/ageing-and-health, accessed 21 april, 2024.

基于老年人身份的独特性，应当尊重其独特的人生经历和需求。① 老年人不应是一个"老龄化"现象的统计数字，而是拥有独特价值和需求的个体。② 2016 年，《"健康中国 2030"规划纲要》提出为老年人提供一体化的健康和养老服务。这一规划纲要的发布标志着中国政府对老年人健康服务的全面重视，旨在为老年人的全面健康提供系统性的保障与支持。这种一体化的健康和养老服务模式旨在覆盖老年人生命周期中不同阶段的需求，包括安宁疗护。这表明我国政府对老年人养老服务的认知和理念，不再局限于单一领域的医疗护理，而是将老年人的全方位需求纳入考虑。这种一体化的服务模式，有助于提高老年人的生活质量，增强他们的幸福感和社会融入感，同时也为我国老龄化社会的应对提供有力支撑。2023 年 4 月 3 日至 6 日，联合国召开老龄问题工作组第 13 次会议，围绕"第 12 次会议焦点领域的后续行动""健康权和健康服务可及性""社会包容""促进和保护老年人的人权"等 4 个议题展开讨论。中国在会议上强调，积极应对老龄化是国际社会的共同挑战。首先，要塑造积极老龄观，促进老年人自尊、自立、自强，加强养老服务和老年教育，推动"银发经济"。其次，老龄问题要融入国家发展规划，关注老年人的特殊需求，特别是在医疗服务和社会保障方面。最后，国际社会要加强团结与合作，落实国际行动计划，关注发展中国家的困难，推进国际合作。

老年人群体的增长趋势不仅代表了我国人口结构的深刻变化，也给社会养老服务、医疗健康、安宁疗护等领域带来了巨大挑战。③ 安宁疗护服务是针对终末期患者的综合性护理服务，旨在通过症状管理和心理支持，提高患

---

① See Quinn G. & Doron I., Against Ageism and Towards Active Social Citizenship for Older Persons, Strasbourg: Council of Europe, September 27, 2021, https://www.coe.int/en/web/european-social-charter/-/against-ageism-and-towards-active-social-citizenship-for-older-persons, accessed 21 april, 2024.

② 参见何燕华：《老年人健康权理论逻辑及实现》，载《湖南师范大学社会科学学报》2020 年第 4 期。

③ 参见苏永刚：《中英临终关怀比较研究》，中国社会科学出版社 2013 年版，第 2—3 页。

者的生活质量,并为患者家属提供精神慰藉。① 老年人群体由于免疫力下降、身体机能衰退等因素,更容易患上恶性肿瘤等严重疾病,且往往病情进展较快、治疗效果较差。因此,老年人患癌症所面临的治疗挑战更为严峻,这进一步凸显了安宁疗护服务的重要性。

精准医疗的出现将医学干预的切入时间提前,也使安宁疗护服务的范围不再局限于临终关怀,而是更早地介入患者的治疗过程。这种新型医疗模式不仅强调对疾病的医学治疗,更注重对患者症状的全面管理,旨在为老年人提供更为个性化和全面的医疗服务。癌症终末期患者常常面临疼痛、呼吸困难、失眠等症状,而安宁疗护服务正是通过综合性的症状管理措施来减轻患者的痛苦,提高患者的生命质量。这种服务不仅尊重了个体生命的尊严和价值,也是对社会资源的合理利用,具有重要的人道主义意义和社会价值。

(三)安宁疗护作为基本人权的证成

为了争取全球各国政府对安宁疗护问题的关注和支持,越来越多的人开始倡导将安宁疗护视为一项至关重要的人权事业。安宁疗护的从业者坚信,即使面对那些难以战胜的疾病,患者也应当享有缓解痛苦的基本权利。20世纪80年代,一些疼痛控制领域的医生、律师和伦理学家率先提出了将疼痛控制作为一项全球普世性的人权。国际疼痛研究协会(International Association for the Study of Pain)的前主席迈克尔·卡森斯(Michael Cousins)曾明确指出:"对于那些长期承受严重疼痛的人来说,缓解疼痛应当被视为至关重要的基本人权。"② 21世纪以后,世界各地的安宁疗护国际组织陆续发布了系列宣言和声明,强调享受安宁疗护的权利,包括2003年的《开

---

① See World Health Organization: Palliative Care, April 5, 2020, https://www.who.int/news-room/fact-sheets/detail/palliative-care, accessed 21 april, 2024.

② See Cousins M. J., Pain: The Past, Present, and Future of Anesthesiology?, 2 Anesthesiology 538-551(1999).

普敦宣言》(Cape Town Declaration)①、2005年的《韩国宣言》(Korean Declaration)②、2008年的《关于将控制疼痛和安宁疗护作为人权使命的共同宣言和声明》(Joint Declaration of and Statement of Commitment to Pain Management and Palliative Care as Human Rights)①、2008年的《巴拿马公告》④、2011年的《里斯本挑战》⑤、2013年发布的《布拉格宪章》⑥。

  联合国公约对其他人权项目的保护也为安宁疗护的人权主张提供了支持。例如，保持尊严权利、免受不人道待遇权利、平等权利等，都为安宁疗护的人权性质提供了法律保障。尽管全球各地的安宁疗护组织都在大声疾呼"人人享有安宁疗护的权利"，但如果缺乏联合国的认可和支持，这些呼吁很难真正被各国政府所重视。2008年的一份特别报告要求将安宁疗护明确纳入受国际公约保护的卫生健康权利之中，强调安宁疗护需要得到更多的关注。⑦2009年另一份有关折磨的特别报告则指出，如果因拒绝提供缓解疼痛

---

① See L.M. Sebuyira et al., The Cape Town palliative care declaration: homegrown solutions for Sub-Saharan Africa, 3 Journal of Palliative Medicine 341-343 (2004), https://doi.org/10.1089/109662103322144646, accessed 21 april, 2024.

② See National Hospice and Palliative Care Association: The Korea Declaration, Report of the second global summit of National Hospice and Palliative Care Associations. International Association for Hospice Palliative Care, 2005, Seoul, Korea. https://www.coe.int/t/dg3/health/Source/KoreaDeclaration2005_en.pdf.

③ See International Association for Hospice and Palliative Care The Worldwide Palliative Care Alliance: Joint Declaration and Statement of Commitment on Palliative care and Pain Treatment as Human Rights, 2008, https://hospicecare.com, accessed 21 april, 2024.

④ See Latin American Federation of IASP Chapters and Foundation for the Treatment of Pain asa Human Right (2008), Proclamation of Pain Treatment and the Application of Palliative Care as Human Rights.

⑤ See Radbruch L., Payne S., De Lima L., et al., The Lisbon Challenge: Acknowledging Palliative Care as a Human Right, 3 Journal of palliative medicine, 301-304 (2013).

⑥ See L.Radbruch et al., The Prague charter: urging governments to relieve suffering and ensure the right to palliative care, 2 European Association of Palliative Care 27 (2013).

⑦ See UN Human Rights Council: Addendum to the Report of the Special Rapporteur on the Right of Everyone to the Enjoyment of the Highest Attainable Standard of Physical and Mental Health, Summary of Cases Transmitted to Governments and Replies Received, Un Human Rights Council, 2007.

手段而导致疼痛和痛苦，就构成了残酷、不人道和有辱人格的待遇和惩罚。①

世界卫生组织（WHO）在 2011 年明确表示："确保本国人民能够获得核心药物是每个国家的人权义务。"2007 年，世卫组织要求国际临终关怀与安宁疗护协会（International Association of Hospice and Palliative Care）制定安宁疗护核心药物清单，并对其进行了补充和修改。同年，世卫组织、国际麻醉品管制局和联合国联合发布了向各国准确报告医疗用阿片类药物需求的建议。在联合国、世卫组织等国际机构的支持下，安宁疗护作为人权事业在全球范围内蓬勃发展，得到了迅速推动。各国政府也将推进安宁疗护作为人权责任纳入了其政策议程。

二、安宁疗护国家义务的权利内容

作为一种复合权利，安宁疗护的实现需要积极与消极义务的共同配合。疾病和衰老是一个全面而必然的过程，它伴随着身体多器官功能的相继降低，免疫与抗感染等能力普遍下降，极易导致严重感染、癌症等疾病的发生。对临终患者的长期护理、经费保障、居家照顾等方面的积极作为，是实现国家保障义务的应有之义。

对于处于消极权利模式下的健康权，其规范结构表现为任何个人或组织不得侵犯自然人的健康权，临终患者有权不受外界干预，根据自己的意愿选择是否接受医疗或拒绝治疗。但从更广义上看，健康权不仅表现为个体对不受侵犯和干预的消极权利，还包含了积极权利的特征，如医疗知情权、医疗自决权、医疗参与权等，规范结构涵盖了个体在医疗护理过程中的多重权利保障。对于面临生命危险且无法获得治愈性治疗的自然人，只要其知情并意志自由，可以选择是否接受缓和性治疗等。其他个人或组织应充分尊重其意

---

① See UN Human Rights Council（2009）：Report of the Special Rapporteur on Torture and Other Cruel, Inhuman or Degrading Treatment or Punishment, United Nations, Manfred Nowak, 14 January 2009, https://www.refworld.org/cgi-bin/texis/vtx/rwmain?docid=498c211e2, accessed 21 april, 2024.

愿。处于积极权利模式下，国家应为临终患者身心功能的共同恢复和生命质量提供法律支持和制度保障。因此，安宁疗护服务符合健康权的积极和消极特性，以及主体和客体的要求。

（一）提供安宁疗护的积极权利面向

第一，安宁疗护代表了对健康观念的革新，不再将死亡视为威胁，而是强调临终阶段的生活品质。[①]其核心理念在于"临终也是生活"，旨在确保临终患者的尊严和需求得到充分尊重和满足。相较于传统的治疗导向，安宁疗护更注重个体尊严和生命质量，与现代健康权的理念相契合。根据疾病的特性，健康权对于身心功能的恢复有不同的要求。对于存在治愈可能性的患者，即使面临生命危险，安宁疗护并非首选。只有对于无法进行治愈性治疗且处于生命危险的患者，安宁疗护才成为一种选择。然而，尽管安宁疗护无法实现身心功能的恢复，但在疗护过程中，对于不同类型的患者，社会支持仍然至关重要。对于心理上更为脆弱的患者，应给予更多的理解和同情；而对于乐观积极的患者，则可以通过与他人的交流来传达正确的生死观。同时，对于失去亲人的家属，也需要进行跟进和抚慰，帮助他们度过悲伤期，恢复正常的身心状态和社会关系，以减少潜在的健康风险，形成良性的循环。

第二，安宁疗护致力于确保患者平等自由地获取医疗资源，与健康权的核心原则相契合。[②]一方面，在选择安宁疗护后，患者仍应享有平等获取医疗资源的权利，如缓和性治疗等。尽管放弃部分健康权利，但并不意味着全部权利丧失。举例来说，安宁疗护已纳入医保报销范围，因此患者与其他就医者享有相同的医疗待遇，应当平等地获得医疗资源，不受歧视对待。另一方面，选择安宁疗护是否将影响医疗方案及护理要求，对此，医护人员需更关注安宁疗护患者的特殊需求。安宁疗护的受益者主要为大病、重病或高龄

[①] 参见刘谦、申林灵、秦苑：《由死亡范式演进看中国安宁疗护问题》，载《清华大学学报（哲学社会科学版）》2022年第4期。

[②] 参见王晨光：《健康权理论与实践的拓展》，载《人权》2021年第4期。

患者，他们常常面临生理和心理上的疼痛和恐惧。因此，医护人员应根据患者需求使用缓解性药剂来缓解身体上的疼痛，同时进行专业的焦虑疏导与离别教育，帮助患者及其家属以理性与和谐的方式度过生命的最后阶段，从而减轻他们的身心痛苦。这也是安宁疗护的核心目标之一。

第三，安宁疗护并非排斥患者依法获得救助的权利，而是保留了健康权的原有权能。即便患者选择不接受治疗或有创性抢救，在陷入昏迷状态后，医护人员仍应遵循法定救助义务，在适当范围内进行急救，但必须以患者选择安宁疗护前的情况为准则，不能越过界限进行救助。只要在合理范围内施行急救，无论患者是否恢复意识，医护人员不承担违约或侵权责任。然而，若急救超出合理范围，则其行为的法律性质就需另行考量。因此，安宁疗护的存在对医务人员履行义务的边界提出了一定的挑战。

（二）保障安宁疗护的消极权利面向

一方面，安宁疗护要求确保患者的健康不受侵害，这是健康权的基本要求。基于"基本权利说"，自然人的健康权不应受到个人或组织的侵犯，它是一种防御性权利。安宁疗护患者依据个人生活经历、价值观念、世界观及人生观等作出决策，其生命健康状况应符合自然规律，不能被人为干预，如过量注射镇痛剂或更改基础病用药等行为则被视为故意伤害他人。另一方面，尽管消极安乐死与放弃维生设备等表现形式相似，但在立法意图及适用主体等方面存在显著区别。[①] 安乐死强调个人自主权的实施，而安宁疗护注重个人健康权的行使。此外，两者最主要的区别在于安宁疗护的进程较为缓慢，不采取积极治疗，通常在距生命终结一段时间内进行，在此期间仍需保障患者的健康权。相比之下，安乐死的进程更为迅速，甚至可能主动侵害健康权。

安宁疗护允许患者在特殊情况下放弃积极健康权利的行使，这体现了健

---

① 参见徐宗良、刘学礼、瞿晓敏：《生命伦理学：理论与实践探索》，载《医学与哲学》2004年第4期。

康权的时代性。与传统的健康权观念相比,安宁疗护更凸显了健康权的有条件放弃。权利本质上是双重的,既可行使亦可放弃,健康权也同样具备这一特性。患者有权根据个人实际情况选择治疗方案,其中包括放弃治疗的可能性。一般情况下,救助义务与患者的治疗放弃可能存在冲突,特别是在患者无法自主作出医疗决策、家属无法代理时,医护方应依据上级机构批准执行救助义务,此时患者的放弃治疗权利可能受到一定限制。然而,在安宁疗护情境下,这种权利与义务之间的冲突得到一定程度的缓解,因为根据患者特殊情况及特别约定,可临时暂停某些治疗手段和抢救措施,以满足患者的个人意愿和特殊需求。

第二节 安宁疗护与社会保障制度的衔接

我国自2017年起,相继启动了三轮安宁疗护试点。这些试点工作不仅在财政支持、价格体系和付费机制等方面进行了多种形式的探索,也积极推动了安宁疗护服务的创新和发展。然而,尽管取得了一定进展,我国安宁疗护仍然面临诸多挑战和问题,包括财政投入不足、付费标准和医疗保险报销范围不统一、价格体系不完善、支付方式衔接不畅等。因此,我们还需要加大财政投入力度,统一付费标准和医疗保险报销范围,完善价格体系,优化支付方式的衔接。只有通过持续的政策支持和行业合作,才能提升安宁疗护服务的质量和覆盖范围,实现老年人和患者的全面健康保障。

未来,随着政策的不断优化和制度的进一步完善,我国安宁疗护事业将迎来更加广阔的发展前景。通过政府、医疗机构和社会各界的共同努力,我们有望建立起覆盖全民的安宁疗护服务网络,这将为实现健康中国和全民健康目标贡献重要力量,促进国家社会长期稳定和繁荣。

一、安宁疗护的财政支持

通过政府的立法和财政资助等手段，为安宁疗护事业提供充足的资金支持，是确保其有序发展的重要保障。[①] 具体包括制定并执行相关的发展规划，确保财政拨款用于建设安宁疗护机构、增加安宁疗护床位等基本设施，以及组织医政、财务、审计等部门就安宁疗护中心和老年护理中心等医疗机构审批、资金使用、绩效管理等方面给予支持，并开展全过程的指导跟踪，积极协调区财政、发展改革、医保、市场监管等相关部门给予政策支持和经费保障。在我国三次安宁疗护试点工作中，政府均明确提出要加大资金支持，并且试点地区的各级政府均通过建立补贴制度来提供一定的经费支持。建设补贴可以用于安宁疗护机构的基础设施建设和装备购置，而运营补贴则可以用于日常运营和服务提供。这一制度设计有助于减轻安宁疗护机构的经济压力，提高其服务的可持续性和稳定性。

目前，各试点地区在该文件指导下开展试点工作，并结合各地实际情况，形成了颇具特色的地方资助模式。

（一）支持安宁疗护中心和老年护理中心的转型建设

北京市是最早参与安宁疗护试点工作且政策连贯性强、示范效应好的试点城市之一，北京市所开展的"安宁疗护中心和老年护理中心（以下简称'两个中心'）转型建设工作"连续两年纳入北京市政府民生实事项目。

2023 年，北京市卫生健康委根据一系列程序，包括医疗机构自评申报、区级审核推荐以及市级遴选评估等，确定了北京市内若干医疗机构的转型建设任务。其中分别有 6 家和 11 家医疗机构被选定为北京市安宁疗护中心转型建设医疗机构和北京市老年护理中心转型建设医疗机构。2024 年，北京市卫生健康委新增 8 家安宁疗护中心转型建设医疗机构，11 家老年护理中心转型建设医疗机构。对于以上机构，北京市财政给予"两个中心"转型建设医

---

① 参见吴梦华等：《我国生前预嘱的应用现状与展望》，载《护理学报》2018 年第 18 期。

疗机构一次性专项经费补贴,用于设备器械购置和硬件设施改造,市级支持资金经对转型机构预算评审确定后,分为确立后70%和验收后30%两批拨付。此外,还规定了一系列财政资金的使用和审计规范。严格要求各转型建设医疗机构按照市财政有关要求严格市级专项经费使用,原则上应于本年度支出使用完毕,如有结余,应按市级预算管理相关规定退回市卫生健康委;拨付后无法按时完成转型建设的机构,要全额退还。专项资金使用情况既接受财政、审计、监察等部门监督和市卫生健康委绩效评价,也可督促各区和转型建设医疗机构相应加大资金投入,支持"两个中心"转型建设。在这一系列政策的支持下,截至2023年12月,北京市提供安宁疗护服务的床位达到950张。①

(二)对建设示范性安宁疗护病区(房)和规范的安宁疗护服务工作予以补助

2022年5月,温州市卫健委等四部门联合印发《温州市安宁疗护国家级试点工作行动方案(2022—2025年)》,对安宁疗护示范病区(房)创建给予建设补助以及住院和居家安宁疗护机构提供财政补助。其中:(1)对创成安宁疗护示范病区(房)的机构,分两年给予3万元建设补助;验收后第一年给予50%的建设补助,剩余的建设补助在该机构安宁疗护病床使用率达到全市安宁疗护病床平均使用率90%的首个年份给予发放;并要求创成安宁疗护示范病区(房)的病床5年内不得挪作他用,挪作他用的医疗机构应退回安宁疗护示范病区(房)财政建设补助。(2)提供财政补助。对安宁疗护病组住院病例给予安宁疗护服务机构2000元/例的财政补助,对各县(市、区)卫生健康行政部门确定提供居家安宁疗护服务的社区安宁疗护服务机构给予居家安宁疗护病例1000元/例的财政补助,对接受过住院和居家服务的同一安宁疗护病例,按照就高不就低原则给予安宁疗护服务机构

---

① 参见《北京市卫生健康委三项举措完善老年健康服务体系建设 北京市安宁疗护服务床位达到950张》,载《中国妇女报》2023年12月11日。

2000元的一次性财政补助。医疗机构开展居家安宁疗护服务的财政补助视作"为老年人开展居家医疗服务"的收入。

（三）依据安宁疗护绩效考核结果拨付经费

作为最早开展安宁疗护实践工作并且被整体纳入安宁疗护试点工作的省市，上海市安宁疗护事业主要依托于公立的社区卫生服务中心，发展迅速且形成了具有地方特色的服务模式，目前已实现全市246家社区卫生服务中心全覆盖。试点期间，上海各试点机构的病房建设、设备和设施配置相关经费由试点的区县财政负责承担，并根据绩效考核结果拨付。

政府财政补贴和医疗服务收费的双重支撑，形成了安宁疗护经济运作的基础。机构的支出构成经过详细划分，以卫生材料、药品支出和人员经费为主要部分。其中，卫生材料、药品支出占比16.00%，人员经费则占据了72.40%。可以看出，机构在维持运作和提供服务过程中，医护人员的人力成本占据了相当大的比重。尽管收入来源丰富，然而，2017年财务仍然出现了亏损的局面，包括机构亏损达到5423.96万元。高额的人员经费支出、医药成本以及其他运营成本均在一定程度上挑战了安宁疗护服务经济运营。这需要进一步加强财政支持、优化财务管理和成本控制，以提高经济效益和可持续发展能力。[①]

从英美等国家来看，安宁疗护的经费来源更加广泛，包括政府投入、医疗保险、捐赠基金、社区支持和私人资助。其中，政府的资金支持在各国均是安宁疗护的主要来源之一，通过拨款、政府项目或专项资金来支持安宁疗护机构的建设和运营。

安宁疗护起源于英国的开创性努力，也是医疗保健的灯塔。[②]英国安宁疗护成功的核心是其强大的资金基础设施，其特点是财政资源多样化。政府

[①] 参见徐嘉婕等：《上海市社区卫生服务中心安宁疗护服务提供和补偿研究》，载《中国卫生经济》2019年第8期。

[②] See British Medical Journal Publishing Group.Dame Cicely Saunders, 331 British Medical Jouranal 238（2005）.

资助，辅以慈善捐赠和赠款，确保了全国安宁疗护服务的可持续性和可及性。这种多方面的资助模式不仅促进了安宁疗护提供者的财务稳定性，还促进了创新和服务扩展，以满足不断变化的患者需求。此外，公共和私营部门在资助安宁疗护计划方面的共生关系凸显了英国医疗保健系统的合作精神。通过利用公共资源和私人慈善事业，安宁疗护提供者有能力为终末期患者个人和家庭提供高质量、以人为本的护理。[1]

英国国家卫生服务局（NHS）作为初级医疗保健提供者，通过各种渠道为安宁疗护服务分配资源，包括临终关怀、社区护理团队和医院内的专业安宁疗护单位。这种财政支持可确保将安宁疗护整合到主流医疗保健服务中，促进患者在不同护理环境中的无缝访问。此外，政府对安宁疗护的资助往往通过旨在加强临终服务的具体举措和政策框架来指定用途。例如，卫生和社会保健部的临终关怀战略优先考虑对安宁疗护基础设施、劳动力发展和研究的投资。这些有针对性的资助计划表明政府认识到安宁疗护在满足终末期患者的不同需求方面的重要性。

除政府资助外，慈善捐款在维持英国的安宁疗护服务方面发挥着关键作用。致力于支持临终关怀和安宁疗护提供者的慈善组织通过筹款活动、慈善赠款和遗产捐赠贡献了大量财政资源。这些慈善捐款增强了安宁疗护机构提供专业服务、投资于员工培训和改善设施以提高患者舒适度和尊严的能力。志愿部门对安宁疗护的参与超出了财政支持的范围，还包括志愿者参与和社区外展计划。志愿者在为患者及其家人提供实际和情感支持方面提供了宝贵的帮助，从而补充了有偿医疗保健专业人员的努力。慈善组织、志愿者和安宁疗护提供者之间的协同作用体现了英国临终关怀方法中固有的协作精神。

为了应对不断变化的医疗保健需求和财政限制，英国的安宁疗护提供者探索了创新的融资机制，以增加传统的资金来源。例如，社会影响债券已成为一种为安宁疗护干预措施提供资金的新方法，旨在改善患者的治疗效果

---

[1] 参见王星明：《西方主要国家临终关怀的特点及启示》，载《医学与哲学（A）》2014年第1期。

并降低医疗保健成本。这些金融工具利用私人投资为预防和支持服务提供资金，从而为投资者和整个社会带来经济回报。公共和私营部门之间的伙伴关系促进了针对安宁疗护人群独特需求的创新筹资模式的发展。通过实施联合委托安排等合作机制，地方当局和临床委托小组协同整合资源，为综合护理途径提供资金，加强对有复杂安宁疗护需求的患者的资源分配。

总之，英国安宁疗护的资金格局的特点是政府投资、慈善支持和创新融资机制的协同作用。通过利用多样化的资金来源和促进合作伙伴关系，英国建立了一个有弹性的资金基础设施，确保提供高质量、以人为本的临终关怀，极大促进了英国安宁疗护事业的飞速发展。①

但这也并非完美的资金保障模式。由于英国安宁疗护机构的经营资金主要来自募捐收入和国家拨款，从长远角度看，在安宁疗护需求不断激增的背景下，安宁疗护机构很难获得可持续的资金保障，近年来，英国安宁疗护机构募捐的投资回报率和总体盈利能力不断下降就是例证。2019年以来，英国安宁疗护机构筹资活动大幅度减少以致获得的募捐收入急剧下降，在国家不增加拨款的情况下，许多机构将在短期内面临严重的资金危机。②

随着安宁疗护格局的不断发展，对财务可持续性和创新的持续承诺对于满足面临生命限制疾病的患者和家庭不断变化的需求至关重要。对比来看，我国试点机构获得的财政经费远低于国外安宁疗护机构，且稳定性不足。如2017年上海市仅有8个区的财政拨付了专项资金支持试点机构，另有5个区在市政府启动实施项目后并没有拨付持续性的财政资金。从安宁疗护机构的建设来看，经营经费来源单一，多数处于亏损状态，慈善支持缺乏，存在一定保障乏力的风险。

---

① 参见《〈经济学人〉公布临终关怀死亡质量指数英国全球第一》，载央广网，https://china.cnr.cn/ygxw/20151008/t20151008_520073146.shtml，最后访问日期：2024年4月21日。

② See Financial benchmarking | Hospice UK, https://www.hospiceuk.org/innovation-hub/support-for-your-role/non-clinical-resources/finance-support-for-hospices/financial-benchmarking.

二、安宁疗护的价格体系

合理的价格机制是保证安宁疗护实现资金循环、保持长效运营的基础。仅凭医护人员和个人对安宁疗护工作的情怀来推进是不能持久的，也不利于建立完善的安宁疗护保障体系。对安宁疗护社会保障制度的完善，除制定更为清晰的安宁疗护准入标准、补助规范和优惠政策外，也要建立和完善安宁疗护的收费标准。通过对安宁疗护过程中特有的一些服务项目进行梳理，制定相关的收费项目目录，才能有力推动这项工作顺利开展。

（一）安宁疗护的服务项目

安宁疗护服务项目包括医生负责"舒缓治疗"、护士负责"舒适照护"以及社工负责"舒心服务"三项内容。

1. 症状控制

安宁疗护的服务包括采用整体方法来解决疼痛、恶心和呼吸困难等身体症状。整合了药物干预[1]、压力管理、音乐治疗[2]和社会心理支持[3]，以减轻痛苦的症状并提高整体舒适度。首先，疼痛是许多疾病晚期患者所经历的普遍且使人衰弱的症状。安宁疗护团队可以采用多种模式方法进行疼痛管理，将阿片类镇痛药、辅助药物和介入手术等药物干预与按摩和放松疗法等非药物技术相结合。通过个人需求和偏好量身定制治疗计划，医疗保健提供者努力实现最佳的疼痛缓解并提高整体舒适度。其次，呼吸困难也是安宁疗护服务常见项目。安宁疗护医护人员利用各种策略来缓解呼吸困难和改善呼吸舒适

---

[1] See Sotelo J. L., Musselman D. & Nemeroff C., The Biology of Depression in Cancer and the Relationship between Depression and Cancer Progression, 1 International Review of Psychiatry, 16-20 (2014).

[2] See Gao Y., Wei Y., Yang W., et al., The Effectiveness of Music Therapy for Terminally Ill Patients: A Meta-Analysis and Systematic Review, 2 Journal of Pain and Symptom Management, 319-329 (2019).

[3] See Spiess J. L., Northcott C. J., Offsay J. D., et al., Practical Geriatrics: Palliative Care: Something Else We Can Do for Our Patients, 12 Psychiatric Services, 1525-1526 (2002).

度，包括优化体位、提供补充氧疗和教授放松技巧。此外，可以使用支气管扩张剂和皮质类固醇等药物减少气道炎症和增强呼吸功能，最终促进患者的轻松感和幸福感。最后，减少恶心和呕吐也是保障患者生活质量和营养状况的重要项目。安宁疗护团队通过药物干预（如止吐药物）和非药物策略（如饮食调整和放松技巧）的组合来解决这些症状。通过主动管理症状和提高舒适度，医疗保健提供者旨在提高对口服摄入的耐受性并增强整体健康状况。此外，便秘问题则是阿片类镇痛药的常见副作用，可导致严重的不适。安宁疗护提供者实施积极主动的策略来预防和管理便秘，包括饮食调整、泻药治疗和肠道管理方案。定期评估和个体化干预对于优化胃肠道舒适度和保持排便规律、确保患者健康至关重要。除了疼痛、呼吸困难、恶心和便秘外，安宁疗护还包括对疾病晚期患者常见的各种其他症状的管理。[1]

2. 舒适照护

舒适护理是安宁疗护的另一个组成部分，优先考虑终末期患者的身体、情感和社会心理健康。[2] 安宁疗护团队专注于优化患者周围环境，确保充足的照明、温度控制和降噪。舒适的家具和个人纪念品通常被纳入其中，以培养熟悉感和安全感。保持个人卫生对于患者的身体舒适和尊严至关重要。医疗保健提供者在日常生活活动中提供帮助，包括洗澡、梳洗和口腔护理。此外，提供适当的营养也十分重要。通过医疗团队与营养师的合作，能够为患者制订个性化的膳食计划，并适应其饮食偏好和限制。在经口摄入受到影响的情况下，可以考虑使用肠内或肠外营养等替代喂养方法，以确保充足的营养和水分。最后，优化体位和提供移动辅助是舒适护理的重要组成部分，特别是对于行动不便或卧床不起的患者，口干、乏力、便秘和厌食等症状的

---

[1] See Teno J. M., Clarridge B. R., Casey V., et al., Family Perspectives on End-of-Life Care at the Last Place of Care, 1 Journal of the American Medical Association, 88–93（2004）.

[2] See Griffith J. L., Gaby L., Brief Psychotherapy at the Bedside: Countering Demoralization from Medical Illness, 2 Psychosomatics, 109–116（2005）.

缓解对于减轻病人痛苦也十分重要。① 安宁疗护提供者可采用适当的体位技术来预防压疮和缓解不适。此外，物理治疗师可能会推荐温和的运动和助行器，以促进血液循环和保持功能独立性。②

3.心理社会支持及心灵关怀

满足患者的情感和社会心理需求在舒适护理中至关重要，社会心理支持和精神护理能够满足终末期患者的情感、社会和生存需求。③ 安宁疗护团队提供咨询、情感支持和治疗干预，以帮助患者应对焦虑、抑郁和生存困扰。④ 精神护理提供者也可以为寻求精神慰藉和反思的患者提供指导并促进有意义的联系。⑤ 社会心理支持从全面的心理评估开始，以确定患者的情绪需求、应对策略和痛苦来源。训练有素的心理学家或社会工作者提供个人和家庭咨询课程，以帮助患者应对焦虑、抑郁、悲伤和存在的问题。咨询干预包括认知行为疗法、支持性心理疗法和针对每位患者的独特需求量身定制的基于正念的方法。安宁疗护团队利用支持性沟通技术来验证患者的情绪，提供有关其疾病轨迹和治疗方案的信息，并促进共同决策。应对技能培训为患者和家属提供实用的策略，以管理压力、增强复原力并在逆境中培养赋权感。

精神护理包括探索患者的精神状态、价值观和存在的问题。心理咨询师或训练有素的志愿者进行精神评估，以确定患者的精神需求和对精神支持的

---

① See Conill C., Verger E., Henríquez I., et al., Symptom Prevalence in the Last Week of Life, 6 Journal Of Pain And Symptom Management, 328-331（1997）.

② See Hui D., Frisbee-Hume S., Wilson A., et al., Effect of Lorazepam with Haloperidol Vs Haloperidol Alone on Agitated Delirium in Patients with Advanced Cancer Receiving Palliative Care: A Randomized Clinical Trial, 11 Journal of the American Medical Association, 1047-1056（2017）.

③ See Wilson K. G., Dalgleish T. L., Chochinov H. M., et al., Mental Disorders and the Desire for Death in Patients Receiving Palliative Care for Cancer, 2 BMJ Supportive and Palliative Care, 170-177（2016）.

④ See Mitchell A. J., Chan M., Bhatti H., et al., Prevalence of Depression, Anxiety, and Adjustment Disorder in Oncological, Haematological, and Palliative-Care Settings: A Meta-Analysis of 94 Interview-Based Studies, 2 The Lancet Oncology, 160-174（2011）.

⑤ See Cardoso G., Graca J., Klut C., et al., Depression and Anxiety Symptoms Following Cancer Diagnosis: A Cross-Sectional Study. Psychology, 5 Health and Medicine, 562-570（2016）.

偏好。精神咨询课程可能涉及冥想和引导反思，以在痛苦和不确定性中促进内心的平静、希望和意义创造。此外，生活回顾和遗产工作为患者提供了反思他们的生活经历、人际关系和成就的机会，以及传授智慧并为亲人留下有意义的遗产。医疗保健提供者通过叙事疗法、回忆技巧和创造性表达（如写作、艺术、音乐）促进生活回顾回忆，以帮助患者找到结束、调和未解决的问题，并在他们接近生命尽头时培养连续性和目标感。安宁疗护专业团队通过建立社区协同网络，系统整合支持小组、心理咨询中心、宗教关怀组织及社会服务机构等多元资源，构建覆盖社会心理支持、精神抚慰、生活援助的全方位服务框架。通过建立标准化转介机制，打通医疗系统与社区支持的无缝对接，为患者及家属创造持续性情感支持渠道、个性化生活援助方案以及社会关系维系路径，有效增强其在疾病应对过程中的心理韧性、社会适应能力和生活质量。

4. 哀伤辅导

丧亲支持则延伸到因失去病人而悲痛的家庭和亲人。安宁疗护团队提供持续的支持和咨询，以帮助失去亲人的人度过悲伤的过程，应对情绪困扰，并适应没有亲人的生活。[1]丧亲支持包括个人咨询、支持小组、追悼会和纪念仪式，以纪念死者并促进失去亲人后的康复和复原。安宁疗护服务者可以运用定性与定量的综合方法评估老人的心理社会需求及其家属和监护人的需求，包括终末期患者的心理、社会需求，终末期患者的情绪反应、与家人亲友及其他人际关系的改变、经济问题、面对生命即将结束及未知的死亡，临终患者会有何去何从的焦虑，精神抚慰方面的需要与探求，未了心愿期望达成等需要协助。缓解终末期患者家属和监护人的心理应激状态，复杂的情绪反应、压力与角色冲突。[2]

---

[1] See October T. W., Dizon Z. B., Arnold R. M., et al., Characteristics of Physician Empathetic Statements During Pediatric Intensive Care Conferences With Family Members: A Qualitative Study, 3 JAMA network open e180351 (2018).

[2] See Teno J. M., Clarridge B. R., Casey V., et al., Family Perspectives on End-of-Life Care at the Last Place of Care, 1 Journal of the American Medical Association, 88-93 (2004).

（二）服务项目的收费标准

建立合理且可持续的财务模式对于确保安宁疗护服务的可及性至关重要。这种模式不仅激励医护人员，还为服务提供了规范机制。[①] 然而，当前情况显示出一个持久的挑战：许多安宁疗护机构面临亏损。这需要对服务补偿机制进行彻底分析，重点关注成本的准确评估和确定。通过建立透明和可证明的定价机制，医疗机构可以有效地平衡财务可持续性和提供负担得起的护理的要求。这些收费结构不仅用于支付运营成本，还有助于维护服务质量，并留住安宁疗护领域的技术人员。尽管安宁疗护的作用至关重要，但许多机构仍在努力在财务上可持续的框架内运作。这一点可以从持续的亏损和缺乏足够资金支持基本服务看出。当前的研究往往侧重于分析这些机构的财务可行性，基于收入不足，而忽略了与提供安宁疗护服务相关的复杂成本结构。解决这些财务挑战需要对成本动态和补偿机制有深入的理解。

因此，要建立可持续的安宁疗护财务模式，一个基本方面是进行精确的成本分析。这涉及对提供安宁疗护服务的直接和间接成本进行全面评估，包括人员、基础设施、药物和行政开支。通过准确评估提供护理的实际成本，医疗机构可以制定反映实际费用的收费制度，从而确保财务的可行性和可持续性。此外，透明的定价策略对于促进安宁疗护领域的信任和问责机制至关重要，机构必须向患者和利益相关者详细说明成本和收费背后的原因。这种透明度不仅有助于促进知情决策，还有助于提升服务交付中公平和公正的感知。此外，透明的定价策略有助于合理地规划财务和分配资源，使机构能够优化运营和服务质量。

在安宁疗护领域建立合理的收费结构也需要支持性政策框架和资金机制。决策者必须认识到安宁疗护机构面临的独特财务挑战，并优先考虑制定针对这些问题的有针对性干预措施。这包括提供专项资金流、与实际成本相一致的补偿机制以及激励措施，以促进安宁疗护服务的提供。通过将政策倡

[①] 参见周金霖、雷东亚、冯伟：《中国临终关怀事业存在的问题与政府政策探析》，载《新西部》2018年第26期。

议与财务规划工作相结合，利益相关者可以共同努力，增强安宁疗护服务的可及性和可持续性。

上海市率先开展了安宁疗护试点工作，并构建了相应的安宁疗护治疗和护理的收费制度。然而，经过几年的试点实践，上海市安宁疗护试点收费制度暴露出诸多问题，尚未建立起完善的安宁疗护服务项目价格体系。这表明，在实践中，建立合理、科学的安宁疗护服务价格体系依然面临着诸多挑战和难题。其中，安宁疗护的服务科室中，全科所提供的安宁疗护服务中有63.2%的项目不收费，严重影响了试点机构的运营。这种情况反映出在当前医疗体系中，安宁疗护服务的收费项目与医务人员的工作内容和付出存在较大的不匹配，导致了服务项目的收费模糊和不完善。另外，除存在不收费项目外，一些安宁疗护服务项目尚未有相应的收费项目与之对应。例如，疼痛评估、预后评估等项目，以及心理疏导、音乐治疗等服务，由于医务人员执业资质的限制等问题，未被纳入医疗收费目录范围。这意味着，一些关键性的安宁疗护服务项目未被纳入收费体系中，影响了这些项目的可持续提供和医务人员的合理收入。研究显示，大约有138项安宁疗护服务项目被纳入收费范围，但其中仅有37项的成本低于其收费价格。在当前的收费体系下，医务人员的劳动价值普遍被低估，存在着收入不足与工作付出不匹配的问题。[①]

为了解决这些问题，需要进一步加强对安宁疗护服务项目成本的核算和评估，建立更为科学和合理的收费标准。同时，政府部门应加强对安宁疗护服务价格体系的监管和调控，确保医务人员的劳动得到应有的回报。此前，有研究对2018年上海市静安寺社区的安宁疗护服务进行了详尽的成本数据采集和测算。通过揭示安宁疗护服务的实际成本，以及服务项目的收费情况，探讨安宁疗护服务的收费机制与服务质量之间的关系。发现测算的179项服务中138项为收费项目，仅有37项（26.8%）的成本低于其收费价格。

---

① 参见曹文群等：《社区安宁疗护服务项目成本测算研究》，载《中国全科医学》2021年第4期。

这意味着大部分安宁疗护服务项目的实际成本高于其收费价格，存在价值低估的现象。特别是在全科、中医、护理等领域，这一现象尤为突出，表明医务人员的劳动价值在安宁疗护领域中尚未得到合理体现。

全科服务中，几乎所有项目的收费价格低于实际成本，这导致了全科服务的质量和效果无法得到充分保障。在中医服务方面，尽管有部分项目的收费价格高于成本，但仍有 63.6% 的项目存在收费低于成本的情况。在护理服务中，收费项目的价格低于成本的情况最为严重，占比高达 86.5%，这使得护理服务的质量和规范程度受到了挑战。

这种背景下，多项服务并行提供、服务时长不足、引入低成本技术人员等乱象频出，直接影响了服务质量，使得部分安宁疗护服务未能达到预期效果。因此，有必要对安宁疗护服务的收费机制进行深入研究和调整，确保医务人员的劳动得到合理报酬，从而提高安宁疗护服务的质量和可及性。

安宁疗护服务的运行涉及多个科室的协调与合作，其中全科和护理是服务的核心。全科负责提供综合性的医疗服务，包括诊断、治疗等，而护理则是保障患者日常护理和舒适度的重要角色。除直接为患者提供服务的科室外，还有一系列间接支持性科室，如行政管理、财务等，它们虽然不直接接触患者，但在安宁疗护服务的运行中亦起到了关键的支持作用。

安宁疗护服务项目的直接成本包括为患者提供服务的科室消耗的人力和非人力成本，这些成本与患者直接相关，是安宁疗护服务运行的核心支出。间接成本则包括不直接与患者接触的科室所消耗的成本，如行政管理、财务等方面的人力和非人力成本。这些成本虽然不直接影响患者的治疗过程，但对服务机构的正常运行至关重要。其中，全科作为综合性的医疗服务的提供者，运营成本往往超出了其所能带来的业务收入。另外，政府对全科的补偿也存在不足的情况，这进一步加剧了全科的财务压力。

在安宁疗护服务中，除医疗治疗外，人文关怀也是至关重要的。然而，大部分人文支持项目在医保框架下无法收费，如心理咨询、宗教信仰关怀等。这些项目对患者的心理和精神健康至关重要，但由于收费受限，导致了服务的不足。因此，需要对人文支持部分进行优化，并寻求其他资金来源，以确保患者得到全面的关怀和支持，为患者提供更好的服务。

三、安宁疗护的支付机制

我国的安宁疗护机构资金来源主要包括国家财政拨款、慈善资助、个人捐赠以及经营收入。尽管国家财政拨款相对稳定，但增长空间有限。中国慈善事业尚处于发展阶段，这使得慈善资助在短期内难以实现大规模提升，而个人捐赠也存在限制。在这种情况下，安宁疗护机构迫切需要通过提高服务质量、拓展服务范围等方式，增加经营收入，从而确保服务的可持续性。国内三次试点工作表明，安宁疗护服务缺乏保险制度的支持可能难以推开。患者和家属可能更倾向于选择传统的维生医疗措施，而不是安宁疗护服务。这需要政府部门在构建支付制度时更加注重安宁疗护服务的特殊性。在制定支付政策时，应考虑提供相应的保险支持，以促进安宁疗护服务的发展和普及。同时，政府部门也需要采取措施，确保支付制度与服务的需求相匹配，包括制定新的政策和法规，以支持安宁疗护服务的发展。

（一）基本医疗保险

将安宁疗护纳入医保体系，不仅可以降低患者的医疗支出，更能让终末期患者及其家庭获得财政上的实际支持，减轻了他们在心理和经济上的双重负担。[1] 此外，医保介入安宁疗护服务，对医保基金的有效管理和资源利用也具有重要意义。安宁疗护服务的选择增多，可以减少临终期患者的无效医疗干预，从而节省医疗费用，提高医疗资源的利用效率。[2]

---

[1] 参见周金霖、雷东亚、冯伟：《中国临终关怀事业存在的问题与政府政策探析》，载《新西部》2018年第26期。

[2] See Quill T. E. & Abernethy A. P., Generalist Plus Specialist Palliative Care——Creating a More Sustainable Model, 13 New England Journal of Medicine, 1173-1175.（2013）.

在美国，安宁疗护的发展离不开医疗保险的支持。[1]美国1983年社会保障法的修订率先确立了临终关怀医疗保险福利计划，为安宁疗护提供了稳定的资金来源。这一举措的实施，标志着美国政府对终末期患者的重视，也为安宁疗护的发展奠定了基础。医疗保险的临终关怀福利计划规定，患者需放弃晚期治疗，但仍覆盖非绝症相关医疗费用，如药物和非药物疗法。这一政策的制定，旨在为患者提供更全面、贴心的医疗服务，确保他们在生命最后阶段得到舒适和尊严的照顾。同时，医疗保险支付范围不仅包括传统的药物治疗，还覆盖一系列减轻患者痛苦的非药物疗法，如音乐疗法和催眠疗法。这一政策的实施，有效提高了安宁疗护服务的综合效果，使患者在身心层面得到更全面的关爱和治疗。[2]

医疗保险的规定使安宁疗护服务更具普及性和包容性，不仅可以在家庭环境中提供，也可以在护理机构等其他医疗机构中实施。[3]此外，安宁疗护服务提供者既可以是独立实体，也可以设在医院内。[4]美国的安宁疗护服务实施涉及多个合作伙伴，包括医疗机构、护理机构和家庭保健机构等，形成了一个完善的服务网络。这种多方合作模式，有助于确保患者在不同环境下都能获得高质量的安宁疗护服务，提升了服务的可及性和连续性，有助于满足不同患者和家属的需求，也提高了服务的灵活性和用户满意度。

截至2018年，美国共有4639家经过医疗保险认证的安宁疗护机构，其中，55.1%的经营者认证时间超过10年，认证时间在5—10年的占17.1%，2—5年的占17.6%，不满2年的占10.1%，这反映了美国安宁疗护事业及MHB的成熟性。在成熟的医疗保险制度的支持下，美国安宁疗护机构获得

---

[1] See Connor S. R., Development of hospice and palliative care in the United States. 1 Omega (Wesport), 89–99 (2007).

[2] See Virnig B. A., Marshall McBean A., Kind S., Dholakia R., Hospice use before death: variability across cancer diagnoses. 1 Med Care, 73–78 (2002).

[3] See Marshall V., Benefits of Hospice and Palliative Care Certification. 8 Home Healthcare Nurse, 463–467 (2009).

[4] See Virnig B. A., Marshall McBean A., Kind S., Dholakia R., Hospice use before death: variability across cancer diagnoses, 1 Med Care, 73–78 (2002).

了较为充足的资金保障，每年人均拨款超12000美元。但是，由于MHB对住院费用之给付较为有限，使得医疗保险的支出主要集中在例行性居家照护上。

我国安宁疗护试点项目一直在积极推进与基本医疗保险的融合，旨在确保安宁疗护服务的普及和可持续性。

1. 医保项目类别

在安宁疗护服务项目方面，我国采用排除法，反向规定了基本医保不予支付费用的项目范围，以保障医保资金的有效利用，确保资源优先用于那些被认为是临床必需、安全有效且价格适宜的医疗服务项目上，从而提高医保支付的效益和公平性。在此基础上，各省根据本地区的经济发展水平、医保筹资水平、临床需求等实际情况，依照程序将安宁疗护服务项目纳入本地区医保支付范围。

上海市将安宁疗护相关项目纳入医保报销范围的同时，还增加了试点单位的医保总额，同时提供专项补贴。通过合理的资金支持和政策保障，试点单位能够更好地开展安宁疗护服务，满足患者和家属的需求，提升服务水平。不过，尽管政府出台了一系列支持政策，但仍存在一些重要的安宁疗护项目无法纳入基本医疗保险支付范围的情况。据相关规定，诸如病情咨询、音乐治疗、芳香治疗等安宁疗护项目被排除在基本医疗保险之外。此外，一些生活服务项目和服务设施费用，如陪护费、护工费、洗理费、文娱活动费等，也未被纳入基本医疗保险支付范围。这些项目在安宁疗护中扮演着重要角色，然而由于无法得到医保的支持，可能影响到安宁疗护服务的质量和可持续性。因此，我们还需要审慎考虑调整相关政策，为安宁疗护服务的全面发展提供更为有效的支持和保障。例如，南通市优先将安宁疗护机构纳入定点服务机构，探索按病种付费等措施。加大对安宁疗护服务的支持力度，通过政策的引导和完善医保制度，促进安宁疗护机构的规范发展和服务水平的提升。连云港市则着眼于安宁疗护服务的具体实施，探索制定相关收费项目和标准，包括心理疏导、上门服务等内容。这一举措有助于促进安宁疗护服务的普及和提升，满足对于终末期患者的需求，为患者和家属提供更加全面的支持和帮助，值得其他地区借鉴。

2. 基本费用额度

当前我国医疗保险支付制度的不足日益凸显，一种新的改革思路开始引起人们的关注。这一思路以收付费为突破口，试图在整体打包付费制度下进行医疗费用的转化，从以往药品、耗材、检查等作为创收手段的角色转变，将其纳入医疗服务的成本考量之中。这意味着医疗服务的收费将更加贴近服务本身的实际成本，而非基于单个项目的收费，有望提高医疗资源的利用效率。这一转变不仅有助于提高医疗服务的透明度和规范性，更能够有效控制医疗费用的增长，为医保支付体系的可持续发展提供保障。在这一背景下，安宁疗护服务作为医疗服务的一种重要形式，也应当被纳入医保支付范围，以保障广大患者的合法权益和基本医疗需求。

事实上，按照目前医保支付的管理，如果患者能够实现在公立医院住院，安宁疗护服务所形成的费用，多数也是可以纳入医保报销的。在一家公立医院的安宁疗护中心收付费目录中，安宁疗护服务所涉及的110项服务项目中只有14项不能纳入医保报销。在不能报销的项目中，擦浴和床上洗发不能报销，但是坐浴、会阴冲洗却属于报销的项目。因此，安宁疗护目前遇到的支付问题，不是服务项目未被列入医保报销的问题，而是医院不愿意开展安宁疗护业务，不为安宁疗护患者分配病床，使其根本无法接受医保福利的问题。

客观地讲，安宁疗护这种服务方式并不必然需要全部配置医院的病床。如美国接受安宁疗护服务的患者，住在医院的不到5%，住在社区相关养老机构的不到15%，住在自己家里的超过80%。可见，参与安宁疗护服务的主体往往不是单一的，而是分级纵向一体化整合的：由医院接诊并制订医疗方案，转诊至基层社区医疗服务机构组织医疗力量，安排患者在家庭病床或相关机构病床接受具体医疗服务。在这个过程中，公立医院、社区基层医疗服务机构、社会办医机构、其他养老机构和家庭病床都可参与，而这种复杂的付费关系，我国现行医保支付政策并未形成系统的政策。因此，除非患者住进公立医院，否则在安宁疗护服务上支付的费用无法享受医保报销。

天津市规定，养老机构内设的医疗机构以及其他基层医疗机构都有资格申请建立家庭病床。而家庭病床所服务的对象范围也得到了明确定义，其中包括了患有多种严重疾病及并发症的病人，如糖尿病伴冠心病等。这一政策的实施将为提高医疗服务水平、促进医养结合发展提供重要支持。不过，从青岛市、合肥市等城市试点的情况来看，将家庭病床纳入医保支付并不是一帆风顺。这些城市早前试图实施类似政策，但面临着基层医疗服务机构力量不足、积极性不高等问题。

可见，在这一方面我国安宁疗护的发展还任重而道远，也许能从域外的安宁疗护发展获得一些启示。

20世纪60年代，韩国建立了"加略医院"作为专门收治临终前患者的医疗机构。[①]加略医院的创立彰显了对患者终末阶段的关怀。不仅为韩国安宁疗护体系的形成奠定了基础，也为其他国家提供了有益的启示。在韩国，安宁疗护服务可以适用健康保险，在试点阶段，健康保险的价格取决于安宁疗护服务投入的资源量及安宁疗护机构的特点，采取每日定额付费的方式。2015年，安宁疗护健康保险支付制度正式实施后，为弥补定额付费的缺陷，增加了按项目付费的方式主要适用于镇痛药物、临终管理、病床差额等。然而，韩国健康保险并不能用于支付咨询服务、心灵关怀、丧亲服务等项目，所以韩国同时又开展了"安宁疗护机构支援计划"，专门用于支付上述费用。2005年该计划支援总金额为2.4亿韩元，经费逐渐增加，至2016年已经高达30亿韩元。

美国MHB实施前，政府仅补偿安宁疗护机构的护理费用，MHB实施后，安宁疗护机构可以依据预先报销制度提前获得固定数额的资金。如果患者的安宁疗护费用超过了MHB的拨款，安宁疗护机构只能通过其他途径筹资以弥补亏损。在美国，MHB给临终关怀机构的报销额度是根据卫生保健融资管理局（the Health Care Financing Administration, HCFA）之前启动的安宁

---

① 参见刘兰秋、赵越：《韩国安宁疗护立法经验及其对我国的启示》，载《中国全科医学》2022年第19期。

疗护示范项目中评估的服务成本设定的,以每日津贴的方式支付,并设定了四种支付费率,分别对应不同级别的护理:常规家庭护理(Rouine Home Care,RHC)、持续家庭护理(Continuous Home Care,CHC)、住院暂息护理(Inpatient Respite Care,IRC)和普通住院护理(General Inpatient Care,GIC)。四个级别的护理根据所提供服务的方式、地点和强度进行区分。RHC是最常见的临终关怀级别,占所有临终关怀日的98%以上。其他级别的护理(GIC、CHC和IRC)可用于管理某些情况下的需求。GIC在临终关怀期间短期提供,以控制在其他环境中无法控制的症状。CHC旨在管理家庭中的短期症状危机,涉及每天八小时或更长时间的护理,其中大部分是护理。IRC是指在临终关怀期间提供最多五天的护理,以便为非正式护理人员提供休息时间。除非临终关怀医院在任何一天提供CHC、IRC或GIC,否则将按RHC费率支付。对于任何特定的患者,随着患者需求的变化,在临终关怀期间的护理类型可能会有所不同。

每个级别的护理都与其自己的基础费率相关。不同的费率反映了不同护理级别的预期投入成本的差异。2016年1月之前,RHC采用单一基本费率。从2016年开始,RHC采用分段计费模式:第1—60日的费率较高,第61日及以后的费率相应降低,并在患者生命最后7天向护理人员额外支付护理费用。RHC支付结构的变化旨在更好地使支付与整个临终关怀期间提供的服务的成本保持一致。临终关怀机构倾向于在病情开始和结束时提供更多服务,而在中间提供较少服务。2020年,CMS还采取措施重新调整四个护理级别的付款与成本。医疗保险和医疗补助服务中心大幅提高了CHC、IRC和GIP的支付费率,同时略微降低了RHC的基础费率(医疗保险和医疗补助服务中心估计比2019年的费率高出约18%)。

此外,美国临终关怀费率还会随着不同因素有所调整。包括:第一,调整每日临终关怀费率来解释市场之间工资率的差异。每个级别的护理都有劳动份额和非劳动份额,这些份额因护理级别的不同而不同,反映了工资和非工资成本所占投入成本的估计比例。基础费率中的劳动份额根据提供护理地点的临终关怀工资指数进行调整,并将结果添加到非劳动部分。第二,两个上限限制了临终关怀机构在一年内提供的护理金额和费用。一个上限限制了机构可以提供的住院护理天数不超过其患者护理总天数的20%；另一个上限是临终关怀医院可以收到的每个受益人平均每年支付的绝对美元限额。如果临终关怀医院的付款总额超过其Medicare患者总数乘以2024财年的33494.01美元，则必须偿还差额。与每日费率不同，此上限不会根据成本的地理差异和通货膨胀进行调整。从2017年到2032年，总上限每年都会根据与临终关怀基础费率相同的因素（扣除生产率和其他调整后的市场篮子）进行更新。2032年后，总量上限将根据所有城市消费者的消费价格指数进行更新。第三，降低临终关怀服务的受益人责任。临终关怀医院可以对住院以外提供的每种药物收取5%的共同保险费，但每种药物的共同保险额不得超过5美元。对于住院临时护理，受益人每天需要支付Medicare临时护理费的5%。临时护理的受益人共同保险不得超过住院医院免赔额，即2024年为1632美元。[①]

（二）长期护理保险

目前，日本已经建立了居家安宁疗护的长期护理保险制度。通过多次修改《健康保险法》等医疗保障制度，并对诊疗报酬制度加以调整，日本逐步确立了居家安宁疗护费用支持制度。居家安宁疗护中的生活支持服务通过制定和修改《介护保险法》等予以支持，比如癌症终末期患者的居家疗养，即可利用介护保险获得包括上门介护、上门沐浴看护、上门看护、福利用具出借等在内的介护给付服务。

我国各地也在探索不同的支付模式。有的城市试图将安宁疗护纳入基本医疗保险支付范围，以确保其在医疗体系中得到认可和补偿。而有的城市则倾向于结合长期护理保险，试图将安宁疗护纳入照护保险制度，以更全面地覆盖需要安宁疗护服务的人群。例如，青岛市民政局、市原卫生计生委在

---

① 参见何云涓等：《美国安宁疗护服务体系介绍及启示》，载《卫生经济研究》2020年第5期。

2015 年发布《关于大力发展临终关怀事业的意见》，计划将失能老人临终关怀纳入长期医疗护理保险的保障体系。上海市通过探索不同的收费与支付制度，努力保障安宁疗护事业的可持续发展。此外，他们还在研究如何将安宁疗护服务与医疗保险、长期护理保险制度相嵌合，以便更好地整合资源，提高安宁疗护服务的覆盖范围和质量。青岛市发布的《长期护理保险定点护理服务机构评鉴标准》进一步界定了长期护理保险的范畴，规定了具体的评估标准和条件，为确保参保人能够得到适当的基本生活照料和医疗护理，满足其个体需求，提高长期护理保险的运行效率和服务质量提供了助力。

长期护理保险的产生根源于对长期住院和高额医疗成本的应对。[1] 从医疗保险向长期照护保险的转变，标志着社会保障制度的不断完善和适应社会变迁的能力。这一转变反映了社会对不同人群需求的动态调整，为失能者和长期疾病患者提供了更加全面和持续的护理服务支持。长期护理保险的引入，实质上是为了分担失能或半失能群体的生活照料性质的服务费用，这一举措有效减轻了医疗保险基金的负担。然而，医疗保险和长期护理保险共同构成了患者医疗、护理、康复费用的资助体系，弥合了疾病和失能风险的保障缺口。尽管医疗保险和长期护理保险都致力于为患者提供保障，但两者适用群体并不完全相同。这就使得安宁疗护的纳入必须考虑到两者的互补性，以充分覆盖患者的需求。针对通过失能等级鉴定的安宁疗护患者，长期护理保险基金可用于支付日常生活照料相关服务的费用，如家庭护理、心理支持等，而医疗保险基金则承担医疗性质服务的费用，如症状控制和药物治疗。对于未经过失能等级鉴定的安宁疗护患者，安宁疗护服务费用可通过按床日付费制度纳入医疗保险支付。这一安排确保了患者在临终阶段仍然能够获得必要的医疗和护理服务。双保险支付方式的采用，旨在充分保障安宁疗护服务的全面覆盖，并综合考虑了患者的医疗和护理需求。通过这种方式，可以有效确保患者在临终阶段得到综合性的照护和支持。

---

[1] 参见和红：《社会长期照护保险制度研究：范式嵌入，理念转型与福利提供》，经济日报出版社 2017 年版，第 16—17 页。

不过，这一方案的实施需要政策的精心设计和有效执行，以保证医疗保障体系的公平性和有效性。同时，还需要加强对医护人员的培训和支持，以提高他们对安宁疗护服务的专业水平，从而为安宁疗护事业的可持续发展提供坚实基础。

（三）按床日付费制度

医保按照床日付费制度为提高安宁疗护服务质量提供了有效的激励。这一制度的实践最早源自美国，特别是通过《患者保护与平价医疗法案》的改革，将原有的按项目付费方式改为按床日付费。这种转变鼓励医疗机构、患者家属更好地协同合作，为终末期患者提供更全面、更舒适的照护服务。这一机制的实施也使得服务提供者能够更注重患者的整体照护需求，而不仅仅是提供单一项目。同时，这也激发了家属的积极性，他们更愿意参与并支持患者的照料工作，从而促进安宁疗护服务的全面发展。

1983年，美国老年医疗保险（Medicare）的服务范围开始覆盖安宁疗护。这项福利旨在为符合条件的患者提供医疗保险，特别是针对年满65周岁的老人或未满65周岁的残疾人。不论一天提供多少服务，美国老年医疗保险每天都将支付一笔固定的费用，且对于不同级别的安宁疗护，其费用标准也有所不同。在2016年之前，不论患者接受常规家庭照护的时间，每日费率均相同。自2016年起，针对常规家庭照护和危急家庭照护的费用标准发生了变化，以更好地反映服务的实际成本和患者的需求。例如，在常规家庭照护方面，前60天的费用相对较高，为203美元/日，之后则下调至161美元/日，而危机家庭照护的每日基本费用为1463美元。这些调整不仅考虑了服务的类型和持续时间，还考虑了地区的市场工资率等因素，以确保老年医疗保险支付的费用合理且具有可持续性。这种差异性主要体现在市场工资率的不同，因为不同地区的劳动力市场情况和生活成本差异巨大。因此，每个地区的安宁疗护费用会根据当地的市场工资率进行相应的调整，以确保老年医疗保险支付的费用在各地区都能够覆盖实际成本，并提供合理的回报以吸引和留住照护人员。[①]

尽管安宁疗护为患者和家属提供了重要的支持和帮助，但其服务范围仍受到一定限制。老年医疗保险不覆盖治愈绝症或相关疾病的治疗方案，因为安宁疗护的目的在于缓解症状，而不是治愈疾病。非安宁疗护团队提供的照护服务以及急诊、医院住院、救护车转运、食宿费用均不在保险范围之内，患者和家属需要自行承担。这些限制旨在确保资源的合理分配，使老年医疗保险能够更有效地满足患者和家属的实际需求。因此，患者和家属在选择安宁疗护服务时需要谨慎考虑这些费用，并做好相应的财务规划。

1990年4月，日本厚生省也实施了"缓和照料医院住院费"新保险制度，由医院每日给付额度相同的安宁疗护费用。为了解决过度投药和检查等现象，该制度通过定额支付，鼓励医院和医生更注重患者的实际需求和治疗效果，而不是数量上的追求。这一制度的实施也是日本医疗体系向效率和质量导向转变的重要里程碑。定额支付的方式为医院和医生提供了更大的灵活性和自主权，使其更加注重治疗效果和患者体验。

2019年，我国《国家卫生健康委员会办公厅关于开展第二批安宁疗护试点工作的通知》提出安宁疗护按床日付费制度。传统的医疗支付方式可能存在效率低、资源浪费等问题，探索按床日付费制度成为解决医疗资源配置不均衡和提高服务质量的新尝试。从我国目前按床日付费的试点情况来看，各地区的标准存在较大的差异，但整体支付金额相对较低。这种差异可能影响到安宁疗护服务的提供，导致资源配置不均衡和服务质量的参差不齐。因此，在推行安宁疗护按床日付费制度的过程中，需要进一步考虑地区间的差异性，合理制定支付标准，确保安宁疗护服务能够覆盖到更广泛的患者群体，实现医疗资源的合理配置和服务质量的提升。

例如，雅安市安宁疗护定点医疗机构按床日收费标准为：三级医疗机构350元/天，二级医疗机构300元/天，一级及以下医疗机构260元/天。与

[①] See The Medicare Payment Advisory Commission. Hospice services payment system. https://www.medpac.gov/wp-content/uploads/2022/10/MedPAC_Payment_Basics_23_hospice_FINAL_SEC.pdf.

省内其他市州相比，雅安的付费标准较高。但从安宁疗护患者的平均花费来看，这一付费标准明显偏低。根据重庆医科大学附属第一医院的数据，晚期癌症患者人均服务天数为99天，人均花费为2826元（包括药品费用、车费和办公费用，不含人力费用），其中，人均药品费用约为2412元（日均医疗费约为24.36元），占总费用的85.35%左右。上海新华医院宁养项目有关数据显示，该院晚期癌症患者人均居家服务天数为106天，人均总医疗费用为3733.86元（中位数1119.68元），日均费用35.22元（中位数14.26元）；人均麻醉性镇痛药费3465.79元（中位数762.63元），日均麻醉性镇痛药费32.68元（中位数11.28元）；人均其他辅助药品费268.06元，日均其他辅助药品费2.53元。此外，重庆医院青杠老年护养中心自2014年2月运行以来，床位供不应求，已收治临终患者217人次，人均医疗费用为8872元，医保按项目付费支付后，月人均个人支付约5333元（日均医疗费约为178元）。虽然基层的安宁疗护费用偏低，但仍旧高于目前的日均付费标准。

2020年9月4日，安徽省淮北市确立了床日费用定额标准：如果在一个医保结算年度内住院90天以内的，二级以上医院每床日费用定额标准为320元/床/日，一级及以下医院为280元/床/日；而住院天数累计90天以上的部分，二级以上医院为260元/床/日，一级以下医院为220元/床/日。另外，淮北市还明确实行"双定额"付费算法，基本医疗保险基金按照床日费用标准和不同级别医疗机构普通住院报销比例计算统筹基金支付费用，即安宁疗护服务费用医保统筹支付费用床日费用标准 × 住院天数 × 报销比例。患者只需承担个人自付部分费用和超标准的床位费、膳食费、护工费等。如果医保基金支付定额有盈余，可以由医疗机构留用，如果不足也由医疗机构承担亏损。[1]

---

[1] 参见吴玉苗等：《社区卫生服务中心安宁疗护住院服务按床日付费实证研究》，载《中国全科医学》2019第22期。

第三节　安宁疗护与医疗服务体系的完善

当前，我国安宁疗护社会保障体系仍处于摸索和试验阶段，面临着众多挑战，包括立法缺失、付费标准不明确以及医疗保险报销范围模糊等法律难题。归根结底，解决这些困境的核心还在于完善安宁疗护的医疗服务体系。只有提高安宁疗护的服务水平和覆盖范围，才能更好地保障老年人和终末期患者的合法权益，推动我国安宁疗护社会保障法律制度的健全发展。

一、医院与人员绩效考核

医院绩效考核始终是横亘在安宁疗护面前的另一座"大山"。特别是公立医院体系，不仅需要应对来自二、三级医院绩效考核的压力，还需要顺应地方推进医院高质量发展评价指标的要求。这些评价指标往往注重医院运行效率、医疗质量等方面的指标，而安宁疗护的特殊性则往往不被充分考虑。安宁疗护的特点在于其高成本、床位流转周期长以及相对较低的医疗费用。这与传统医疗评价体系所强调的效率、床位周转率等指标形成了鲜明对比。因此，现有的医院绩效考核体系往往无法全面准确地评估安宁疗护的表现和贡献。针对这一问题，必须对医院绩效评价体系进行相应调整，以更好地适应安宁疗护的特殊需求。这包括重新审视评价指标的设置，强调安宁疗护服务的质量和人性化关怀，而不仅仅是运行效率和利润率。北京市2022年发布的《关于印发北京市加快推进安宁疗护服务发展实施方案的通知》，提出了个性化绩效评价的方案，标志着对安宁疗护服务体系建设的一大进步，为安宁疗护的持续发展提供了新的保障和动力。通过更合理的绩效评价体系，可以更好地激励医护人员提供高质量、个性化的安宁疗护服务，从而为患者提供更为温暖和舒适的终末期护理环境。

但对于大型医疗机构来说，还存在以下问题：

一是安宁疗护尚未形成良性的营利方式。一个临终病人住进病房，算上水、电、床单元、人力等各种资源，一天的费用高达七八百元。与之相对的，安宁疗护的医疗收入却比较少。由于安宁疗护的宗旨是减少与患者生命终末期相伴而来的身心障碍，而非进行积极的治愈性治疗。安宁疗护病房里没有手术、放疗、化疗这些大宗收费项目，仅有的镇痛、灌肠、镇静等医疗服务项目的费用又很低。临终患者后期的照顾工作非常繁杂，处理各类症状需要工作人员投入大量精力，但超出医疗服务项目之外的服务在费用的收取上也面临着定价不规范的问题，使得大多数安宁疗护的医院仍处于亏损。

二是医院死亡率考核不合格。作为疾病终末期病人的科室，安宁疗护病区的死亡率必然高于其他科室。如果发展得好，理论上医院其他科室的临终病人愿意转入安宁疗护科室，是能够降低其他科室的死亡率的。因此，在绩效考核方面，应当参考急诊留观病房，将安宁疗护病房定位为公益性病房，不纳入医院总体平均住院日和死亡率考核，减少医院在评审方面的压力。

三是从业人员稳定性不强。大多数的医院目前在安宁疗护方面是亏损的，且许多安宁疗护在医院里并未建科，团队成员以兼职身份工作，通过其他科室的兼职保证基本收入，获得资金补贴。科室的收入减少了但需要的人力成本却增加了，由于职称晋升中没有安宁疗护这个专业，加上经常和终末期患者打交道，在短时间内无法提高医护人员待遇的情况下，大多数医务人员不愿意从事这个专业。同时，由于护理员的待遇较低，且工作辛苦经常接触患者的排泄物，许多安宁疗护中心与养老机构一样，长期存在招聘护理员难的问题。如何稳定从业者是该专业可持续发展的重要条件，这需要政策提供相应的支持。一方面，积极探索按床日付费等多样化支付方式，对安宁疗护机构和科室逐步实行个性化绩效评价，提高医务人员的积极性；另一方面，可以充分发挥基金会、慈善机构等社会组织的作用，规范社会捐赠资金、物品的使用，多途径推动安宁疗护发展。

二、机构设置与技术标准

安宁疗护机构设置标准参照我国医疗机构管理的相关规定。近年来，尽管政府在宣传提倡社会安宁疗护这项工作，但北京市登记注册的安宁疗护医院及床位仍然增速缓慢，与老年人口规模与社会需求仍存在较大差距。

（一）安宁疗护的机构设施要符合基本的要求

根据《〈养老机构等级划分与评定〉国家标准实施指南（试行）》，应设有开展安宁疗护服务的分区或用房（如临终关怀室、安宁疗护区等）；安宁疗护服务区域相对独立，与周边空间环境关系协调，无相互干扰；安宁服务区域有应急安全防护措施；考虑民族习惯、宗教信仰，按照亲属的意愿或老年人的遗愿，对安宁疗护服务区域或老年人居室进行布置。①

（二）安宁疗护服务需要制定统一的标准和操作指南

2017年，原国家卫生和计划生育委员会发布了一系列关于安宁疗护操作技术的指南，其中包括《安宁疗护中心基本标准和管理规范（试行）》。这一系列指南的发布标志着我国在安宁疗护领域的标准化建设取得了重要进展，不仅为医护人员提供了操作指导，也为患者及其家属提供了法律依据和保障。这一系列指南的核心内容涵盖了安宁疗护所需的各类指导，从症状控制到心理社会支持，无不详尽而全面。症状控制指南对安宁疗护患者可能面临的各种症状进行了细致的分析和操作指导，为医护人员提供了实用性强、操作性强的指导方针；特别是在症状控制方面，指南涵盖了13种主要症状的评估、治疗和护理方法。舒适照护指南则包括环境管理、病床单位管理、口腔护理等，这不仅为医院提供了规范化的管理模式，也为患者提供了更为舒适的治疗环境。此外，心理支持和人文关怀指南强调了患者心理健康的重

---

① 参见徐志军、李四平主编：《2022年北京社会建设分析报告》，社会科学文献出版社2022年版，第164—179页。

要性,包括心理社会评估、社会支持、死亡教育等内容,为医护人员提供了更为细致和人性化的服务指南。

三、安宁疗护的分级与转诊

(一)推广社区与居家安宁疗护

2022年,国家卫健委发布《关于推进家庭医生签约服务高质量发展的指导意见》《关于开展社区医养结合能力提升行动的通知》《居家、社区老年医疗护理员服务标准》,旨在规范和提升居家、社区老年医疗护理员的服务质量。北京市亦积极响应国家政策,按照《北京市加快推进安宁疗护服务发展实施方案》的要求,加速推进安宁疗护服务体系的建设。这一系列举措将有效促进我国安宁疗护服务的均衡发展,为老年人提供更加全面、可持续的医疗服务保障。

不过,即便在国家层面和各试点城市出台了社区和居家安宁疗护相关政策文件和服务规范,但在社区和居家安宁疗护的实践过程中仍存在诸多问题。[1] 具体包括:政策文件的表述较为笼统,未对社区和居家安宁疗护服务流程和服务规范作出明确规定,没有涉及服务风险等法律法规相关问题[2];在居家和社区环境下所需的以镇痛药物为代表的安宁疗护基本用药的可及性差;从业人员严重缺乏,且职业胜任力不足,大多未经过专业培训,存在不少"零起点"的人员,服务质量难以保证[3];社区和居家安宁疗护服务的收费标准及医保支付问题尚未解决,服务提供方动力不足,难以持续;上级医疗机构对社区和居家安宁疗护的指导和支持不足,没有形成顺畅合理的上下转诊和会诊机制,未能搭建高水平服务网络;社会对安宁疗护的认知存在误解

---

[1] 参见黄郁珊、黄淑鹤:《台湾居家安宁疗护面临困境之探讨》,载《安宁疗护杂志》2017年第2期。

[2] 参见张丽艳、沈美玲:《积极养老视角下我国安宁疗护政策研究——基于2012—2019年政策文本分析》,载《科学与管理》2021年第2期。

[3] 参见纪竞垚:《我国老年临终关怀政策:回顾与前瞻》,载《社会科学文摘》2018年第1期。

和偏见,如忌讳谈论死亡、把安宁疗护等同于"安乐死"或"等死"、医疗界"技术至上"的思想盛行,从业人员职业价值感低等。

对此,我们也许可从老龄化程度较高的国家找到一些建议。英国随着安宁疗护服务事业的发展已经形成了以全科医生、社区护士、社会工作者为主力,以多学科专家为特殊需求患者提供额外支持为补充的社区居家安宁疗护服务系统。①1992年,日本修改《医疗法》,将患者的居所等规定为提供医疗服务的地点,为居家安宁疗护的开展提供了法律保障。②此后,白十字诊所的川越厚医生与白十字访问看护站联合提供居家安宁疗护服务。2006年日本《癌症对策基本法》施行,其第16条明确规定,国家和地方公共团体应确保在居家场所为癌症患者提供癌症医疗的合作体制,采取必要对策。同年,日本改革医疗保险制度设立了全天候提供出诊和上门看护的诊所——居家疗养支持诊所。2008年,日本设立了"居家疗养支持医院"。2012年,诊疗报酬改革中又设立了"强化型居家疗养支持诊所"和"强化型居家疗养支持医院"。虽然一般诊所也能提供出诊服务,且实践中提供出诊服务的诊所半数以上为一般诊所。由于日本的诊疗报酬制度对居家疗养支持诊所、居家疗养支持医院及强化型居家疗养支持诊所和强化型居家疗养支持医院都作了较高的点数评价,因此这几类机构发展迅速,成为日本居家安宁疗护稳步发展的基础。以居家疗养支持诊所为例,2006年日本仅有9334家,2012年增至13758家。2014年日本通过《医疗介护综合确保推进法》规定,增收的消费税将作为各都道府县开展居家医疗护理的经费来源。在2016年的诊疗报酬修订中,日本设定了"居家安宁疗护充实诊所加算",这是日本首次在诊疗报酬体系中明确设置"居家安宁疗护"这一项目。居家安宁疗护充实诊所

---

① See Stevens, E., Milligan, S.(2019). Home palliative care in the United Kingdom and Europe. In L. Holtslander, S. Peacock, & J. Bally (Eds.), Hospice palliative home care and bereavement support: nursing interventions and supportive care (p. 45–62). Springer International Publishing AG. https://doi.org/10.1007/978-3-030-19535-9, accessed 21 april, 2024.

② 参见胡哲豪:《安宁疗护政策在欧美及亚洲国家(地区)的实践和研究综述》,载《人口与发展》2019年第6期。

必须是功能强化型的居家疗养支持诊所或医院,且过去一年内取得紧急出诊15次以上、临终陪护20人以上的业绩等条件。[1]

(二)患者分级准入与转诊

设立合理的患者准入标准与流程,是医疗卫生人员识别患者需求并提供相应安宁疗护服务的前提。[2]美国根据患者的健康状况与实际需求,将安宁疗护分为两个级别,在提供社区居家安宁疗护服务的过程中,可以保障患者不论在疾病平稳期还是在危险期都能获得与身体状况相适应的安宁疗护服务,并通过法律详细规定了患者的准入流程。英国则通过制定"金标准框架"等标准,向患者签约的全科医生、社区护士等社区医疗卫生人员提供简明易懂、可操作性强的识别流程,该框架为早期识别临终患者并给予患者社区居家安宁疗护服务提供了有力的支撑。

此外,也应当鼓励养老机构发挥"在地"作用,与综合医院建立更多联系,同时辐射周边社区,探索"机构+居家"安宁疗护服务模式。促进医疗机构转型建设老年护理中心,每家护理中心床位不少于20张,让三级医院和专科医院的老年患者能够转得下来,居家和养老机构的老年患者能住得进去,基层医疗机构对老年患者的护理需求能够支撑得住。[3]

三甲医院可以进一步深入区域内养老机构参与"医养结合"项目,承接医疗工作并对需要安宁疗护的老年人进行服务,对工作及照护人员进行安宁疗护理论授课,实施双向对接工作。在合作的养老机构、微型养老院和周边社区开展安宁疗护工作,为养老机构的老人提供定期巡诊服务,对不愿意住院治疗的部分老人提供综合评估、症状控制、舒适护理的指导工作,帮助

---

[1] 参见刘兰秋、赵越:《日本居家安宁疗护服务体系构建经验及其对我国的启示》,载《中国全科医学》2022年第19期。

[2] 参见缪俊等:《社区安宁疗护服务对象准入准出标准研究》,载《中华全科医学》2019年第12期。

[3] 参见《北京市卫生健康委三项举措完善老年健康服务体系建设 北京市安宁疗护服务床位达到950张》,载https://wjw.beijing.gov.cn/xwzx_20031/mtjj/202312/t20231211_3495149.html,2024年4月21日访问。

老人在自己喜欢的环境中度过人生的最后阶段。注重建设辐射二级医院、社区、养老院的安宁疗护服务网络，建立三级协调联动机制。北京地区12个社区联动的安宁疗护网络已经开始发挥成效，已有多位患者转诊，实现了连续性医疗。安宁疗护最终还是要落地在二级医院和居家照护，积极与距离较近的二级医院、社区医院合作，建立转介网络，建立"机构和居家相衔接"的补充安宁疗护服务模式，与中期照护、长期照护院区签订老年医师专科培训合同，构建合作关系。①

第四节 安宁疗护质量提升的支持措施

一、安宁疗护的社会参与

中国的安宁疗护要获得发展和认可，从社会文化心理上得到支持，离不开公众的认同和参与，也离不开社会办医的支持。

（一）安宁疗护社会办医的政策环境

我国社会办医的规模正在急速增长，但是社会资本进入安宁疗护领域的却很少。这与我国医疗制度环境的影响有关，也与社会办医普遍遇到的挑战一致。

1.民办医疗机构逐利机制的作用明显

国家鼓励社会力量在公立医疗机构服务不足的地区开办服务，特别是农村地区、偏远地区、新建城镇以及城乡接合部。很多省份鼓励民间资本在目前资源缺乏或能力薄弱的领域进行投资，如康复医疗、疗养护理、老年病和慢性病管理等。但是民营机构都愿意留在医疗资源本来已经很充分的城镇地

---

① 参见徐志军、李四平主编：《2022年北京社会建设分析报告》，社会科学文献出版社2022年版，第164—179页。

区，投资在能带来较高利润的非基本服务领域，如 VIP 服务、过度处方、整容手术、体检业务上。

2. 民办医疗机构医保定点难

民营医院面临着医保报销方面的制约，导致患者倾向于去公立机构就诊。目前，还有许多城市未能将民营机构纳入医保定点医院网络，且即便纳入了医保，医保资金也是首先面向公立机构，只有富余时才面向民营机构。从民营医院自身来看，基于逐利机制，它们也更倾向于开在更具有中高收入群体市场的大城市。

3. 进入医疗服务市场困难

例如，公立医院对于医务人员的隐形垄断，使民营医疗机构招聘合格专业医务人员难、扩张业务审批难、分支机构合并财务难。又如，税收政策不一致。例如，民营医疗机构是否应享有与其他行业相同的优惠税收待遇；医疗服务属于基本公共服务，但适用类似于其他商业行业的税收政策，这两者之间是否存在矛盾。此外，民营医疗机构还面临行政许可困难的问题。尽管一些地区可以办理相关的行政审批手续，但一些民办安宁疗护中心开办多年来，一直无法办理行政许可，理由是没有行政审批流程，如果要办理就按照新增医院办理。如果按新增医院办理审批，一是不合适，二是要求更高，对于很多安宁疗护中心来说，都不是最优的选择。

（二）安宁疗护社会办医领域面临的困境

安宁疗护的社会办医领域存在一系列的特殊挑战和困难，这些问题不仅影响了安宁疗护服务的质量和覆盖范围，也制约了其在医疗卫生领域的发展和推广。

1. 资源匮乏

相比于公立医疗机构，社会办医机构通常缺乏足够的资金、人力和物力资源，这导致了安宁疗护服务的不足和不均衡。在资源匮乏的情况下，社会办医机构往往无法提供高水平的安宁疗护服务，也难以满足患者的多样化需求。

2. 人才短缺

安宁疗护服务需要具备专业化的医护团队，包括医生、护士、心理医生等多个专业角色，但社会办医机构往往由于经济条件限制，难以招聘和留住高水平的医护人员。这导致了社会办医机构在安宁疗护服务方面的专业能力和水平相对较低，无法达到公立医疗机构的标准和水平。

3. 经济压力

安宁疗护服务需要长期的投入和支持，但社会办医机构往往由于资金来源有限，无法承担高昂的运营成本。特别是在医疗保险报销范围不明确的情况下，社会办医机构往往难以确保服务的经济收入和可持续性发展。

4. 法律法规限制的挑战

目前，我国对于安宁疗护服务的相关法律法规尚不完善，存在监管不到位、执法不严等问题。这导致了社会办医机构在服务提供、医疗保障、法律责任等方面存在较大的不确定性，增加了其在安宁疗护领域的经营风险。因此，要解决安宁疗护社会办医领域面临的这些困难，需要政府、社会各界和相关机构共同努力。

二、安宁疗护镇痛药物供给

（一）我国镇痛药物的使用

目前，国际上对于阿片类麻醉性镇痛药消耗量的评估，是作为安宁疗护基本镇痛药物的合理供给和可及性的主要评估指标。目前，国际上评价一个国家或地区镇痛治疗的可及性的基本标准要求至少涉及不同剂型的 5 种麻醉性镇痛药物的供给。[①]5 种麻醉性镇痛药物共 7 个品规是安宁疗护合理止痛治疗的基本药物。为此，国际麻醉药品管理局认为，除吗啡外，同时计算其他常用麻醉性镇痛药物的等效吗啡人均医用消耗量，可以比吗啡消耗量总量和

---

① 包括：吗啡口服即释片（IR）、吗啡口服缓释片（CR）和吗啡注射液（INJ）、羟考酮口服即释剂（IR）、芬太尼透皮贴剂（TD）、可待因口服即释片（IR）和美沙酮口服液。

人均吗啡量更客观地反映一个国家或地区的镇痛治疗实际状况。

在癌症的治疗中,镇痛和抗癌同等重要,给患者适当的阿片类药物和镇静剂能够减轻他们的痛苦。[①] 全球每年 298.5 吨吗啡等效的阿片类药物使用量中,中低收入国家吗啡使用量在全球可分配的吗啡中不足 4%。全球吗啡当量分布中,中国需要姑息/镇痛治疗的患者中仅有 16% 的人使用了吗啡,总体吗啡消耗量仅占全球 2%。

(二)阿片类药物的可及性

在安宁疗护基本药物合理供给和可及性的评价中,对于阿片类药物国家或地区消耗量的评估,已经有了诸多评价指标,对应于阿片类药物的实际需求,国际上也常常进一步收集癌症、艾滋病等疼痛人数,并计算其对应的 DDDs。截至目前,阿片类药物在我国临床上主要用于晚期癌症的镇痛治疗,非癌性疼痛主要应用属于第二类精神药品管制的镇痛药。中国的癌症发病和死亡形势严峻,恶性肿瘤已跃居城市和农村疾病死亡原因排名第一,保守的晚期癌症患者治疗之苦的问题越来越受到社会关注,安宁疗护显得尤为重要。

国际上评价一个国家或地区镇痛治疗可及性的另一个基本标准就是,即至少涉及不同剂型的 5 种药物供给、7 类基本镇痛药物供给。我国二级、三级医院供给麻醉性镇痛药的品种和剂型,符合国际基本匹配标准。与国际评价相一致,我国阿片类药物的可获得性已经排在第二阶梯的水平。只不过美沙酮在我国主要用于戒毒替代治疗,而可待因主要用于呼吸系统镇咳治疗。

尽管我国可获得性的镇痛药物品种和剂型达到了国际标准,但重要的问题是,这些药品基本分布在三级医院,二级医院不多,一级医院基本没有(除了上海)。其与我国患者的需求分布特征、国际安宁疗护发展趋势,以及我国政府目前提出的要在社区医院、医养结合机构推广安宁疗护的要求均不

[①] See Morita T., Tsunoda J., Inoue S., et al., Effects of High Dose Opioids and Sedatives on Survival in Terminally Ill Cancer Patients, 4 Journal of Pain and Symptom Management, 282–289 (2001).

相匹配。因此，在社区医疗机构、医养结合机构以及家庭病床，如何保障安宁疗护基本镇痛药供给，如何具体管控，成为当下安宁疗护开展的一个最主要问题。

无论是用年吗啡和等效吗啡总量，还是年人均吗啡量和人均等效吗啡量，抑或常用阿片类镇痛药年总 DDDs 和对应于需求的人均 DDDs，均显示了中国镇痛药物仍然存在使用不足问题。尤其是区域性不足，以及社区层面和居家患者可利用镇痛药物的严重不足，如社区层面医疗机构、医养结合机构和家庭病床无从获取基本镇痛药物（除了上海）。此外，WHO 推荐的安宁疗护基本药物，仍然局限于吗啡普通片，而我国阿片类镇痛药品在医疗机构的制度性趋利性销售行为，也是值得关注的问题。

当前，国内阿片类药物制剂的单一性也成了制约药物使用多样性和灵活性的重要因素。在中国，主要的阿片类药物剂型包括口服剂型和透皮贴剂。与之形成对比的是，国外已经涌现出了一系列新型制剂，如醋氯芬酸长效注射剂、纳曲酮长效注射剂和硫酸吗啡型长效注射剂等，这些新型制剂利用先进的给药系统，不仅提高了药物的稳定性，而且实现了高效、速效、长效的治疗效果。

此外，我国在阿片类药物剂型的研发和应用方面仍然存在明显的不足。这主要是由于国内监管政策的限制以及制剂水平的相对滞后所致。一方面，中国的监管政策对于新型药物剂型的审批和推广存在一定的限制，导致了新型制剂的研发和应用受到一定的制约。另一方面，我国在药物制剂方面的技术水平相对欠缺，尤其是在先进的给药系统方面。这不仅影响了我国阿片类药物治疗的水平和效果，也制约了我国医疗卫生事业的发展和提升。

要解决这一问题，需要采取一系列措施以促进国内阿片类药物剂型的创新和发展。首先，需要政府加大对医药领域的投入，支持科研机构和企业加强新型制剂的研发和应用。其次，需要加强监管政策的科学性和灵活性，为新型制剂的研发和上市提供更加便利的环境和条件。同时，还需要加强国际合作，借鉴和吸收国外先进技术和经验，加速我国在药物制剂领域的发展。此外，加强人才培养和技术创新，提高我国医药领域的整体水平和竞争力，也是解决这一问题的关键所在。通过以上措施的综合推进,相信我国阿片类药物剂型的创新和发展将取得更加显著的成效,为提高我国医疗卫生事业水平和患者治疗效果作出更大的贡献。

(三)阿片类药物的合理监管

中国政府实行全程管制,旨在确保药品的合理使用,并严防药品流失和弊端事件的发生。这种管制措施在一定程度上保障了公共安全和医疗秩序,但也带来了一系列问题。一方面,过于烦琐的流程和严格的监管导致了医生处方权受限、医院开药受限等情况,限制了患者对麻醉、精神药品的正当需求。另一方面,个人权利和患者便利性也受到了挑战,因为政府过于强调"管得住",而忽视了"用得上"的原则。美国因阿片类药物滥用问题而宣布全国进入公共卫生紧急状态,这一事件反映了药物管理所面临的挑战和危机,也促使各国警惕药物管理的重要性。

麻醉、精神药品的管理是一项复杂的任务,需要在确保公共安全的前提下,寻求个人权利和患者方便使用之间的平衡。[1] 政府可以通过简化流程、加强医生的处方权、优化采购制度等方式,提高麻醉、精神药品的使用效率和便利性;同时,也需要加大监管力度,防止药物滥用和不当使用的发生。这不仅需要政府,也需要医疗机构和社会各方共同努力,以确保药物的合理使用,维护公共安全和个人权利。

《国家卫生健康委办公厅关于开展第三批安宁疗护试点工作的通知》明确对毒麻精神药品使用提供政策支持,重点保障基层医疗卫生机构的药品需求,并倡导建立科学合理的药物配送流程,以加强对药品使用的监管,体现了政策支持与合理控制的双重考量。此外,根据《中国全科医学》发布的《姑息治疗与安宁疗护基本用药指南》,对常见的躯体和精神心理症状进行了详细的筛选和推荐,共涵盖33个症状,并重点推荐了23种药物。这些药物

---

[1] See Portenoy R. K., Sibirceva U., Smout R., et al., Opioid Use and Survival at the End of Life: A Survey of a Hospice Population, 6 Journal of Pain and Symptom Management, 532–540 (2006).

中有 20 种已被纳入《国家基本药物目录》，具有剂型适宜、价格合理、供应保障、安全有效等特征。针对不同地区和医疗机构对药物的可及性和需求，指南还特别强调了一药多用的优先原则。这一举措有助于提高基层医疗卫生机构的药物供应效率、减少资源浪费，同时也符合药物使用的科学合理性和经济性原则。因此，地区可及性与一药多用优先的考虑，为麻醉药品的使用提供了更加科学和合理的指导，为安宁疗护服务的发展提供了有力支持。

在治疗过程中，根据疼痛程度采取不同的药物治疗策略是至关重要的。对于轻至中度癌痛患者，非甾体抗炎药是一线用药，以其有效的止痛效果和较低的副作用程度，能够为患者有效地缓解疼痛。吗啡是其中的首选药物，因其强效的镇痛作用和广泛的临床应用而备受推崇。通过对止痛、镇痛和麻醉药物的规范化管理，能够更好地满足癌症患者的治疗需求，提高医疗服务的水平和质量。为确保药物的及时供应和安全使用，政府应加强对药品供应链的监管和管理，建立健全的药物供应体系，为安宁疗护服务提供可靠的药物保障。通过对药物使用的规范和安全制度的建立，可以有效地提高医疗服务的质量和安全性。除政策支持和监管外，还需要进一步加强对药物使用的培训和指导，提高医务人员对于止痛药物的正确使用和管理水平，确保药物的科学合理使用。

第八章 安宁疗护的法律责任与救济制度

第一节 安宁疗护责任豁免机制

一、医疗法律责任豁免制度

法律责任豁免制度，又称责任抗辩或者免责事由，其主要内涵是基于某种法定理由，行为人对其实施的行为所造成的损害结果无须承担相应责任的情形。由于现实中各种疾病的复杂性、患者个体的差异性、当前医疗技术发展的局限性等因素，在一定程度上导致医疗行为充满着不确定性和高风险性，为合理分配医疗风险，以适当的宽容度促进医学技术的创新和发展，有必要确立医疗过失的特殊免责事由。《民法典》第1224条规定了三项法定免责事由。一般情况下，由于下列情形之一造成患者损害，医方无明显过错的，在相应范围内无须承担医疗法律责任：其一，患方（包括患者近亲属）不遵守医嘱，违背医方依据诊疗规范实施的医疗行为的，但是医方对损害后果的发生也存在过错的除外；其二，医方面对处于极度危险中的患者而采取相应急救抢救措施，且不违反合理注意义务的；其三，医方受到医疗发展水平和当前诊疗技术限制而无法及时有效治疗的。以上述第一项法定抗辩事由为例，其背后体现了法律上的"受害人过错"原则，即案件中受害人对医疗损害后果的发生甚至加重具有过错，可以在对应范围之内适当减轻行为人的责任。如果损害的发生完全是由被侵害人自身过错导致，被告对此并无过错的，则由被侵害人自己承担导致损害的责任，被告可完全免责；如果对医疗损害结果的产生和扩大，当事人双方都存在过错的，则根据民事侵权法律制度的相关规定,可以适当减轻甚至免除行为人的法律责任。例如,在医疗过程中患者有协助配合医务人员开展诊疗活动的义务,包括但不限于如实陈述病情、遵从医嘱、按时服药、定期随诊等,但如果是由于患方不配合医疗机构按照诊疗规范实施的救治行为导致不良后果的产生,医方可以在被侵害人过错的范围内适当免除其法律责任的承担。

同时,《医疗事故处理条例》还明确提出实质上不成立医疗事故的几类特殊情况,也可以被视为法律责任豁免制度的具体内容,包括紧急情况下采取抢救措施、医学技术水平的限制、无过错输血感染、患方原因延误诊疗、不可抗力、病情异常或者体质特殊等。此外,《民法典》还进一步明确了自愿实施紧急救助活动,即使导致被救人人身等权益受到损害的,行为人也无须对此承担赔偿责任,具体规定在第184条。《医师法》等法律甚至从医生履行神圣职责的角度为医务人员设定了紧急情况下救治危重伤病患者的义务。[①] 由此可见,法律对医务人员在公共交通工具等公共场所主动实施急救等医疗行为持鼓励态度,甚至在某些特定情形和场景下还直接将其规定为法律义务。综上,根据医疗法律责任豁免的基本原理和法律法规中的一些具体规定,大体上可以将医疗免责事由概括为以下两类:一类为一般免责事由,包括医方已尽合理注意义务、不可抗力、患者及其家属过错、第三人过错、受害人同意等;另一类为特殊免责事由,主要包括因实施紧急救治行为产生的责任豁免,以及因医疗意外、合理医疗风险产生的责任豁免,如由于患者个体差异,抑或受限于医学技术发展水平等因素,诊疗活动中出现一些无法预见的情况,或者即便能够预见也不能采取措施有效避免的意外事件所导致的医疗法律风险,医方不必承担责任。

---

① 《医师法》第27条第1款规定,"对需要紧急救治的患者,医师应当采取紧急措施进行诊治,不得拒绝急救处置"。

二、安宁疗护责任豁免机制概述

安宁疗护作为一种带着深厚人文关怀的多种学科协同护理模式，为终末期患者在生命结束之前提供缓解病痛及其他症状控制、缓和照护和心理支持等服务，在诊断疾病、科学施救的同时，更加注重心灵抚慰，以达到提升患者生命质量的效果。安宁疗护本质上是一种旨在帮助实现患者所想要的生活方式的临终医疗照顾模式。① 其具体服务内容大致涵盖了疾病诊疗、精神抚慰、社会支持、灵性照料、居丧服务等项目。② 根据前文对安宁疗护行为的讨论，其服务内容仍然是以诊疗行为和护理行为为主体的综合照护方式，对其效果的评价需要考虑身体、心理、社会、治疗等诸多因素，但涉及法律规则适用、责任追究和豁免机制等法律问题主要还应建立在对医疗行为的评价基础上，也即问题的核心在于医疗权利和义务的分配。换言之，从患者及其家属接受安宁疗护服务的角度来讲，主要表现为拒绝心肺复苏等维生治疗措施，选择支持性医疗照护的权利；从医疗机构等提供安宁疗护服务的角度来讲，主要表现为医疗救助义务与医疗责任的合理边界问题。故本书所研究的规范安宁疗护行为的责任豁免机制，主要应当指医疗机构及其医务人员对于其在提供安宁疗护服务过程中依照诊疗规范和标准实施的安宁疗护行为以及所产生的后果，享有不受法律追究的权利。

现阶段，安宁疗护的推广和发展一直采取较为克制、稳妥推进的态度。自2017年试点工作正式开展以来，国家卫健委已经先后部署了三批行动，以建立健全各项保障性政策措施为制度牵引，持续深化安宁疗护宣传引导，逐步扩大服务的规范供给。尽管当前政策规范层面安宁疗护服务相关诊疗要求和规定已经日趋完善，但由于缺乏专门立法的出台，许多医疗机构和医务人员仍然对该项工作可能带来的法律责任和诊疗风险存在较大顾虑，在依照

---

① 参见汪志刚、陈传勇：《安宁疗护的正当性及实施条件》，载《民商法论丛》2022年第1期。

② 参见《青岛市卫生健康委员会关于印发青岛市安宁疗护基本服务规范的通知》，2023年1月16日发布。

患者及其家属的意愿不施以维生医疗、采取镇痛治疗等临床操作的过程中时常产生担忧。一般来讲，医方的救助义务与患方放弃治疗的权利之间存在一定矛盾冲突，尤其在患者意识不清楚、家属无法到达现场等特定情形下需要作出医疗决定时则更为凸显。《民法典》也对负有法定救助义务的个人或者组织在特定危难情况下应当实施救助行为作了明确规定。医疗机构及其医务人员作为具有特定身份和职业的主体对患者的生命健康具有法定救助义务，凝结为具体制度规定在医疗法律条文之中，如紧急情况下不得拒绝救治急危重伤患者①，原国家卫计委曾出台相关诊疗规范进一步明确规定了此类患者和情形的判断标准。② 由此可见，在传统的医疗诊疗活动中，当疾病终末期患者处于急危重状态时，医疗机构及其医务人员如果明知患者病情但故意不实施急救治疗，直接撤除维生医疗措施，或者采取镇痛治疗致使患者身体持续受到损害直至死亡的，应当对此承担相应的法律责任。安宁疗护制度的产生，对医务人员履行法定义务的界限在一定程度上构成了系统威胁和挑战。③同时，患者放弃救治的权利与医方的救助义务之间的冲突会因被置于安宁疗护程序之中而有所缓解，医方依据患者的特殊情况与特别说明，可以不采取创伤性抢救措施或者暂时终止一些治疗手段，从传统医疗行为的角度，这实际上已经突破上述法律规定的边界。建立在安宁疗护制度基础上，法律为医疗机构及其医务人员设置了超出一般意义上法定救助义务之外的特殊诊疗义务，本身就可以被看作普通医疗法律责任的豁免。

这种医疗法律责任豁免的正当性依据主要来源于终末期患者所享有的对自身健康权进行合理处分的医疗自主决定权。申言之，安宁疗护的实施应以患者已经处于疾病终末期，且已对接受安宁疗护服务作出明确有效同意的意

---

① 《医师法》第27条第1款规定，"对需要紧急救治的患者，医师应当采取紧急措施进行诊治，不得拒绝急救处置"。《医疗机构管理条例》第30条规定，"医疗机构对危重病人应当立即抢救。对限于设备或者技术条件不能诊治的病人，应当及时转诊"。

② 参见《国家卫生计生委办公厅关于印发需要紧急救治的急危重伤病标准及诊疗规范的通知》（国卫办医发〔2013〕32号），2013年11月25日发布。

③ 参见刘建利、阮芳芳：《论安宁疗护的法益基础与完善建议——兼评〈深圳经济特区医疗条例〉》，载《人权法学》2023年第2期。

思表示为前提条件。其中,终末期患者应指罹患重大疾病,经医生诊断为不可治愈、不可逆转,不论是否施以维生医疗,都将会于近期内死亡的患者。[①] 安宁疗护服务中不采取医疗措施或放弃生命支持医疗的理由并不在于患者希望医生帮助其加速死亡,而是患方决定选择的缓和医疗服务与一般医疗行为是相悖而行的。至于安宁疗护服务中所发生的不可归因于医疗机构及其医务人员的患者死亡结果,则应被定性为一种安宁的自然死亡,其死亡并非由缓和医疗行为或放弃维生医疗所致,而是由患者所罹患的不可逆转疾病的病情自然发展所致。由此可见,在安宁疗护服务中,医疗机构及其医务人员在患者或其家属的指示下实施或不实施医疗行为,从而免除他们可能承担一般意义上的医疗法律责任,是符合行为逻辑和法理基础的。

鉴于安宁疗护机构及其医务人员在实施安宁疗护服务过程中采取不予或撤除维生医疗等措施,极有可能面临侵犯终末期患者生命健康权益的履职风险,为消除他们的"后顾之忧",我们应当研究制定与之相适应的医疗责任豁免制度和具体条款。立足当前安宁疗护发展的客观情况和紧迫需要,笔者认为,适用于规范安宁疗护服务的法律责任豁免制度应当符合以下基本要件:一是主体要件。安宁疗护责任豁免作为一种风险防范和分担机制,对其适用范围应当设置较为明确的限制,首先应适用于符合安宁疗护机构设置基本标准和管理规范,具备符合相应条件能够提供此类服务资质的医疗卫生机构或者其他社会组织。二是主观要件。医务人员应基于职业的道德良知,按照最有利于患者的原则,及时告知终末期患者实际病情以及将要提供的诊疗行为和安宁疗护服务方案。终末期患者按照自身意志作出接受安宁疗护服务决定的,不具备提供安宁疗护服务资质的医疗机构应当第一时间告知患者情况,积极配合做好转院交接工作,遵照终末期患者真实意愿取消或者不采取维生医疗措施。三是行为要件。医务人员施行的安宁疗护行为应当严格按照诊疗规范和医疗标准执行,即使患者明确作出接受安宁疗护服务的意思表

[①] 参见汪志刚、陈传勇:《安宁疗护的正当性及实施条件》,载《民商法论丛》2022年第1期。

示,并不意味着医疗机构及其医务人员法定救助义务的全部消灭,应当继续以安宁疗护患者预立的情况为界限在适当项目内对患者进行救治,但不得超范围履行救助义务。四是反向要件。在入院后、抢救前等重大时间节点,患者或者持有安宁疗护决定的相关人员应当及时出示安宁疗护决定。如果未及时出示的,不得以医疗机构及其医务人员违反安宁疗护决定抢救患者而要求其承担不利后果。综合上述分析可知,医疗机构及其医务人员对终末期患者进行安宁疗护服务期间即使发生提前死亡、身体出现损伤等情况,只要符合上述条件,根据"双重效应"原则,非因故意及重大过失侵犯患者合法权益造成损害或者诊疗明显不当的,无须承担由此产生的损害赔偿。如澳大利亚出台的《医疗许可与安宁疗护法案》(Consent to Medical Treatment and Palliative Care Act)第17条、第18条规定,医务人员为减轻终末期患者病痛而实施某些诊疗活动,已经获得患者同意,依据诚信原则与无过错原则,即便诊疗活动存在加速患者死亡的副作用,且不是导致其死亡的原因,不需要承担相应的法律责任。①

三、安宁疗护责任豁免机制设置的基本原则

为保障安宁疗护制度的妥善实施,除在相关立法中制定必要的免责条款,还应当建立健全规范安宁疗护行为的责任豁免机制予以保障。豁免机制的科学合理设置既是对患者及其家属合法权益的保障,也是对医疗机构及其医务人员正常执业活动、安宁疗护服务有序规范运行的保护,有助于实现覆盖整个服务过程的医疗风险防控与法律责任豁免的良性交互。一方面,责任豁免机制可以有效分散医疗机构及其医务人员提供安宁疗护服务可能承担的不可预见的现实风险,使其从"讼累"中解放出来,更好地为患者及其家属提供优质医疗服务;另一方面,责任豁免机制也可以倒逼医疗机构及其医务

---

① 参见李蓝:《我国安宁疗护立法的必要性和可行性研究》,江西财经大学2019年硕士学位论文。

人员强化医疗风险意识、完善必要防控措施、提高医疗质量要求，当医疗机构未采取符合法律责任豁免机制的适用条件和全面有效的诊疗活动风险防控措施时，将会因此失去原本能够享有的医疗法律责任豁免的资格。豁免机制在制度建构中需要坚持以下基本原则：

（一）遵循有效安宁疗护决定

安宁疗护机构及其工作人员在具体服务中应注意保障患者知情同意权与医疗自主权，全面、真实、准确、充分告知患者及其家属病情进展、放弃治疗、不予维生、医疗风险、可供选择其他安宁疗护服务方案等信息，供患者或者其家属经理性思考后作出符合患者自身利益的最优选择，且以规范方式获取患者及其家属接受或者不予接受具体服务方案的明确承诺与真实意愿表达。在得到患方真实意思表示后，医疗机构才可以最终确定和实施方案。患者行使医疗自主权从而作出的有效医疗决定，包括但不限于患者预立医疗指示、医疗代理人决定等，患方明确表示拒绝医疗机构对其实施相应的医疗措施的，除法律上有明确禁止性规定外，医方将不对其因遵循患者或者其家属的有效医疗决定而实施或不实施医疗措施的行为所产生的不利后果负责。对于已实施的维生医疗措施，患者或其家属也应有权要求终止或撤除，安宁疗护机构及其医务人员基于患者或其家属的有效决定直接终止或者撤除维生措施的行为不违反相关法规的规定，不应承担任何法律责任、负面评价或者其他惩罚。医疗决定代理人、见证人和医学伦理委员会成员等相关安宁疗护服务实施者、参与者，同样不因参与患者安宁疗护服务、放弃维生医疗措施、不接受有创抢救而承担相应的法律责任。

（二）符合生命伦理原则

基于医事法上的行善和不伤害原则，医疗机构及其医务人员应当按照诊疗规范和专业医疗标准为患者提供适合于其病情的医疗措施，慎用"专家权力"，尽量避免给患者造成不必要的身心伤害，不得让患者承受不必要的危险以及不必要的经济负担。对于那些已不能让患者从中获益或者益处明显小于害处的无效医疗[①]，医务人员无权且无义务提供。在安宁疗护服务活动中，医方应坚持患者至上原则，始终秉持人文关怀，优先考量患者利益，一切活动应当坚持以患者为中心，尊重患者意愿，维护患者生命和健康尊严，维护医患信任基础，努力保障患者的生命质量与生命价值，提供临终患者身心、精神状态等全方位的照顾，以及对患者家属的哀伤辅导。当医疗机构及其医务人员基于生命伦理原则进行良知抗辩，其对遵循或者不遵循患方的有效医疗决定所采取的医疗行为也应当免责。此外，医疗机构及其医务人员尽到合理注意义务后仍然无法得知患方已经接受安宁疗护服务而放弃维生医疗措施和急救抢救等行为，依旧实施了上述诊疗行为，应当免除与之相关的法律责任。

（三）秉持公平正义原则

医疗机构及其医务人员从事安宁疗护服务，应当合理分配有限医疗资源，承担起社会责任，这体现了医事法促进社会公平正义的基本价值，对规范包括医务人员在内的安宁疗护服务提供者的行为发挥着重要作用。公平正义原则是医事法的基本原则，要求医事法律关系主体从事医事活动时要秉持公平理念。表达安宁疗护服务意愿并作出最终接受服务决定的主体理论上应当是终末期患者本人，提供安宁疗护服务的医疗机构和其他组织内部具有行医、护理资质的工作人员是采取诊疗措施的具体实施人，社工人员、安宁疗护志愿者是提供心理支持、社会照护和人文关怀的重要提供人，在角色认定和法律责任划分上应当予以明确。此外，应当合理配置安宁疗护资源，保证所有符合准入条件的终末期患者都有平等接受安宁疗护服务的机会，尽可

---

① See Bernard Lo, Resolving Ethical Dilemmas: A Guide for Clinicians, 4th ed, Wolters Kluwer, Lippincott Williams & Wilkins, 2009, p.70–72. 美国学者伯纳德提出"严格定义的无效医疗"和"宽松定义的无效医疗"。前者可由医师依其专业单方面决定是否不施行或撤除，包括缺乏病理生理学上治疗依据、最大治疗下病人仍然心跳停止、在该病人身上已经失败的治疗；后者则需要医生与病人或其代理人经过沟通以达成共识，包括有价值的治疗目标无法达成、治疗成功的概率极低、病人存活的生活质量无法被接受、所预期得到的利益不值得将耗损的资源。

能缩小差异地区、不同划定等级、各种服务机构间医疗水平的客观差距。总之，要探索建立安宁疗护行为责任豁免机制，以健全完善制度机制的方式不断充实、积极落实安宁疗护免责条款。

四、安宁疗护责任豁免机制的完善

风险与责任是相伴相生的概念。在医疗风险的管理工作中，防范与处置同等重要。[1]笔者认为，对于安宁疗护服务这类特殊诊疗护理行为，应当强调从建立健全风险防控机制等方面确保其健康发展。

（一）建立健全审核评估机制

患者是否处于疾病终末期，需要专业医疗人员予以认定和鉴证，这是确保安宁疗护依法依规开展的关键。为安宁疗护进行专门立法的重要目的和内容在于保障患者合法行使法律赋予的医疗自主权，从而确保医疗机构及其医务人员能够基于患者病情和其作出的真实、有效的意思表示实施安宁疗护行为。通过法律规范明确接受安宁疗护服务的终末期患者的主体条件，即接受相应服务应当具备的法定要件（准入标准），以及申请、审核、评估、决定、接收、撤销等程序设计是建立法律制度的重要内容和当务之急。我们应当借助法律制度进一步规范安宁疗护服务实施进程中涉及的各类主体以及他们所享有的法律权利与被施加的法律义务的具体内容[2]，违反规范应承担的法律责任等，这是规范安宁疗护行为、豁免相关主体责任的制度基石和必然要求。对于患者是否可以接受安宁疗护服务的决定上，需要强化审查评估机制，医疗机构应当重点审核以下内容：一是经科学的医学诊断确定为适合于接受安宁疗护服务的临终患者；二是安宁疗护机构中具体实施诊疗活动的医务人员是否翔实地向接受服务的患者履行了相应的告知义务；三是实施诊治

---

[1] 参见马勇等:《美国基层医疗卫生机构的医疗责任豁免制度及对我国的启示》，载《医学与社会》2021年第1期。

[2] 参见周霜等:《临终关怀立法现状及探索》，载《医学与哲学》2017年第6期。

措施前已经取得临终患者或者其家属的有效医疗决定。这里主要讨论第一项内容，虽然国家印发实施的安宁疗护机构设置基本标准等相关规定已经明确了疾病终末期概念，但并未对这一概念给予精确的界定，在实践中对"疾病终末期"的理解至少应当把握以下两个维度：一方面，患者所患疾病确实为无法治愈的疾病，且病情将持续恶化、不可逆转和控制，即便给予维生医疗措施也无法逆转死亡的结果；另一方面，根据医学专业判断，患者因罹患该疾病已经进入生命的最后阶段，换言之，该疾病会在不久的将来致使患者死亡，具体临终期限很难给予准确的时间，当前一般采取最长不超过6个月的标准，这是现阶段比较容易达成共识的认定。

（二）完善预先医疗指示和代理决策制度

代理制度具有私法自治之扩张与补充的作用，其与受害人同意根植于人的自我决定权的本旨并不冲突。[①] 由于生前预嘱或预先医疗指示的本质其实是患者的医疗自主权问题，保证生命主体在意志独立基础上的自由行为，即个人的能动诉求通过行为将其意志外在化[②]，同时能够有效排除医疗机构在保护患者医疗自主权时可能承受的法律风险，在安宁疗护法律制度中具有极端重要性。当前，我国尚未通过专门立法的形式建立与安宁疗护相配套的预先医疗指示制度，实践中一般是按照其他法律法规关于知情同意权的相关制度执行。当患者具有民法上的自主进行意思表示的能力时，其作出有效医疗决定的方式与其他医疗行为知情同意模式相似，即医务人员会将诊断结果和治疗方案告知患者及其家属，在保证患方对有关情况已有较为充分知情的基础上，由患者及其家属共同签订《安宁疗护知情同意书》，表明自己接受服务的真实意愿，并采取或者拒绝某些医疗措施，医务人员应当严格按照患者意愿执行。预先医疗指示设立的目的在于确保患者在不能针对具体情况作出决

[①] 参见孙也龙：《医疗决定代理的法律规制》，载《法商研究》2018年第6期。
[②] 参见钱侃侃、吴侃：《预设医疗指示的美国经验及其法益基础》，载《杭州电子科技大学学报（社会科学版）》2017年第2期。

定时，仍然能够实现其真实的治疗意愿①，可以将患者知情同意权扩展到疾病终末期，消除医生在生前预嘱文件指示下放弃提供延长生命的治疗的任何可能责任。②当患者不具备独立自主表达自己意愿的能力时，如果是丧失行为能力的成年人此前存在有效预先医疗指示的或者已经指定医疗代理人的，经审查确实符合法律规定且不违背患者可推测的意愿的，原则上应当按照预先医疗指示或者由医疗代理人代为决定，这里所指的"医疗代理人"自然也包括那些临终患者的法定监护人。

为更好地保障患者享有的医疗自主权，可以激活意定监护的制度价值，在患者自身意识尚清晰的时候确定此后相关医疗事项的监护代理人，在其丧失自我意识和行为能力后，能够保证此前作出的预先医疗决定得以落地实施，并据此处理相应医疗事务。③这符合民事基本法律等相关规定中载明的意定监护的立法目的与制度预期。患者可在心智健全的情况下，先行指定代理人，或就是否进行治疗、治疗方案等内容进行书面医学预嘱，使提供安宁疗护服务的医疗机构或者其他组织在患者无法治愈的疾病终末期采取某些诊疗行为，可以依据和遵照其在先设立的有效生前预嘱的真实意思表示。建立在遵循患者明确意思表示基础上的医疗行为就不再是医疗机构和医务人员的个人行为，理应受到法律保护的，从而豁免医疗机构及医务人员的责任。医疗代理人或监护人代为决定时，应综合多方面因素按照可得推知的患者意愿进行，无法推测其意愿的则应当按照《民法典》第35条规定，本着最有利于被监护人的原则为了患者最佳利益配合专业医疗判断采取后续措施。这一原则也适用于民法上的无民事行为能力人、限制民事行为能力人，实践中曾发生过"天津无肛女婴案"，在本案中无民事行为能力的患者原本是可以被治愈的，但法定监护人却代为选择了安宁疗护服务，由此引起社会公众广泛

---

① See The Irish Law Reform Commission, Report on Bioethics: Advance Care Directives 200, p.2-3.
② See Turner & James C., Living Wills—Need for Legal Recognition, West Virginia Law Review, Vol.78, No.3, May1976, p.377.
③ 睢素利：《从伦理和法律的视角探讨患者自主权在预先医疗决定中的实现》，载《中国医学伦理学》2017年第10期。

关注。事实上，需要由代理人、监护人作出安宁疗护决定时，不仅要求安宁疗护主体、形式符合法律要件，而且要综合多方面利益从最大限度保护被代理人、被监护人的立场出发作出正当医疗决定。

然而，意定监护并没有实现彻底脱离原有法定监护制度体系的规范统辖，不能抵抗患者监护人或者其近亲属的外在干涉，自然也无法担负起支撑患者自主决定、对抗他人替代决定的使命。[①]以上实践中的操作方式实际上也只是过渡手段，最好的办法还是应当尽快建立起较为完备的预先医疗指示制度，并且进一步明确权利人可以随时变更或撤销已经作出的预先医疗指示，细化意定监护公证程序和内容，建立意定监护查询登记机制、生前预嘱等材料的电子注册制度，把自然人的有效医疗决定信息引入覆盖全国范围、全体人民的医疗健康信息化、大数据化建设中考量。[②]医疗机构共享查询公民医学预嘱电子注册信息，保护患者自主决定权和隐私权，维护预先医疗指示和意定监护的法律效力。

（三）建立专门审查监督机构

实行安宁疗护制度的目的在于保障患者的生命尊严，从患者订立预先医疗指示，到实施安宁疗护的具体医疗措施，涉及安宁疗护决定是否准确，患者自主决定权是否得到保障等问题。笔者认为，具有开展安宁疗护服务相关资质的各类机构应当设置负责审查与监督服务依法规范实施的相对独立的内设部门，防止因医疗资源分配不均、经济状况或者其他因素导致患者无法作出真实准确意思表示的情况，保障患者确实已经达到适用安宁疗护的条件，对安宁疗护的申请、认定、方案和具体实施过程进行综合评价和程序控制。实际操作上，具体可以参照已经出台实施的规范文件[③]，采取医疗机构医学伦

[①] 参见李霞：《论预先医疗指示》，载《东南法学》2018年第1期。

[②] 参见王岳、王雨：《依法保障安宁疗护良性健康发展》，载《中国社会科学报》2023年9月14日，第3版。

[③] 参见《涉及人的生命科学和医学研究伦理审查办法》（国卫科教发〔2023〕4号），2023年2月28日发布。

理委员会的模式对安宁疗护决定进行事前审查和全过程监督。医学伦理委员会是由相关领域医学专家、法学专业人员和医务人员以外的其他人等五人以上组成独立履职的组织,综合审查安宁疗护的准入和临床方案是否合乎伦理要求,并为之提供公众保证。医疗机构应当把患者相关情况提交医学伦理委员会讨论,决定是否接受患者的安宁疗护申请,主要通过会议审查的方式,审查以下内容:患者是否有接受安宁疗护的资格,研究医疗方案是否科学、是否符合伦理原则的要求,预先指示等医学文书提供的信息是否完整真实,获得患者医疗自主决策的过程是否合规等。在医疗伦理委员会认定患者已达到实施安宁疗护的医学标准后,还可以考虑由该领域内两名以上拥有副高级职称的医务专家共同决定,送交医疗机构负责人审阅确认并签字之后才可以交付执行。部分医疗机构的医疗水平不足,无法对患者是否符合安宁疗护准入条件作出准确的认定,可以考虑由该医疗机构之外的三甲以上级别医疗机构的专业医师辅助认定。如果医师与患者及其家属有利害关系,应当进行回避,因故意或者重大过失导致鉴定错误的,应当承担相应的法律责任。[①]此外,医疗机构还应协调行政主管机关、医学伦理委员会、社会组织、主治医生等建立起全面的监督管理机制,定期对安宁疗护执行情况进行复审监督,确保相关制度得以规范执行、落实到位。

(四)建立健全医疗责任保险制度

安宁疗护具备相当程度的公益属性,国家应当主动担负起必要的制度构建与兜底责任,从政策保障、制度规范、标准设定、经费支持等方面推动安宁疗护服务在全国范围内落地,研究制定符合发展规律的规范化、连续性的政策方案。此外,要灵活运用市场要素,注重发挥商业保险的补充保障功能,积极引导各类保险机构创新完善保障内容,提高保障水平和服务能力,鼓励各商业保险企业推出和基本医疗保险制度相衔接的安宁疗护服务商业责

[①] 参见尤金亮:《"临终关怀"的法律之维——法理基础、宪法依据与实体法规制》,载《法学论坛》2012年第4期。

任保险,积极响应落实《基本医疗卫生与健康促进法》第47条、《医师法》第52条等关于完善医疗风险分担机制、参加医疗责任保险等的规定。此外,《医疗纠纷预防和处理条例》第7条也曾提出过与之相类似的制度要求,但当时法条的表述仅为"鼓励参加医疗责任保险",并未施加法定义务。强制医疗机构参加医疗责任保险,分担安宁疗护期间可能出现的风险,也有助于缓解医患双方的对立情绪、有助于建立更加和谐的医患关系。

(五)建立安宁疗护行业协会

医疗领域具有极强的专业性,单一的行政监管和强制性法律规范无法有效满足行业快速发展需要,医疗行业自治自律、软法治理应运而生,与之相关的立法理念也从强调"政府规制"向"政府规制与自我规制并重"转变。[①]2023年全国两会期间,就有全国政协委员提交《关于加快推进我国安宁疗护服务发展的提案》,建议将该项服务定位为非营利性质的基本医疗服务,并成立负责安宁疗护服务监管的社会组织(行业协会),加强新兴领域、行业的自律管理。当前,我国缺乏推动安宁疗护发展的全国性行业协会,以及规范安宁疗护的具体技术规范、从业资质等。因此,应当积极发挥社会自治作用,成立安宁疗护专业协会等自治组织,依照法律法规开展服务资质认证、相关人员培训、理念推广、宣传引导等活动,制定完善自治规范、行业标准、医疗模式、评估指标,推动行业自律监督,促进行业健康发展。鼓励慈善组织等公益性社会团体和个人为安宁疗护服务提供物质帮助和支持,参与医疗保障和救助。

(六)其他责任豁免配套制度规则

第一,强化安宁疗护机构中工作人员等相关参与者的履职保障。相对完整健全的安宁疗护工作团队包括负责患者身体诊疗和心理健康的医生、护

---

① 参见罗英:《论我国食品安全自我规制的规范构造与功能优化》,载《当代法学》2018年第1期。

士、日常生活护工、社工、各类志愿服务与公益人士，以及有关亲属、知心朋友等。①安宁疗护工作人员角色定位和具体职责准确清晰是界定法律责任和服务风险，以及适用责任豁免条款的前提和关键。当前，提供安宁疗护服务的医务人员的诊疗职责是存在法律法规和诊疗规范的明确规定的，但是，涉及生活护理人员、社会工作者、志愿者等人员的职责和资质，以及他们与医务人员、护士的履职边界是缺乏法律和制度规制的，存在潜在的职业风险，该问题在社区、养老院等"医养结合"的安宁疗护机构更为突出。为此，国家应当以制度、规范的形式明确安宁疗护工作人员的具体职责，明确生活护理人员、社会工作者的资质认证和岗位培训，生活护理人员、社会工作者和志愿者应当隶属于依法注册成立的安宁疗护护理公司、志愿者协会和社工服务组织，涉及履职全过程、各环节都要接受机构统一管理。

第二，研究制定预防虐待的配套规则。随着安宁疗护试点工作的经验积累和推广，适应老龄化社会发展的需要，未来将覆盖更多疾病终末期患者，安宁疗护服务的获得也更为方便和普遍。现阶段，除其中包含的诊疗行为外，安宁疗护服务也更倾向于一种养老照护模式。因此，预防和应对虐待患者的行为也应当提早纳入法律制度中考虑，具体可规定相关医疗机构和养老机构经终末期患者及其家属或其医疗代理人的同意，于患者接受服务期间进行24小时照护监控录像，并保存至当事人出院或去世后三年，加强录像监督保管，注意患者隐私保护。

第三，建立健全见证人制度。由二人及以上与患者医疗代理人等没有利害关系的自然人对安宁疗护关键环节进行监督见证，尽可能保证患者在安宁疗护服务中的自主选择权和医疗决定权，由其在意识清楚和意识自主的前提下自行决定治疗方案、具体医疗措施等。特别是当患者决策场景不够自由的情况下，见证人有义务时刻关注患者的意识状况，并及时向医方说明情况，由医务人员根据最有利于患者的原则实施医疗措施和照护，必要时应当撤销

---

① 参见谢开等：《跨专业合作运作模式在临终关怀中的实践运用》，载《基层医学论坛》2009年第13期。

已经作出的医嘱,从而保障安宁疗护决定的客观真实,切实维护临终患者生命健康等基本权益。

第四,实现服务过程全程留痕。安宁疗护机构应当按照《病历书写基本规范》等规定加强安宁疗护电子病历系统建设,确保安宁疗护服务过程可以通过病历系统查询和追溯。由于安宁疗护服务过程中形成的病历资料可能会涉及患者情绪变化、家庭身心支持等医疗活动以外的内容,因此有必要考虑以这一领域及其特征为切入口,探索用叙事能力实践医学,寻找到一种医患双方联合参与医疗决策和诊疗经过的专属表达模式和话语体系。[①]此外,进一步规范安宁疗护服务所需要的医疗文书材料管理,强化病历资料归档和保管工作。

第二节 违反安宁疗护规范行为的民事责任

一、民事责任概述

在明确安宁疗护服务中的法律责任前,区分医疗行为属于医疗过失还是医疗风险是非常重要且必需的。医疗过失,又称诊疗过失或医疗错误,医疗过失会直接转入医疗纠纷中的医疗行为疏失的范畴进行讨论,且必然伴随着相应的法律责任。医疗风险是现阶段医疗发展水平和诊疗行为无法避免的产物,综合了医疗的技术性与社会性特征,并非医疗活动的主观疏失,法律规则选择对医疗风险进行治理和分配,不能直接推导出相应的法律责任。医疗风险与医疗过失的区分,有赖于专业人员对医疗纠纷案件中的具体行为进行专业评判方可确定。如果患者的损失全部是由不可预见的医疗风险导致的,则不承担法律责任,否则才有必要探讨法律责任问题。

[①] 参见李飞等:《叙事病历案例与分析》,载《医学与哲学》2022年第13期。

民事领域法律责任主要包括缔约过失、违约和侵权责任。①具体到医疗健康领域的民事责任，缔约过失类型相对较为少见，主要集中表现为违约和侵权两类。安宁疗护民事责任是指嵌入安宁疗护活动之中，一方或者双方当事人不履行法定或约定义务、侵犯患者及其家属（特定情况下也包括医疗机构、医务人员和社会工作者等）的合法权益而需要对行为人施加的不利法律评价。一般而言，在医事法律关系中，我们主要研究的对象和内容是医疗机构及其医务人员的民事责任，主要特征包括：一是安宁疗护的民事责任主要是侵权责任；二是民事责任主要发生在安宁疗护服务期间的医疗活动中，包括了准入诊断、症状治疗、日常照护等内容；三是责任主体具有特殊性，无论是违约还是侵权，安宁疗护民事责任主体主要是医疗机构、患者及其监护人等。值得注意的是，虽然在安宁疗护服务中，具体实施医疗措施和照护服务的是医务人员，但依据民事侵权相关理论，承担损害赔偿责任的主体应当首先归咎于安宁疗护机构。

二、民事责任类型

（一）违约责任

违约责任是指双方当事人因违反安宁疗护服务合同约定所应承担的民事法律责任，可以对应民事诉讼法上的医疗服务合同纠纷案由。按照合同法律制度基本原理，普遍认为，医疗机构与患者之间成立某种合同，产生相对应的权利义务关系，安宁疗护也不例外。因此，当事人双方在医疗过程中发生的纠纷属于合同纠纷，产生的责任自然属于违约责任。②对此，司法解释肯定了医患之间存在合同关系的可能，并进一步明确当医患双方就医疗服务合同相关争议提起民事诉讼的，并不能适用该司法解释。③换言之，医方和患

---

① 参见王利明：《民法》，中国人民大学出版社2006年版，第531页。
② 参见黄丁全：《医事法》，中国政法大学出版社2003年版，第539页。
③ 参见最高人民法院《关于审理医疗损害责任纠纷案件适用法律若干问题的解释》第1条第3款。

方在履行医疗服务合同期间出现违约情形应当承担民事责任，但该违约行为并未使患者固有权益受到损害的，则不属于医疗损害责任纠纷案件。安宁疗护服务同样可以被看作医疗服务合同，类推适用委托合同和意定监护制度。患者与医院签订生前预嘱协议，而医院未依约履行，造成患者身体、精神伤害或者经济损失的，应当承担违约责任。①安宁疗护机构及其医务人员、工作人员违反安宁疗护服务合同相关条款的，患者及其近亲属可以因人身损害以合同纠纷案由提起诉讼。

（二）侵权责任

在医事法律关系中，民事侵权责任主要体现为医疗机构或者其工作人员因主观过错而实施诊疗行为致使患者身体权、知情同意权、生命健康和人格尊严等合法权益遭到侵害的，因而需要依法承担的民事责任。侵权责任主要对应民事诉讼法上的"医疗损害责任纠纷"案由，我们所讨论的安宁疗护服务中的侵权责任主要是以医疗损害赔偿责任为依托，两者具有较强相似性。

（三）侵权与违约竞合

如果诊疗过程中因医方过错造成患者人身财产损失的，可能发生侵权与违约同时成立的情况，患方可以根据具体情形权衡利弊后自由选择。两种诉之选择主要存在以下区别：一是在责任承担的前提方面，违约责任的产生以医患双方存在合同关系、产生了民法上的权利义务为前提，而损害赔偿并不是严格根据医患双方建立的服务合同关系而产生的，而是以医方侵权行为的发生作为请求根据。二是在侵犯的权益方面，违约责任中所侵犯的权益是由合同关系产生的相对权，侵权责任则是侵犯患者享有的财产权、人身权等绝对权。三是在依据的事实基础方面，侵权责任一般要求有医疗损害事实的存在，而违约责任则不必须有某一损害事实的发生。此外，两者在赔偿范围与

---

① 参见吴国平：《我国生前预嘱制度实践探索与立法构想》，载《法治研究》2023年第5期。

计算方法、举证责任程度与难度等方面也存在较大差异。

（四）其他民事责任

医疗卫生领域还可能存在民法上的无因管理责任，在一些特定情形下，安宁疗护机构及其医务人员或者其他人员抢救危重患者可能构成无因管理。医疗机构的无因管理行为，使医疗机构和患者之间形成了债权债务关系，使患者有给付必要抢救费用的义务，医疗机构由此获得了要求被救人给付必要抢救费用的法定请求权。

三、医疗损害责任

医疗服务合同纠纷主要集中于医疗费、医疗美容、司法鉴定、医疗机构义务履行、病历等方面的争议，相较于医疗损害责任纠纷而言，案件数量、发生频次等在全部医疗纠纷案件统计中尚属少数。因此，我们将讨论的重心放到安宁疗护领域可能存在的侵权法律责任上。质言之，医务人员以故意或者过失的主观心态在采取医疗措施的时间、方法、行为、内容上不符合医学标准和操作规程而造成患者损害后果发生，符合《民法典》关于侵权行为主观、客观、行为、结果等构成要件的，应当承担侵权责任。[1] 安宁疗护作为一种特殊的诊疗行为，其涉及的民事责任问题与普通诊疗行为存在一定程度上的同一性。当医疗机构或者其医务人员违反安宁疗护诊疗规范，致使患者生命权、健康权受损的，应当承担损害赔偿责任。具体涉及以下几方面内容：

（一）因未尽法定告知义务产生的法律责任

安宁疗护过程中医疗自主权的落实有赖于服务提供实施者告知说明义务的履行。特别是医务人员在实施具体诊疗措施前必须向患者详尽说明即将

---

[1] 参见吴国平：《我国生前预嘱制度实践探索与立法构想》，载《法治研究》2023年第5期。

实施的医疗行为的实施方案、实施风险、实施效果及可能引发的并发症等后果，并在详备释明的基础上获得患者的确认同意后，方可实施诊疗措施。由于安宁疗护服务采取的诊疗措施和方案可能与传统的诊疗规范并不一致，责任豁免也是基于患者的知情同意权。因此，对提供安宁疗护服务的医务人员的告知义务要求也会更为严格。《民法典》等以法律形式规定了医方对患者病情、拟实施诊疗措施等情况的法定告知义务。由于告知内容和方式存在较大的自由裁量空间，导致在安宁疗护的实践当中，医生通常以简单告知方法隐瞒患者真实病情，使告知义务流于形式。[①] 实践中容易出现医务人员未充分、全面履行告知义务的情况，从而影响到患者医疗决定权的行使，最终产生医患之间的法律纠纷，如果因此致使患方人身或者财产权益遭受损害，还应承担赔偿责任。同时，涉及终末期患者知情同意权保护也与之存在一定的冲突，在我国传统社会文化中家属多以安慰患者考虑而适当隐瞒病情，希望医务人员协助配合，患者的医疗自主权也会因此受到一定限制。在安宁疗护领域也可能出现医务人员未如实告知患者真实病情进展，对患者作出真实、准确的医疗抉择产生不利影响，或者医务人员罔顾其意思表示而开展专断诊疗，以上行为均涉嫌对患者知情权、医疗自主权甚至生命健康权和人格尊严等权益的侵犯。

（二）因未尽注意义务产生的法律责任

医疗赔偿责任承担的前提在于判断安宁疗护机构及其医务人员是否尽到法律规范规定的相应注意义务，是否对损害结果存在诊疗过错。这个关键点是如何准确界定法定注意义务的边界，以及如何认定违反注意义务的具体标准与方法，且应当充分考虑时间、地域、功能、具体案情等因素。实践中，涉及安宁疗护服务中诊疗活动以外的其他行为未履行到位是否构成违约或者侵权还有待商榷。例如，实践中医患双方就曾对疾病终末期患者采取心理干

---

① 参见罗雅文、马智群：《基于医学伦理精神的医疗告知法律制度的完善》，载《医学与社会》2017年第1期。

预措施是否属于医疗机构的注意义务产生过争议。① 例如，赵某因患癌症晚期住院治疗，在住院期间跳楼自杀，患者家属以医疗机构未进行心理照护、未全面履行注意义务为由将院方诉至法院，法院经审理认为，对终末期患者施以心理干预等医疗照护措施，仅为医疗机构及其医务人员在职业道德上的更高要求，无法证明采取此措施属于医方的注意义务。② 如果将此案基本案情置于安宁疗护服务过程中分析，心理支持作为安宁疗护的主要行为和重要目的，可以推导为安宁疗护机构及其工作人员的法定义务，同时作为安宁疗护服务合同的内容之一自然产生了约定义务，当医方未尽到法定或者约定义务时，需要对死亡后果承担违约或者侵权责任。

（三）因产品质量产生的法律责任③

安宁疗护服务中需要使用药品、医疗器械、血液等医疗产品，相关损害责任时有发生，应当注意两方面内容：一是因药械、血液制品等的质量问题引起的损害后果，应当由医方和产品生产者、提供者承担民事连带责任，即患者可选择向生产和提供者主张权利，也可选择向医方主张损害赔偿责任，其选择直接向医方主张权利的，医方履行赔偿责任之后，有权向生产、提供者进行追偿；二是对于医务人员错误使用药品、医疗器械、消毒药剂、血液造成患者损害的，应按照一般的医疗损害案件由医疗机构及其医务人员承担过错责任。

---

① 参见陈颖、杨继群：《临终关怀服务团队的职业法律风险与防范》，载《医学与哲学》2019年第7期。

② 参见毋某、赵某诉某市人民医院生命权纠纷案，河南省焦作市中级人民法院（2013）焦（民）二终字第00214号民事判决书。

③ 《民法典》第1223条规定，"因药品、消毒产品、医疗器械的缺陷，或者输入不合格的血液造成患者损害的，患者可以向药品上市许可持有人、生产者、血液提供机构请求赔偿，也可以向医疗机构请求赔偿。患者向医疗机构请求赔偿的，医疗机构赔偿后，有权向负有责任的药品上市许可持有人、生产者、血液提供机构追偿"。

（四）因侵犯隐私产生的责任[①]

在安宁疗护服务中，医疗机构及其医务人员、社会工作者等服务提供主体和人员有机会获悉大量患者的隐私和个人信息，包括但不限于患者的身份信息、身体状况、病情发展、日常习惯和行为信息，甚至是家庭生活信息。安宁疗护机构及其工作人员对其接触和掌握的患者隐私和个人信息负有保密义务。实践中泄露患者隐私的情况并不少见，如北京某医院工作人员利用其在医院工作的便利，出于炫耀目的，将某演员的个人病历拍照发至微信群，导致信息扩散，社会影响恶劣，涉案工作人员最终被依法行政拘留。在安宁疗护服务实践中，相关工作人员获悉的、可能侵犯患者及家属的隐私和个人信息较普通诊疗活动中更为丰富，主要包括：一是患者的身体、私密空间、身份识别信息；二是患者以往和近期的健康状况，包括但不限于疾病状况、病情发展、生理缺陷、病历资料等；三是患者在疾病终末期阶段可能需要分享一些个人隐私信息，如家庭情况、过往经历和生活习惯等。

（五）因过度医疗检查产生的法律责任[②]

安宁疗护服务中也会涉及对患者进行医疗检查，部分项目价格较高、创伤较大，患者的合法权益容易受到侵犯。但是，《民法典》第1227条只规定了禁止"不必要的检查"，并没有将"不必要的治疗"等内容纳入法律规制范围，也未规定具体的法律责任，"是否必要"亦缺乏法律上的明确标准。笔者认为，该条文应该适当作扩大解释，即使不违反诊疗常规也可能存在过度医疗问题。

---

① 《民法典》第1226条规定，"医疗机构及其医务人员应当对患者的隐私和个人信息保密。泄露患者的隐私和个人信息，或者未经患者同意公开其病历资料的，应当承担侵权责任"。《民法典》第1032—1034条还规定了自然人享有隐私权，同时个人信息受到法律保护。

② 《民法典》第1227条规定，"医疗机构及其医务人员不得违反诊疗规范实施不必要的检查"。

（六）因侵犯医疗自主权、人格权等其他合法权益产生法律责任

终末期患者时常由于无法预知的意外和其他突发情况而失去自主表达的能力，若此前未能及时预立医疗指示，在各方给予的压力负担作用下，其基本权益相较普通患者更容易受到忽视。除人身权、隐私权等传统民事权益在医疗卫生领域受到法律特别规定而单独保障之外，患者的医疗自主权、人格权、善终权等合法权益更应当作为安宁疗护服务的重点予以关注，安宁疗护服务提供者侵犯上述权利造成患者人身、心理等遭受损害的，应当承担赔偿责任。医疗机构明知是不符合特定标准的患者，或者在缺少医疗鉴定意见的情况下而任意接收临终病人的，造成延误病人医治的，应当承担相应的侵权责任。[1]实践中也存在医方违背患方真实意愿而独断专行的问题。如患者家属以医疗机构未征得其同意而对危重患者施加了胸压抢救，违背患者生前意愿为由向法院提起诉讼。法院审理认为，实施抢救前医疗机构在已获悉患者在生命最后时刻要求不希望施以有创抢救的情况下，未按患者意愿进行处置；患者长期住院病情日趋加重，然而医患双方对此沟通不够，对患者发生猝死的预见性强调不足，导致家属对患者死亡未做好心理准备，判决医疗机构补偿患者家属2万元。[2]患者根据自身生活经历、价值观、世界观和人生观等作出决定，其生命健康状态应当符合人体生理规律，而不能加以人为因素控制，如注射过量镇痛剂，更换甚至停止基础病用药等，上述行为属于故意伤害行为，严重者可以追究刑事责任。此外，也可能出现患者亲属或者医疗代理人滥用代理权的情况，患者近亲属违背患者真实意愿，作出不符合临终患者最佳利益的医疗代理决策，可能直接导致对患者生命健康、人格尊严等权益的侵害，在刑法上可能构成故意伤害罪、滥用职权罪、渎职罪以及过失致人死亡

---

[1] 参见尤金亮：《"临终关怀"的法律之维——法理基础、宪法依据与实体法规制》，载《法学论坛》2012年第4期。

[2] 参见王某等人诉某医院医疗损害责任纠纷案，上海市第二中级人民法院（2012）沪二中民一（民）终字第1197号民事判决书。

等罪名。如张某某等与温某等人格权纠纷案①，患者赵某某签署《患者授权委托书》，委托张某某在其本次住院期间为配合医院实施保护性医疗措施时，作为全权代理人，并可签署有关检查治疗方面的同意书，包括但不限于病情出现变化需要抢救、决定手术方案等，张某某代为签署拒绝治疗同意书，最终赵某某死亡。法院审理认为，当治疗对生命的康复已无能为力而只能使生命保持一种低质量的存续状态时，选择有尊严地死亡是患者生命权的应有之义。

（七）其他可能涉及的民事法律责任

一是侵犯医务人员合法权益。②如果患方有侵犯安宁疗护机构医务人员、社会工作者等工作人员的合法权益的，应当按照一般主体侵权的规定承担相应的法律责任，主体反之亦然。二是未尽到安全保障义务。《民法典》规定了公共场所的管理、维护者应当对场所安全和秩序履行保障义务，接受安宁疗护服务的患者大部分是年老、体弱的，确保服务活动场所和场景的安全秩序至关重要。因此，提供安宁疗护服务的医疗卫生机构及其医务人员应当依法履行好安全保障义务，避免发生侵权。例如，保持病室地面不湿滑，安全标识醒目，配备防跌倒设施，轮椅与平车使用前应先检查，保证完好无损，确保安全。三是护理员护理不当导致的侵权。很多老年患者因严重疾病或者机体功能退化等原因，需要护理员日常生活照护，但由于准入门槛不高、未进行专业培训导致很多护理员缺乏专业护理知识和技能，容易因为护理操作不当造成患者人身伤害，护理人员对此有过错的，安宁疗护机构应当承担相应责任。如护工将失能患者抱到床上时，不小心造成患者股骨下段粉碎性骨折，由于护工在提供服务前并未获得相关资格证书，法院经审理判令安宁疗护机构对损害后果的发生承担所有民事责任。③此外，实践中还发生过因病

---

① 参见张某某等与温某等人格权纠纷案，北京市第二中级人民法院（2020）京02民终7645号民事判决书。

② 《民法典》第1228条规定，"医疗机构及其医务人员的合法权益受法律保护。干扰医疗秩序，妨碍医务人员工作、生活，侵害医务人员合法权益的，应当依法承担法律责任"。

③ 参见陈琼珂：《入院老人遭遇意外谁担责》，载《解放日报》2014年1月20日，第7版。

历资料缺失导致侵权事实无法查清而承担赔偿责任。如患者入院后因压疮导致病情持续恶化最终死亡，但患者住院期间的病历资料无故丢失，院方认为安宁疗护的病历并不重要，未保管到位，法院审理认为由于院方没有妥善保管患者病历资料，致使医疗行为和死亡后果两者是否具有因果关系、有无过错等关键问题无法予以认定，医疗机构应当承受举证不能的不利法律后果，判令赔偿患者全部损失。[①]

四、民事责任的承担方式

（一）一般责任承担方式

第一类为排除妨碍等，指针对有碍他人行使民事权利、享有民事权益的行为，受害人可依法请求行为人及时排除这种妨害、障碍性行为，停止侵害和消除危险本质上与之相似，不再赘述。第二类是返还财产等，指就非法侵占他人财产的行为，被侵权人得依法请求侵权人予以返还，恢复原状等相并列的几种复归原有状态的担责方式也属于此类。第三类是继续履行，指当合同一方当事人违反合同约定不继续履约时，可以请求人民法院强制违约一方当事人继续实际履行合同约定的内容。第四类是赔偿损失，指针对不履行合同义务或不依约履行合同的行为、侵权行为及其他一些民事违法行为，给对方造成财产损失时，受害方有权主张由违约方（或侵权人）以财产进行赔偿；支付违约金也属于广义上赔偿损失的类型，指应当依照合同约定支付合同相对方金钱，或给予财产的方式。第五类是赔礼道歉，指针对民事主体受到损害的人身权，以及受侵害的财产权，请求实施加害的自然人对自身所实施的侵害行为向被侵权人赔偿，努力获取其谅解的方式。

---

① 参见李牧鹏、张颖：《临终关怀医院的是与非》，载《民主与法制时报》2011年10月25日。

（二）精神损害赔偿

如果患者及其近亲属因安宁疗护服务提供主体的违法违规行为遭受严重精神痛苦的，还可同时根据相关法律条款向安宁疗护机构主张精神损害赔偿，成立条件如下：一是安宁疗护服务侵犯了患者生命、健康、人格尊严等合法权益，但单纯的精神层面的痛苦并不必然能够获得精神损害赔偿支持；二是主观层面存有过错；三是精神方面造成的损害后果要达到一定的严重程度，这是判断是否构成精神损害赔偿要求和给予赔偿数额多少的重要依据和标准。安宁疗护服务更加关注患者内心安定，为处在生命最后时刻的患者提供身心、精神等多维度悉心照护与关怀的功能，控制痛苦和不适症状，帮助患者舒适安详生活。因此，患者生命健康权益受到侵害时，有必要为其提供申请精神损害赔偿的畅通救济方式。

（三）惩罚性赔偿

《民法典》及相关司法解释[①]明确规定了恶意生产、销售不合格医疗产品导致人身严重损害的惩罚性赔偿问题，安宁疗护服务中会涉及医疗产品的运用，当然可以适用相关规定载明的惩罚性赔偿。

第三节　违反安宁疗护规范行为的行政责任

一、行政责任概述

安宁疗护的行政法律责任是指安宁疗护服务提供主体在实施安宁疗护行

---

① 《民法典》第1207条规定，"明知产品存在缺陷仍然生产、销售，或者没有依据前条规定采取有效补救措施，造成他人死亡或者健康严重损害的，被侵权人有权请求相应的惩罚性赔偿"。最高人民法院《关于审理医疗损害责任纠纷案件适用法律若干问题的解释》第23条规定，"医疗产品的生产者、销售者明知医疗产品存在缺陷仍然生产、销售，造成患者死亡或者健康严重损害，被侵权人请求生产者、销售者赔偿损失及二倍以下惩罚性赔偿的，人民法院应予支持"。

为过程中存在行政违法行为或者某些特定的法律事实的出现所引起的具有惩戒或制裁性的否定性法律后果。具有以下主要特征：其一，相关主体在安宁疗护服务中担负不同工作职责，医事法律法规和其他安宁疗护诊疗规范规定了他们的权利和义务，当他们违反了该范畴下某项具体的法定义务，就有可能承担一定的不利后果。其二，未超出行政法规定的违法限度，未突破进入刑事法律领域，因而只需要适用行政法上的制裁措施。其三，属于公法上的责任，是由行政违法行为的具体实施者向国家承担的法律责任。其四，行政责任具有法律意义上的强制性，只能由享有法定职权的机关按照法定条件和程序予以追究，因违法行为主体的不同追究机关也有所不同。其五，责任承担方式具有多样化，大体上可分类为行政处分、行政处罚与损害赔偿。

二、追究行政责任的基本原则

（一）责任法定原则

该原则包含法定性、合理性、明确性的细化要求[1]，即行政法律责任应当以法律形式在事前明确规定，且设置应当合乎情理。[2]安宁疗护机构及其工作人员、患者及其家属存在违反行政管理秩序的违法行为，应依法追究行为人法律责任的，应当严格按照有关规定，由有权机关遵照法定程序执行。

（二）合理行政原则

行政机关实施职权范围内的社会管理活动、追究法律责任应当客观、真实、合乎情理，这既是行政法上的基本原则，也是追究法律责任需要遵循的重要准则，是实质法治的具体表现，在实施和审查具有自由裁量性质的法律行为过程中得到广泛适用。具体包括以下原则：一是公平公正原则，违法行

---

[1] 参见乔博：《论〈民法典·侵权责任编〉的立法价值》，载《河南社会科学》2020年第12期。

[2] 参见张文显：《法理学》，高等教育出版社2011年版，第173页。

为所应承担的责任和所受到的处罚相适应，即通常所说的"罚责相当"。卫生健康行政主管部门应全面、客观、公正地对涉事案件进行调查核实、收集具有相关性的证据材料，依据法律法规的明文规定，决定对违法行为人追究医疗行政责任。二是考虑相关因素。针对行政管理活动或违法行为开展自由裁量、给予决定时，只得考虑符合法律和行为目的的各种因素，不能将其他无关内容纳入考察范畴。三是比例原则。行政机关坚持合目的性、适当性和损害最小原则，行政机关在追究法律责任时应当明确立法目的、法律精神和法条真实含义，作出综合性判断，使目的、手段、结果等要素间存在正当性。

（三）处罚与教育相结合原则

处罚与教育是行政法律责任的两项重要职能，具有相互不可替代的价值和功能。追究安宁疗护服务领域行政责任，对违法行为人进行惩罚和制裁的直接目的是教育纠偏，安抚患者及其家属的情绪，恢复正常的社会秩序，同时采取处罚和教育的手段督促行政违法行为人改正错误，实现对社会公众自觉遵规守法的正向引导作用，有效防止违法行为再次发生，也是对社会上的广大公众进行教育，自觉提高法治观念和意识。此外，实践中存在因为某些法定事由对部分行政违法行为不予处罚的，应当加强对违法行为人的批评教育，防止违法行为再次发生。

（四）程序正当原则

程序正当可以解析为以下具体内容：一是公开原则。除法律明确规定应当保守的秘密、隐私外，行政机关实施社会管理、作出处罚等执法活动应当公开，以保障公民的知情权。关于追究安宁疗护行政责任的有关规定和程序必须是通过公开程序向社会公布的，未经公开的规定，不能作为追究行政责任的依据。二是公众参与原则。重要规范性文件、行政决定的制定或者作出，应当听取关涉切身利益的社会公众的意见建议。相对人对处罚和决定不服的，可经由复议、诉讼途径主张维护自身合法权益，卫生健康行政主管部门违规执法造成相对人损害的,其可以向有权机关提出赔偿诉请。三是回避原则。卫生健康行政主管部门的办案人员如果与案件、相对人有利害关系,可能有碍后续公正处置的,应主动予以回避。

三、行政责任的构成要件

科学、公正、合理、准确地确定法律责任的构成,是保护责任主体的合法利益、维持正常管理秩序、促进社会发展进步的关键前提。[①]安宁疗护行政责任与其他普通法律责任的成立要件在实质层面没有区别。

(一)违反行政管理秩序的行为

行为违法性是指行为人的行为客观上违反了安宁疗护相关法律规范的强制性、禁止性规范或者违反了医事行政法律义务,构成行政违法,包含作为和不作为两类。以积极方式直接实施的行为属于作为,如安宁疗护服务中,医务人员未经亲自诊疗就签署医学文书、下达医嘱,出具或者实施不在执业资格范围内的材料、行为。不作为是相对于作为而言以消极方式实施的行政违法行为,如医务人员应当如实向患者及其家属告知病情等信息而未如实告知就属于不作为的违法行为。

(二)违法行为造成危害后果

行为的危害后果指向患者及其家属人身健康、财产损失和对社会秩序的破坏等各类损失。原则上,行政违法行为是否造成现实的危害后果并不一定作为行为人承担行政法律责任的必要条件,有时只是判断责任轻重的依据。此外,有法律规定即使没有造成危害后果的医疗违法行为也应当承担行政责任,如《献血法》第 22 条关于医务人员违法使用不符合国标的血液的规定,行为人对此没有导致损害结果,相关部门也应给予责令其改正的处罚。这里

---

① 参见张文显:《法理学》,高等教育出版社 1999 年版,第 124 页。

需要指出的是，在法律规定没有造成危害后果的医事违法行为也要承担医事行政责任的情况下，所谓"没有造成危害后果"是指没有造成直接现实的人身或者财产方面的损害，对医疗法律秩序和社会公共秩序的危害则是确实存在的。

（三）成立法律上的因果关系

这是指违法行为与危害结果两者间有着必然的联系，一般来讲，在法律法规明确不以危害后果作为行为人是否承担法律责任的必要条件时，便不存在必须考量该要件的问题。

（四）行为人存在主观过错

《行政处罚法》从我国法治发展的阶段特征和具体国情实际出发，把主观过错作为行政处罚行为考量因素，确立了行政处罚二元归责模式，即"无过错责任"与"过错责任"并立的行政处罚责任归责体系。[1] 这主要是考虑到日常繁重的行政执法任务，如果简单适用类似于刑法上的归责原则，全部划定交执法机关来担负证明违法者存在故意或者过失的内心态度，将会大大增加日常行政执法负担，使行政机关陷入调查取证工作中，与行政执法突出高效便捷的理念相违背。然而，在医疗行政违法领域，由于案件的复杂性和专业性，主观过错很多时候是追究行为人行政责任的构成要件。例如，医疗事故在法律上定位就是由行为人主观过失所致，追究相应责任人的行政法律责任应当以其存在过错为构成要件。需要注意的是，当法律明确规定过错作为构成行政法律责任考虑要件时，才必须将其作为归责要件予以考虑，法律法规未明确规定这一要件时，原则上也可不必考虑主观因素，只需参照行政处罚等一般行政管理活动处理。

---

[1] 参见程琥：《论行政处罚过错推定的司法审查》，载《行政法学研究》2022年第2期。

四、行政责任的承担方式

（一）行政处分

行政处分作为一种惩戒方式[①]，是基于行政隶属关系而产生的内部行政行为，责任人不自觉履行的，有权机关可以予以强制执行，被处分人对惩戒结论不认同，有权依照相关程序启动复核、申诉的救济手段。安宁疗护领域涉及的行政处分问题可以总结为下列特征：一是实施行政处分的机构是具有行政隶属关系和行政处分权限的卫生行政主管机关和医疗卫生机构；二是被行政处分当事人是实施了医疗违法或渎职的医疗卫生行政机关和安宁疗护机构的工作人员；三是当事人尚未构成刑事犯罪。行政处分的种类主要包括警告直至开除等六项，并规定了处分的期限及附属的执行内容。如《医师法》第62条规定，卫生健康主管部门和其他有关部门工作人员或者医疗卫生机构工作人员有弄虚作假等行为的，依法给予处分。此外，《医疗事故处理条例》中也有针对不成立犯罪的行为人施以行政（纪律）处分的条款，这里所称纪律处分与行政处分并不相同，其专门适用于违纪行为，被处分的对象为党组织和党员，不属于行政法律责任的讨论范畴。

（二）行政处罚

2021年《行政处罚法》修订提出了行政处罚的规范概念，根据此概念的内涵和外延，可以归纳出行政处罚应具有的以下五个方面特点：其一，制裁有强制执行效力，对违反医事行政管理法律规范的行政相对人的某些权利进行限制、剥夺，或者附加新的义务。其二，行政处罚适用的前提是行政相对人实施了违反安宁疗护相关法律法规、诊疗规范的行为。其三，执行处罚的主体是法律明确赋予的享有处罚职权的国家机关。其四，处罚行为应当是在有权国家机关法定的职权范围内作出的，且严格遵照法定处罚程序。其五，处罚的承受者是违反行政管理秩序和规范的人员。

[①] 参见高铭暄、张慧：《论贿赂犯罪的贿赂"范围"》，载《法学杂志》2013年第12期。

行政处罚与行政处分均为行政法律责任承担的具体形式，均可以适用于安宁疗护服务领域，但两者也存在明显区别。一是适用对象不同，行政处分属于一种典型的内部行政行为，只适用于具有一定行政法上隶属关系的工作人员；而行政处罚则适用于所有实施违法行为的一般主体。二是违法行为性质不同，行政处分适用的一般是违法失职行为，是基于医疗卫生机构内部管理权限作出的；而行政处罚则适用于违反法律法规和其他规范性文件的违法行为，是基于管理社会卫生公共事务的外部职权作出的行为。三是处罚的机关不同，实施行政处分的机关是被处分人所在单位或者纪检监察机关，而实施处罚的主体主要是具备或者被授予（或委托）法定行政处罚职权的国家机关和其他组织。四是具体执行机关不同，行政处分一般是由作出行政处分的单位执行；而行政处罚通常是由有权国家机关执行，在某些特定情况下也可以申请有管辖权的法院予以强制执行。五是救济方式不同。当事人对处罚结果不认同的，可以向作出处罚的主体的上级机关申请行政复议，也可以径直向有管辖权的审判机关提出诉讼请求；而处分的法定救济渠道是行政系统内部相对封闭的复核与申诉。依据行政处罚的具体内容和法律属性，可以将处罚的几种法定方式总结归纳为以下类型：

1. 申诫罚

这里主要指针对违法行为轻微且未造成实际危害后果的相对人施加的以"警告"为名的谴责和训诫。区别于日常生活的口头警告，作为行政处罚的警告，由行政机关以书面形式作出决定并予以送达，主要起到教育作用。按照行政处罚来源和设定权的相关规定，法律位阶在规章及以上的法规均可设置警告的处罚，因而"警告"普遍出现在规范医疗卫生领域的法律法规和规章之中。

2. 名誉罚

这里主要指的是2021年法律修改新增的"通报批评"。通报批评和警告都在一定程度上减损了被处罚对象的名誉和声誉，但是警告是针对行政相对人个人，并不公开；而通报批评是在一定范围内公开列明某人的不法行为来实现对声誉、名誉减损的影响。

3. 财产罚

这里主要包括罚款、没收违法所得和非法财物三项。罚款是现实生活中追究行政法律责任使用最为广泛的一种方式，表现为在适度范围内对违法行为人合法财产权的有限剥夺。如果行政违法相对人的金钱所得本来就是非法收益，则应当依法加以没收，而不是作为罚款进行处罚。违法行为人如若违反了医疗卫生领域法律法规等的规定，扰乱了正常医疗管理秩序，依照相关规定就可以依法予以罚款，如《医师法》第57条就对医师不按照注册执业地点、范围等要求违规执业的行为设置了一定的罚款惩罚和数额幅度。不同于罚款，没收违法所得是对行为人以违法手段获取的全部财物予以剥夺；没收非法财物则是没收违法行为人非法占有的用于非法活动的资金、工具等财物，此两种处罚方式在医疗领域法规当中也较为常见，故不赘述。

4. 行为罚

除延续"责令停产停业"之外，2021年修订的《行政处罚法》还进一步将此前广泛运用于实践中的限制生产经营活动、责令关闭、限制从业等方式载入法律之中，由此正式转化为行政处罚的法定形式。责令停产停业主要适用于较严重的涉及经营性质的行政违法行为，在一定时期内通过限制或者剥夺违法行为人从事某些活动的能力，间接附期限地限制了其财产权，同时给违法行为人预留了在法定期限内及时进行纠正整改、履行应尽的法定义务等改过空间，如《医疗机构管理条例》第47条就对医疗卫生机构聘用不符合相应资质的人员实施诊疗活动的违法行为设置了由主管部门责令其限期改正这一较为轻缓的罚则，切实将行政处罚的教育职能落到实处。限制开展生产经营活动是对具有经营自主权的市场主体的生产经营活动的类型和范围予以限制，目前在医疗卫生领域的规定和适用相对较少。此外，在医疗卫生领域，暂扣许可证、执照是卫生健康行政主管单位对行政相对人采取的暂时中止其从事某种活动的权利和资格的一种处罚形式，整改合规后可以恢复其相关资格和活动自由，如《医疗废物管理条例》对相关主体没有及时向主管部门报告、没有第一时间采取有效措施妥当处理医疗废物泄漏等事件的，可以给予涉事单位暂扣经营许可证件的惩戒处理。与之相比，吊销许可证、执照是对违法行为人的权益影响较大,预防效果和威慑力也更强的处罚方式,在医疗卫生行政监管领域较为常见。最后,限制从业是对公民个人履职行为和自由的限制,即限制公民从事一定职业,包括在一定时间内限制和终身禁止,《医师法》针对医务人员严重违背职业道德、伦理规范的行为,设定了不同时间期限的限制直至终身禁业的罚则。此外,法律还规定了责令关闭的行政处罚形式,其与责令停产停业广泛应用于环境卫生保护和安全生产等领域,在不能通过限制经营活动和责令停产停业的严重情况下,可能会采取责令关闭措施。

5. 资格罚

这里具体包括了暂扣或者吊销许可证照、降低资质等级的处罚形式。暂扣许可证是对违法行为人所拥有的资质的限制,一般附有期限或条件。吊销许可证件则意味着剥夺了当事人继续实施曾经被许可、有资格从事的事项和活动的权利,如《医师法》针对医师在开展医疗活动中有泄露就诊人隐私或者个人信息等行为,规定了根据具体情节的轻重最高施以吊销医师执业证件的惩罚。降低资质等级是2021年修法新增加的内容,是指降低企业等相关单位在行业内专业水准、质量、信誉等的综合评价,可以预见此处罚形式会对包括医疗卫生机构在内的市场主体后续的经营活动产生较大的负面影响。

6. 人身罚

这里主要指行政拘留,属于最严厉的行政处罚,只能由法律设定,并且由县级以上公安机关等法定机构来决定和执行,如《医师法》第60条强化了对医师的正常履职行为以及人身财产安全、职业尊严的立法保护,明确规定了他人有阻碍医务人员依法开展执业活动,干扰其正常的工作、生活等违反治安管理规定的行为,应当依法处以行政处罚。这里所指的违反治安管理规定的处罚就包括了行政拘留,行政拘留也是落实该条文最为严厉的处罚措施。

五、安宁疗护法律规范中对行政责任的规定

除上文列举的安宁疗护服务机构及其工作人员违反医事行政法规和安宁疗护诊疗规范所导致的医疗事故等违法行为，应当承担行政法律责任之外，法律规范还规定了针对安宁疗护的专门行政责任。

（一）违反安宁疗护机构建设标准的行政责任

《安宁疗护中心基本标准（试行）》从安宁疗护服务可能涉及的相关内设机构配置、建筑要求、人员床位、设备设施等方面较为全面地规定了安宁疗护机构的设置标准和建设规范，对于不符合这些标准的医疗卫生机构或者其他组织从事安宁疗护服务的，应承担违反行政管理规范的责任。

（二）违反安宁疗护管理规范的行政责任

卫生健康行政主管部门要强化所管辖区域范围内安宁疗护机构的监管，发现其中存在质量问题或者安全风险隐患时，应责令机构立即整改、排除隐患。安宁疗护主管部门在履行监管职责过程中可以采取以下执法手段：一是对安宁疗护服务提供主体实施现场检查，调查核实有关情况，并保留证据资料；二是查阅或者复制质量和安全管理的有关资料；三是责令违规安宁疗护服务提供主体第一时间停止不法行为；四是对违反本规范及有关规定的其他行为进行处理。安宁疗护机构在服务过程中有以下行为的，卫生健康行政主管部门应根据违法行为和具体情节的轻重依法严格处置：一是聘用不符合服务提供资质的专业技术人员从事诊疗等相关活动的；二是质量管理和安全管理存在重大纰漏，造成严重后果的；三是其他违反有关法律法规的情形。

（三）违反麻醉药品、精神药品管理规定的行政责任

麻醉药品、精神药品是一把双刃剑，一方面，其具有极强的难以替代的镇痛止疼功效，是安宁疗护服务过程中减轻患者疾病痛苦不可或缺的药品；另一方面，如果违规、连续、不科学运用麻醉药品、精神药品则极易诱发生

理上的依赖性、成瘾性，一旦药品不当流入非法渠道、地下黑市等，更是会造成严重社会危害后果，甚至出现刑事犯罪。正因为麻醉药品、精神药品具有以上治疗价值和滥用风险双重属性，我国一直采取特殊监管模式，而提供安宁疗护服务的医疗机构是麻醉药品、精神药品临床应用管理的责任主体，应当按照《药品管理法》等对麻醉药品、精神药品监管规定研究制定加强管理适用的具体措施，明确和细化责任部门、相关岗位、责任人员的具体职责，强化对麻醉药品、精神药品购买、存储、调用安全的全流程和各环节管理，详细记录每次取药的病情评估及处方情况，使用及回收管理要做到日清日结、账物相符。在满足安宁疗护需求的同时，防止流入非法渠道具有麻醉药品、精神药品处方权的医师要依据临床诊疗规范、麻醉药品和精神药品临床应用指导原则、药品说明书等，合理使用麻醉药品、精神药品，组织患者进行专业性的疼痛评估，遵循三阶梯镇痛诊疗原则严格选取最为适当的药物。各级卫生行政主管部门要建立长效工作机制，定期开展安宁疗护机构麻醉药品、精神药品现场指导检查，对相关政策执行落实不到位、存在重大安全隐患或由疏于管理造成麻醉药品、精神药品非法流通的，依法严惩法定监管主体、管理使用的医疗机构与主要责任人的法律责任。

此外，专门立法还应当创设专门针对安宁疗护实施过程控制的行政责任。例如，对不严格遵守安宁疗护实施要件的违法行为课以一定的行政责任[①]等。

第四节 违反安宁疗护规范行为的刑事责任

刑事责任是民事责任、行政责任在刑事法律关系中的进一步推演和应用，其间涉及罪与非罪的判定和此罪与彼罪的辨析。正确划定安宁疗护刑事责任的成立，既能够有效地规制医务人员的执业行为，还可以保障安宁疗护

---

① 参见汪志刚：《善终服务的法律调整模式及选择逻辑》，载《中外法学》2022年第4期。

的健康发展。刑法严格遵循罪刑法定原则,刑事法律制度及其具体罪名具有相对稳定性,往往不会因为社会领域的日常更新而发生较大改变。因此,探讨安宁疗护服务中的刑事法律责任应当置于现行刑事法律制度框架中讨论,研究分析这一领域中所涉及的相关罪名。

一、刑事责任概述

刑法理论和实务严格遵循"没有责任就没有犯罪,没有责任就没有刑罚"的基本准则。[1] 刑事责任的有无是判定犯罪是否成立、是否科处刑罚的关键。对刑事责任的认识和理解随着我国刑法学的发展进程,可以说是众说纷纭,大体上可以分为心理状态说[2]、否定性评价谴责说[3]、刑事法律义务说[4]、刑事法律后果说[5]等主流观点。这里笔者不对上述观点进行过多的论述,主要采用学界普遍认同的"刑事法律后果说"观点。安宁疗护的刑事责任是指行为人在进行安宁疗护服务活动中因违反刑事法律规定,实施了犯罪行为而应承受的否定性评价。刑事责任应当保持谦抑性,如果可以运用民事或行政处罚可以达到追究目的,并使受到侵害的法益得到补偿,则无须对行为人进行刑事法律制裁。

社会公众很容易混淆安宁疗护和安乐死问题。临终患者请求安乐死、医助自杀行为是为我国法律所禁止的,国内外也曾发生过医务人员帮助罹患癌症的患者实施安乐死的案件,从而产生是否构成犯罪的争议。受制于不同的历史文

---

[1] 参见黎宏:《关于"刑事责任"的另一种理解》,载《清华法学》2009年第2期。
[2] 参见张旭:《关于刑事责任的若干追问》,载《法学研究》2005年第1期。
[3] 参见曲新久:《论刑事责任的概念及其本质》,载《政法论坛》1994年第1期;李永升、林培晓:《刑事责任在刑法学体系中地位之反思与重构》,载《江西公安专科学校学报》2008年第1期。
[4] 参见张京婴:《也论刑事责任》,载《法学研究》1987年第2期;杨春洗、苗生明:《论刑事责任的概念和根据》,载《中外法学》1997年第1期。
[5] 参见夏红军:《刑事责任概念刍议》,载《湖北经济学院学报(人文社会科学版)》2008年第2期。

化传统、政治经济条件尤其是卫生保健的状况,各国立法对于终末期患者的死亡规制呈现不同的特点,但基本在坚持生命权神圣的法律原则之下尽可能地对建立在个体自我决定权基础上的善终权益予以尊重。① 有些国家或者地区选择确立专门的刑事罪名方式对此种行为进行规制,如奥地利刑法典中就专门规定了"擅行医疗罪",医务人员出于延迟治疗将严重危及患者的生命或健康的考虑,从而在未征求患者意见或取得患者同意的前提下为患者进行治疗,虽然已经施加了防范举措,但依旧未能避免患者因治疗行为而遭受损伤。这种犯罪显然与故意伤害罪存在着本质的不同,因此,奥地利刑法典规定,对于犯有此罪的医务人员仅处以 6 个月以下的自由刑,并且尚需患者告诉乃论。②

二、刑事责任的构成要件

(一)犯罪主体

犯罪主体是指实施与安宁疗护服务有关的犯罪行为,因此需要承担由此行为产生的刑事责任的行为人,包括自然人和单位。由于安宁疗护属于综合性护理模式,提供服务的主体多样化,相应地可能构成犯罪的主体既包括具有医师执业资格的医务人员等特殊主体,也包括实施安宁疗护行为的其他一般主体。为维护安宁疗护服务秩序,推动其健康发展,对于故意扰乱医疗机构及安宁疗护场所正常的工作秩序,抢夺病历、殴打侮辱医务人员、社会工作者等安宁疗护服务提供者的人员,建议作为我们讨论的犯罪主体,将防范此类医闹的罪名纳入专门立法。

(二)犯罪客体

刑事违法的严重社会危害性由犯罪行为侵害的社会关系所决定。具体到

---

① 参见刘兰秋:《比较法视野下医师帮助自杀的刑法评价》,载《刑事法评论》2018 年第 1 期。

② 参见孙乔福、齐文远:《罪名词典》,长征出版社 1999 年版,第 726 页。

安宁疗护领域，侵害的客体往往是复杂客体，可以简单概括为刑法所保护的公民生命健康权利和社会正常管理秩序等，包含患者的生命权、健康权，公共卫生安全，医疗机构的正常管理秩序，卫生行政部门的监管秩序以及社会主义市场经济秩序。

（三）犯罪主观方面

这里主要包括三个方面内容：一是罪过，包含犯罪故意和犯罪过失，如果仅有危害社会的行为及其结果，而没有犯罪故意或者犯罪过失的，一般属于意外事件，不构成犯罪。二是犯罪目的和动机，这是刑事追诉中定罪量刑时所应当考虑的重要情节，尽管动机作为心理活动往往不直接影响具体罪名的确定，但在部分犯罪行为中，目的和动机有可能影响甚至决定罪名的成立与否。三是认识错误。在医疗领域准确认定主观方面具有重大意义，既是判定行为人"罪和非罪"的关键，也是把握"此罪和彼罪"的标准，如在医疗事故刑事案件中犯罪行为人的主观心态只可以是过失，如果医生在医疗活动中以故意的心理态度对患者的身体健康施加伤害，或者故意导致患者死亡的，应当以故意伤害和杀人罪论处。

（四）犯罪客观方面

客观方面是把握罪和非罪、此罪和彼罪、犯罪完成和未完成形态界限以及后续量刑的重要依据，主要由危害行为、损害结果、因果关系、犯罪具体时间、地点等要素组成。危害行为既包括以积极方式实施的违反刑事法律的行为即"作为"，也包括以消极方式表现出的"不作为"犯罪行为。具体到安宁疗护领域，犯罪客观方面表现为犯罪主体的犯罪行为实施完毕后，该行为对于受法律保护的各种社会关系及人身权利造成了不利的法律后果，特别是部分罪名能否成立要求存在严重损害后果，最典型的是医疗事故罪。

三、刑事责任的承担方式

刑事责任的实现，是指国家司法机关在对犯罪分子进行惩罚时所采用的方法与手段。在我国主要实现方式是给予犯罪人刑罚处罚，但其绝不是追究刑责的唯一方式。① 此外，还有以非刑罚手段、采取宣告成立犯罪但不予惩处等方式实现刑事责任。②

一是刑事处罚。现行刑法规定，刑事处罚由主刑和附加刑两部分组成。在实现刑事责任时，审判机关应当依据刑事案件的具体犯罪情节和刑罚适用规则选择适用。在安宁疗护法律责任问题上，以上刑事处罚都有被适用的可能。二是非刑罚处罚方式。主要是指审判机关对于犯罪人适用刑罚之外的各种刑事责任实现方式的总称，是刑事处罚方式的补充，属于广义上的刑事制裁手段的范畴，往往只能适用于犯罪情节较轻微而无须给予刑罚的犯罪人，如赔礼道歉。此外，审判机关可以向因犯罪情节轻微而被免予刑事处分的犯罪人所在单位或主管部门，要求给予该犯罪人相应行政处分的司法建议。以非刑事处罚方式实现医事刑事责任不但体现了宽严相济的刑事政策，还体现了罚当其罪原则在司法审判中的应用。

四、安宁疗护可能涉及的刑法罪名解析

（一）故意伤害等罪名

从刑法角度看，医务人员具有救治职责，即对患者负有治疗疾病与保护其生命健康之义务。在安宁疗护服务中，患者疾病已处于终末期阶段，已无恢复可能，医务人员的任何治愈性医疗措施对患者而言已无意义，没有实施相应治疗之义务。当患者基于身体的自我决定权能表达了有效的医疗决定，

---

① 参见向燕：《我国认罪认罚从宽制度的两难困境及其破解》，载《法制与社会发展》2018年第4期。
② 参见石磊：《论我国刑事和解制度的刑事实体法根据》，载《法商研究》2006年第5期。

放弃维生医疗措施和急救抢救行为，医务人员遵循患者决定帮助患者安详地自然死亡，其行为既没有侵害患者的身体权，也没有侵害患者的生命健康权，反而是对人性尊严的一种尊重，所以医务人员的行为不构成刑事上的责任。但是，如果医务人员违背患方的医疗决定或在没有取得患方有效知情同意的情况下，单方面决定不为终末期患者实施维生医疗和急救抢救措施，或单方面决定撤除终末期患者的维生医疗和急救措施，医师的行为虽然没有侵害患者的生命健康权，但侵害了患者的身体权，在不存在刑事违法与刑事责任阻却事由的情况下，可能构成刑法上的"故意伤害罪"或者"过失致人重伤罪"。同理，对于隐匿、删除、涂改、伪造预先医疗指示或知情同意书的行为，应与前者同等处理。如果医师不为非疾病终末期患者实施维生医疗，或为非疾病终末期患者撤除维生医疗，抑或实施其他加速患者死亡的医疗行为，则同样可能构成上述两个罪名。

（二）医疗事故罪[①]

具体到安宁疗护领域，提供诊疗服务的医务人员严重不负责任，违反诊疗护理规范与具体医疗操作规程，造成患者损害的，可能涉嫌医疗事故罪。在该罪构成要件上需要注意的是，犯罪主体不应包括安宁疗护过程中提供心灵抚慰、辅助照护等服务的社工、志愿者等实施诊疗行为以外的人员。由于医疗行为大部分为团队活动，因而本罪的责任主体也可能涉及实施诊疗行为以外的负责医疗管理的人员。同时，在紧急情况下，行为人因医疗技术水平低而不能发现患者疾病的原因及其严重性，进而进行常规处置，未能救助患者的，不应认定为犯罪。行为人因医疗技术水平不足而建议患者到其他医疗机构治疗，但患者或其家属执意要求行为人治疗，行为人进行常规处置的，即使导致患者人身健康严重损害后果的，也不应成立犯罪。医务人员是否违反法定诊疗义务是明确其是否存在过失的根据，判定其注意能力和意识则应

---

① 《刑法》第335条规定，"医务人员由于严重不负责任，造成就诊人死亡或者严重损害就诊人身体健康的，处三年以下有期徒刑或者拘役"。

以"一般医务人员的认识能力"为标准,且必须根据诊疗、护理方面的诊疗规范和医疗制度,参照所处区域和诊疗技术水平等外在要素加以明确。

(三)非法行医罪

该罪名专指没有获得医师诊疗护理资质的人员非法开展诊疗护理活动,情节严重的行为。[①] 该罪主要侵犯的社会关系是医疗卫生健康工作和医疗执业人员的监管制度,兼顾患者的生命健康权益。行医采取广义理解,即医务人员为了治疗、预防疾病、推广健康等目的,对患者运用专业诊疗知识和医学技术的行为,故安宁疗护中的症状控制、诊疗护理行为属于本罪所规范的行医范畴,但社工、志愿者、慈善人士、宗教人士等提供心理辅导和支持等行为不属于本罪规范的非法行医行为。成立该罪要求严重损害患者身体健康,造成患者死亡,或者其他严重情节的,相关司法解释进一步明确了"情节严重"的认定标准,包括导致患者残疾、功能障碍、受行政处罚两次后再度非法行医等情节严重的情形。本罪现实表现为行为人反复从事非法行医活动,属于典型的职业犯,但不要求以营利为目的,故无论违法行为持续时间有多久,也只得依法判定为"一罪"。在安宁疗护服务中,医疗机构超越服务范围进行医疗活动,或者具备一定医学知识的人擅自开办医疗机构,进行安宁疗护活动的,都可能构成此罪。

(四)虐待罪

该罪是指违法行为人日常性、频繁化对一起居住的家庭人员在身体和精神上施加打骂、限制人身自由、不予治病、故意迫害、侵犯尊严等摧残和折磨,情节恶劣的。需要注意的是,该罪侵犯的对象只能是在同一个家庭当中一起生活居住的父母、孩子、配偶、兄弟姊妹等人员;犯罪行为应当是经常的、连续进行的虐待迫害;动机不影响定罪,但情节严重的才能构成犯罪,如虐待年幼、病残人员,手段卑鄙凶残,长期屡教不改的等。

[①] 参见高铭暄、赵秉志:《新编中国刑法学》,中国人民大学出版社1998年版,第893页。

（五）虐待被监护、看护人罪

该罪是对前一个罪名的细化和完善。近年来，养老机构等虐待老年人、病残人的事件经常出现，一些事件使用手段之残忍，行为情节之恶劣，严重导致受害人的心理和精神状态受到损害，引起全社会公众的集体愤慨、广泛关注。然而，有些案件被害人的伤情经司法鉴定并未达到轻伤标准，不符合故意伤害罪的刑事追诉条件。原有的"虐待罪"的犯罪对象只局限于共同生活的家庭成员，并属于告诉才处理的犯罪，无法有效保障被害人的合法权益。《刑法修正案（九）》新增设的本罪，进一步规范了幼儿园、福利院、养老院等机构中负有监护、看护职责和履行管理责任的人员，将针对家庭成员以外的虐待和迫害一并纳入了法律的保护范畴，弥补了这一司法实践的漏洞，突出法律对社会中可能丧失"话语权"的弱势群体合法权益的保护。[①]因此，安宁疗护服务作为以日常照护和临终关怀为主要行为模式的活动，工作人员可能涉嫌构成该罪名。

（六）侵犯公民个人信息罪[②]

该罪所指向的内容是行为人出售或者提供个人信息的行为，所保护的社会关系（客体）主要是公民的信息安全和社会管理秩序，具体方式主要是非法获取、违规提供所获取的信息的违法行为，主观方面表现为行为人在获取个人信息之后以故意的心理态度实施的侵害行为，但是其非法获取、出售和提供个人信息的目的和动机各不相同。安宁疗护服务涉及不同主体、不同层

---

① 参见杨永浩、黄杰、王亚楠：《北京首例虐待被看护人案开庭 男保姆获刑1年禁业3年》，载正义网，2016年10月12日，https://www.spp.gov.cn/zdgz/201610/t20161012_169290.shtml。

② 《刑法》第253条之一规定，"违反国家有关规定，向他人出售或者提供公民个人信息，情节严重的，处三年以下有期徒刑或者拘役，并处或者单处罚金；情节特别严重的，处三年以上七年以下有期徒刑，并处罚金。违反国家有关规定，将在履行职责或者提供服务过程中获得的公民个人信息，出售或者提供给他人的，依照前款的规定从重处罚。窃取或者以其他方法非法获取公民个人信息的，依照第一款的规定处罚。单位犯前三款罪的，对单位判处罚金，并对其直接负责的主管人员和其他直接责任人员，依照各该款的规定处罚"。

级、不同层次的公民隐私和个人信息，既涉及患者病情，也可以接触到患者的日常生活习惯，甚至是患者家属及其家庭的相关信息，具体包括患者的病历资料、接受安宁疗护服务的相关书面文件、录音录像资料等，有些隐私信息的保管主体还不够明确，保护难度因此也大大增加，易出现侵犯患者及其家属隐私和个人信息的情形，可能成立该罪。

（七）可能涉及的其他犯罪

一是涉及人体器官类罪名，如组织出卖人体器官罪，即使"被害人承诺自愿"也不能阻却该行为实施者承担故意伤害或者其他犯罪的罪责；非法摘取、骗取活体器官行为，在司法实践中，除医务人员不（充分）履行告知义务而摘取患者器官的非法行为外，还包括使用暴力、麻醉等其他手段强制摘取他人人体器官，或者谎称患者人体器官功能衰竭而摘除其器官的违法行为。二是临终患者死亡后还可能涉嫌违背死者生前意愿而非法摘取其器官的行为。现实生活中，公民依法依规捐献人体器官的内容有时会出现在终末期患者的生前预嘱中，故有可能涉嫌构成此罪。此外，安宁疗护服务过程中出现的违反刑事法律规范的行为，还可能包括医疗领域贪污贿赂类犯罪、渎职类犯罪和其他一般主体可以构成的犯罪。

第五节　患者及其家属的法律救济方式

一、传统医疗纠纷救济方式

安宁疗护服务中，医疗机构及其医务人员、工作人员与终末期患者及其家属间可能会出现医疗纠纷，纠纷产生的原因包括但不限于医疗过错、医疗事故、拖欠医疗费、不满医疗效果等方面。《医疗纠纷预防和处理条例》规定了四种[①]法定救济途径,一般而言,针对已经产生的医疗争议,医患双方可以采取该法规明确规定的四种救济方式或者法律法规规定的其他途径解决。具体而言,在提供安宁疗护服务过程中,从患者及其家属的角度,在现有法律救济制度框架下主要可以采取以下六种途径。

(一)自愿协商处理方式

医患双方可以就医疗事故责任、损害赔偿金额等问题进行沟通并自愿磋商,在达成一致协商意见之后通过签署协议书等方式固定下来,后续则依照协议履行,这在法律属性上可以简单归纳为民事诉讼法上的自行和解。此种方式具有以下特点:其一,应以双方自愿为前提,不涉及外部强制力量的介入;其二,原则上不需要第三方参与到和解当中,尽管现实中存在第三方帮助促成当事人双方和解的情况,但整个协商的过程及最终意见的形成并不直接体现第三方的意志;其三,经过协商形成的最终处理意见也不存在强制执行效力。自行和解是处理纠纷时速度最快、成本最低的途径,主要有程序简单便捷、投入成本较小、便于双方履行、不拘泥形式等制度优势。然而,和解协议的达成及全面履行有赖于医疗纠纷双方当事人对各种涉案事实乃至具体细节和有关权利处分的适用规则、方法的理解看法趋于一致的前提之下的,由于医患双方信息不对等、信任度不高、医方处于强势地位等诸多因素,往往采取自行协商方式解决矛盾争议的效果并不十分理想。患方谈判能力弱,特别是大额赔偿或补偿需要具有法律效力的文书作为依据,限制了双方和解的作用。个别案件中患方为达到自己的不合理要求往往采取极端行为,容易导致医方利益受到损害,对于那些真正出现医疗事故案件的医患纠纷,无助于依法、全面追究侵权主体和主要责任人员的相应法律责任。

---

① 《医疗纠纷预防和处理条例》第22条规定,"发生医疗纠纷,医患双方可以通过下列途径解决:(一)双方自愿协商;(二)申请人民调解;(三)申请行政调解;(四)向人民法院提起诉讼;(五)法律、法规规定的其他途径"。

（二）医疗纠纷人民调解处理方式

我国于2010年通过实施的《人民调解法》正式将"人民调解"以立法形式作为法治框架内的纠纷解决机制正式确立下来。随着《医疗纠纷预防和处理条例》的实施，医疗卫生领域适用人民调解机制处理民事争议的法定途径也得以立法确认，人民调解正在成为民事诉讼之外切实解决医患纠纷、化解双方争议、缓和医疗矛盾的重要途径。相对于双方当事人自行和解的处理方式，人民调解是一种具有典型替代性和进阶性的纠纷化解方式，主要具备以下特点：一是相对独立性，与卫生健康行政主管部门直接介入的医疗纠纷处理方式相比，患方对相对中立的"第三方"调解机构的信任程度更高，表现出更加自愿采取该方式解决纠纷的意愿，既能够帮助涉事医方尽快从医疗纠纷中"全身而退"，也有助于患方公平合理地争取到损害赔偿。二是较强专业性。人民调解机构负责居中调解的工作人员往往具备医学、法学相关知识和处理纠纷的专业技能，相较于其他机构，专业性是医疗调解的优势所在。三是较高性价比。通过调解机构调处医患双方的纠纷争议，不收取其他额外费用（鉴定费除外），减轻了患者经济负担。加之程序简便，不拘于程序的限制，效率也相对较高，相较诉讼大幅缩短调解流程。医患双方遵循自愿原则最终形成的处理意见，在后续的执行上也相对安全稳定。当然，运用此方式调解医疗纠纷也存在一定的弊端：一方面，由于调解员不一定全部具备专业的医疗知识，有时当事人对调解人员能否公正处理医疗纠纷存在疑问；另一方面，医疗纠纷调解委员会的地位和经费在实践中存在问题，各地区在处理上并不完全统一，部分地方缺乏经费保障，调解机制的运用并未达到制度预期。在医疗纠纷处理中，运用人民调解的机制和方法应当秉持法治为先、创新社会治理、推动自治自律、合理分担风险等基本理念[①]，努力推动其在安宁疗护服务领域得以更好的应用。

---

① 参见崔玉明：《医疗纠纷人民调解应当秉持的理念》，载《河北法学》2017年第9期。

（三）医疗纠纷行政调解处理方式

该处理方式主要指行政主管部门在自身法定职责和相关权限之内，尊重医患双方对纠纷解决方式的自由选择，对双方确有医疗争议的具体事项展开居中调查核实和化解处置，进一步促使医患双方磋商化解争议的一种具体行政行为。安宁疗护服务中涉事纠纷双方当事人可以自愿选择向争议发生地的基层卫生健康行政主管部门申请行政调解，卫生健康行政主管部门自收到提请医患各方调解申请之日起5个工作日内决定对医疗纠纷是否予以受理。当卫生健康行政主管部门获悉重大医疗纠纷的上报之后，负有第一时间了解纠纷相关情况、引导医患双方依法处理争议的法定职责，在双方自愿的前提下可以支持和鼓励他们采取行政调解制度处理争议。然而，实务中以行政机关调解的方式处置医疗领域纠纷的占比相对不高，此种处理方式的积极作用因此难以发挥预期效果，主要原因主要有以下几方面：一是行政主管部门对医疗机构负有监督管理职责，两机构联系较为紧密，在医疗调解中缺乏所处角色和地位的中立性，患方往往会对医疗行政调解的公正、合理和客观属性提出疑问，认为无论是医疗调解委员会还是行政机关不免与医疗机构存在一定的牵连关系，从而对调解过程和结果缺乏信心，患者不愿选择该种医疗纠纷处理方式。二是实践中一旦出现医疗事故，卫生健康行政主管部门的行政处罚会对涉事医疗机构及其医务人员造成负面评价和影响，医方自然也没有向卫生健康行政主管部门申请调解的主动意愿。三是卫生健康行政主管部门作为医疗卫生领域的监管主体和责任人，有时也不愿意卷入医患纠纷当中。

（四）行政投诉途径

卫生健康行政主管部门对侵害患者权益的违法行为负有监督和查处职责[1]，患者及其家属可以针对安宁疗护过程中医疗机构及其医务人员存在的违法违规行为向卫生健康行政主管部门进行举报投诉，请求对涉嫌违规的行

---

[1] 参见高丛林：《浅论医疗投诉之法律监督与权利救济》，载《中国卫生法制》2020年第3期。

为开展调查。特别是当发生医疗事故时，行政投诉途径是相对优先的救济方式。《医疗事故处理条例》进一步规范了行政投诉运行程序，对因医疗事故引发的医患纠纷，当事人既可以向有管辖权的部门申请投诉处理，也可以向法院提起民事诉讼，审判机关在审理案件的过程中也可以依职权委托医学会等鉴定机构对医疗事故进行专业性的技术鉴定。"医疗事故"本质上属于行政监管领域概念，调查与处理过程中更侧重于强调对涉事机构和责任人员的追究，是否构成医疗事故并不是由人民法院进行认定的，需经过医疗事故鉴定，民事诉讼中认定是否构成医疗损害责任也并不需要以构成医疗事故为前提。卫生健康行政主管部门在收到涉及安宁疗护服务领域的纠纷举报投诉后，应当进行调查核实，根据具体违法事项和违法情节可以给涉事机构与医务人员行政处分或者处罚，涉事行为涉嫌犯罪、违规违纪的，则应将案件线索和人员移交至有关单位依法追责。如果患方对负责调查处置的行政机关的投诉处理结果不服，可以向上一级卫生健康行政主管部门等有管辖权的单位申请行政复议。行政投诉本身不具有处理医患纠纷的功能和价值，其主要任务在于履行医疗安全监管责任，查处医疗违法行为，由于其附带了调查医疗事故的基本职能和工作要求，对医疗纠纷的解决具有重要意义，也可视为患方的救济途径。

（五）医疗纠纷仲裁处理方式

医疗纠纷仲裁是医疗纠纷双方当事人在争议发生之前或者正在处之中自愿形成相关协议，约定同意将双方争议事项提交约定的仲裁机构进行裁决，由受理仲裁申请的机构根据争议情况通过调查核实作出对双方当事人均具有约束力的最终处理意见（裁决）的纠纷处理方式。仲裁处理方式本身就有着提请的自愿性、审查的专业性、过程的保密性、程序的快捷性、裁决的终局性等制度特征和手段优势，既能保证调查处理过程的客观公正，又能保护涉案双方当事人的隐私，满足当事人解决纠纷的现实需求，更有助于推动形成纯粹、和谐、良善的正常医患关系。目前，我国部分地区和城市已经在医疗纠纷调处化解领域试点运用仲裁的方式，积累了大量有益经验。例如，早在2010年实施的《深圳市医患纠纷处理暂行办法》中就明确规定了仲裁机构应受理根据有效仲裁协议提出的医疗纠纷案件申请,并进一步要求政府机关应当完善医患纠纷仲裁机制,这一机制最终在2016年通过实施的《深圳经济特区医疗条例》中得以正式确立、规范健全。为进一步落实相关机制要求,深圳专门成立了医患纠纷仲裁院履行审理医疗争议仲裁案件的职责。但是,医疗纠纷仲裁在我国发展仍然薄弱,仅在极少地区(尤其以南方地区为主)发挥实际作用。[1]

(六)司法救济途径

司法救济是指司法机关在司法裁判过程中运用司法权严格依照法律规定对公民合法权利的救济。主要具有以下特点:一是审理的独立性,法院的司法活动不受任何组织与个人的干涉,这是我国现行宪法确立的一项根本准则;二是救济的被动性,审判机关秉持民事纠纷"不告不理"的原则,严格按照相关规定履行法定职责、实施救济行为;三是严格的程序性,司法途径设定诸多程序性权利旨在保障实体权利的实现;四是绝对的权威性,法院作为我国司法审判机关,其作出的裁决具有国家权威和公信力;五是司法的终局性,司法途径是法律明确规定的当事人民事权益救济的最后一道关口,在理论上亦称司法最终解决原则。安宁疗护服务中产生的各类纠纷,在相关法律制度尚不完善的情况下,由审判机关介入裁判医疗机构及其医务人员诊疗行为的合法性,以及患者的代理人和监护人是否滥用医疗代理权等,是相对合理、科学、规范的制度设计。安宁疗护法律关系的当事人对期间产生的纠纷协商不成的,患者及其家属可以直接向人民法院提起诉讼,患方需要提供证据证明医疗损害责任的构成要件向医疗机构主张损害赔偿,而医疗机构则需要通过证明不存在医疗过错等免责事由予以抗辩,必要时可以申请医疗技术专业鉴定或者申请医疗相关专家辅助人出庭。当事人双方如果未能尽到自己所应当承担的举证责任,则需要承担由此产生的相应的不利诉讼后果。然

---

[1] 参见韩晗等:《仲裁在医疗纠纷案件处理中的作用》,载《中国司法鉴定》2021年第6期。

而，司法救济途径也具有诉讼周期长、各类成本相对较高的特点。

自身权利受到侵害的患者及其家属除了可以申请人民法院启动审判程序，案件当事人也可向检察院申请监督。人民检察院作为法律监督机关，有权对法院的审判活动依法开展监督工作，发现已经生效的裁判违法的，应依法运用法律赋予的检察监督手段，以抗诉或者制发检察建议等方式予以监督纠正。安宁疗护服务纠纷当事人应当在法定期限内向检察机关提出法律监督申请，但检察机关依职权启动法律监督程序不受当事人申请的期限限制。检察机关在民事诉讼活动中开展法律监督工作，不是单纯为了当事人的私权救济，其法律监督职能重在保障安宁疗护法律制度借助民事诉讼等救济途径得以全面准确及时实现。

二、检察公益诉讼

（一）检察公益诉讼制度在医疗领域的适用

1. 聚焦药品监管领域，保障消费者合法权益

食药安全是检察公益诉讼工作的传统法定领域，基本实现对监督行政机关履行法定职责的行政类公益诉讼案件和侵犯众多消费者权益的民事类公益诉讼案件的全部涵盖。检察机关针对药品经营行业医疗机构违规使用医疗器械药品、无证经营、虚假广告宣传、未依法依规向消费者提供购销凭证、网络平台不规范销售处方药等问题，采取某一具体医疗机构或者相关医疗领域的专项监督等方式，通过向相关行政机关制发诉前检察建议，促成行政机关依法履职，有效规范药品经营行业乱象，切实维护了广大人民群众在该领域的合法权益。例如，2022年12月，最高人民检察院向社会公开发布了药品安全领域8件典型案例，盯紧药品生产、销售、使用、宣传、寄递等各环节的安全风险隐患问题；又如，浙江省海盐县人民检察院整治养生保健领域虚假宣传、销售假劣药乱象，充分发挥公益诉讼职能作用，切实保障人民群众用药安全。

2. 关注个人信息保护，维护就诊人隐私等权益

各类医疗机构掌握大量就诊人健康信息，如无法实现有效管理和规制，不仅会产生非法商业营销的市场乱象，更将严重侵犯患者及其家属的合法权益，如浙江省某检察机关督促行政机关保护患者等就诊人信息的公益诉讼案件。[①] 涉案的摄影公司员工等人为对外推广营销的需要，通过非法渠道购买、串换等方式从本地多家医疗卫生机构先后获取1万余条就诊人相关个人信息，向他人出售、提供上述信息，严重侵害就诊人隐私和个人信息权益。检察机关针对这一领域依法督促行政机关履行监管职责，助推社会治理，构建长效机制，推动医疗机构加强源头管控。

3. 督促区域内医疗废水废物规范处置

医疗废水废物处理不当不仅可能导致水体土质污染，更可能对人民群众的身体健康造成难以估量的损害，甚至对公共卫生安全带来潜在隐患。如检察机关发现医疗机构医疗废水处理设施老化、未运行甚至缺失，将未经处理的医疗废水排入城市排水管网，违反《医疗机构水污染物排放标准》等规定，危害生态环境和人民身体健康，可通过检察建议方式督促行政主管机关完善废水处理设施，加强对医疗机构废水排放的控制监管，用实际行动守护群众美好生活。

4. 其他具体领域应用

检察机关通过公益诉讼助推医疗领域从业禁止，2022年初，鹤岗市南山区检察机关向市卫生健康委员会发出公益诉讼诉前检察建议书，督促卫健部门注销两名执业医师的执业证书，并建议加强对医疗行业违反从业禁止情形开展全面排查。为确保医疗保险基金使用安全，检察机关切实履行国有财产保护公益诉讼检察职能，积极开展医保领域专项整治，通过办理医疗损害责任纠纷案件发现可能存在医疗保障行政部门怠于履行医保基金监督管理职责等问题线索，经过调查核实，向行政主管机关提出诉前检察建议，堵塞医保基金管理漏洞，保证医保基金完全充分用于治病救人。

---

① 参见检察机关个人信息保护公益诉讼典型案例，2021年4月22日发布。

（二）安宁疗护领域引入公益诉讼的理论和实践基础

检察公益诉讼具有开放性，这是由公共利益的广泛性和维护公益的全面性所决定的。① 党的十九届四中全会在公益诉讼制度正式确立且日趋成熟后，进一步部署"拓展公益诉讼案件范围"的工作方向。2021年，《中共中央关于加强新时代检察机关法律监督工作的意见》细化了完善公益诉讼的具体制度设计，为强化法律监督职能，进而对公益诉讼条线提出"积极稳妥拓展公益诉讼案件范围"的要求，并指明下一步改革目标和工作任务。2020年9月，最高人民检察院公益诉讼检察厅为指导案件范围拓展工作出台了专门意见，明确了新领域案件立案应当同时满足严重危害性、明显违法性、制度机制失灵或者明显短板、普通救济途径无法有效保护等条件，这为规范和引导公益诉讼案件范围和办理领域的稳妥拓展提供重要指引。依据该规范要求，将公益诉讼制度引入安宁疗护领域具有可行性。

1.安宁疗护服务具有典型公益属性

社会公共利益是检察公益诉讼的根本所在和判断标准，是区别于以个体利益保障为目的的传统民事、行政诉讼，进而影响拓展案件受案范围的重要因素。社会公益呈现公共受益性、真实客观性、公众普惠性、非竞争性以及非排他性，要求服务应当是为社会共同体的整体生存发展和绝大多数人群获得利益，追求单个个体成员的根本权益、公平正义和社会总体效益的全面提升。② 以上四项属性是判断某一研究对象能否归类于公共利益的主要依据。安宁疗护符合公共利益的要求，服务的目的在于保障人人享有医疗服务的条件和资源，不是个体利益的简单相加，而是要满足对临终关怀、安宁疗护服务的多元化需求，同时引领社会形成健康科学的人生理念、死亡观念。由此可见，该项服务不仅为每一位患者及其家属、亲友在患者生命最后阶段提供

---

① 参见应勇：《以习近平法治思想为指引 加快推进检察公益诉讼立法》，载《人民检察》2023年第21期。

② 参见黄梅、张雪晖：《公益诉讼解决医疗保险争议的可适性论证》，载《中华医院管理杂志》2023年第9期。

全方位的身心照护和人文关怀，提高可预期生命质量，也在于应对人口老龄化问题、协调较为紧缺的医疗资源、综合多学科多元力量、培育新型业态，保障社会公众总体健康发展，始终彰显着突出的公益属性。

2. 符合公益诉讼新领域案件拓展的构成要件

安宁疗护服务涉及社会公共利益，关乎患者生命健康权、自主决定权两项具有根本性的权益，对患者、亲友乃至社会公众的心理、精神、理念等维度产生影响，存在潜在重大风险，属于广大社会公众反映强烈的现实问题。同时，近年来全国检察机关持续深化对妇女、老年人、残疾人、军人、新业态劳动者、农民工等特定群体权益保护，以此为指向充分彰显检察公益诉讼制度优势，终末期患者作为安宁疗护服务对象属于需要关注保护的特定群体，可以重要领域和重点人群为思路推动构建安宁疗护检察公益诉讼制度。侵害终末期患者生命健康权益的行为违反了法律的强制性规定，具有明显的违法性。安宁疗护尚处于正在试点推广的起步发展阶段，相关制度机制不健全，适用医疗领域行政执法制度容易出现一些不适应的情况，甚至有时会严重失灵，难以有效解决涉及的公益侵害问题。医疗纠纷案件一直存在取证难、审理难、解决难等问题，某些疑难复杂情况难以通过普通民事、行政、刑事诉讼有效保护患者权益，安宁疗护纠纷以医疗相关问题争议为主体，加之存在一定的伦理风险，处理难度更高，涉及制度监管领域存在的漏洞缺乏其他适格主体可以提起诉讼。因此，安宁疗护行为和服务活动满足指导意见中关于从严把握新领域、新类型案件的应用条件。

3. 发挥公益诉讼预防性功能，做好安宁疗护前端治理

检察公益诉讼制度已经从发生公益侵害后堵塞问题漏洞向预防制度性风险、全过程提前监管的前端延伸，积极探索预防性公益诉讼。安宁疗护服务体系的建立和完善需要"治理"与"预防"的有机结合，拓展安宁疗护领域医疗服务安全检察公益诉讼，是构建系统完善的制度体系的长久之策。安宁疗护服务的监督与管理隐含着规范盲区、行动滞后、资源制约等行政治理风险，检察公益诉讼是现有制度规范的合理延伸，有助于扼制医疗卫生安全的风险源头，发挥补充作用，通过司法保护推动行政机关、社会、企业、医疗

机构、公益组织等协同发力形成共治共建格局。社会公共利益受到严重损害尽管可能发现于个人利益受损之后，但其风险萌发和损害发生的时间一定早于个人利益受损之前，需要借助外部监管手段用更加快速的反应机制予以规范。检察公益诉讼一直处于社会风险防范和源头治理的前端位置，作为法律监督机关的检察机关可以在治理体系完善和建设中发挥制约、补充作用，成为相关制度体系构建完善、从顶层设计到实践落地的重要一环。

（三）安宁疗护检察公益诉讼制度设计

1. 安宁疗护检察公益诉讼的面向

检察公益诉讼制度的开拓和探索为世界范围内各国建立公益司法保护制度、推动相关理论创新提供了切实管用的"中国方案"。近年来，新制定实施或者修改的如反电信网络诈骗法、妇女权益保障法等多部法律规范，集中载入检察公益诉讼条款，为检察机关强化职能作用发挥、保护国家和社会公益提供了规范层面的依据。依据民事和行政诉讼法关于公益诉讼的现行法律规定基础上，坚持积极稳妥的案件范围和领域的拓展原则，以安宁疗护地方立法形式，在制度构建之初就将检察公益诉讼引入其中，督促行政机关全面履行监管职责，推动安宁疗护机构加强源头管理，推进安宁疗护事业高质量发展，健全服务受益者权利救济渠道，有力保障患者及相关人员的各项合法权益。

一是行政公益诉讼。行政公益诉讼在检察公益诉讼履职实践中占据重要位置，最高人民检察院《公益诉讼检察工作白皮书（2023）》显示，2023年全年检察机关办案数据中公益诉讼案件立案数为189885件，其中行政类案件167776件，占比高达88.4%。按照现有法律规定，可以采取行政公益诉讼模式解决的纠纷争议应当符合以下两方面要求：一方面，法律规定负有监管职权的行政机关违法履行或者未履行相应职权；另一方面，行为应当涉及现阶段抽象的国家或者社会维度的公益。开展法律监督、提出检察意见不是履职的最终目的，不安风险治理才是公益诉讼的制度面向。安宁疗护服务的行政监管部门违法（或者不）行使职权，涉及社会公益的，办案的检察机关在诉前制发检察建议予以督促，负有法定职责的机关逾期未履行自身职责或者整改纠正的，检察机关应当向法院提起诉讼，坚持清理整治和规范发展相结合，推动建立长效制度机制，从而弥补安宁疗护的监管风险，维护安宁疗护领域诊疗秩序。

二是民事公益诉讼。患者及其家属除可以对安宁疗护服务过程中产生的纠纷提起民事诉讼外，也可以向检察机关提供公益诉讼的案件线索。检察机关在履行法律监督职责中发现安宁疗护服务领域侵害众多患者（包括其亲友）合法权益等行为，在法律没有规定或者规定的机关组织未提起诉讼的情况下，可以直接向法院提起公益诉讼。

2. 具体适用情形

依据现行法律规定和司法实践探索，患者及其家属在接受安宁疗护服务过程中存在以下情形，导致社会公共利益受损的，检察机关可以依法提起公益诉讼：（1）消费者权利保护方面，医疗行业经营者提供存在缺陷的医疗产品或者诊疗服务，侵犯或者可能侵犯众多消费者、就诊人、患者的合法权益的；（2）公共安全方面，安宁疗护服务机构未尽到安全保障义务，服务场所、空气、水质等项目不符合国家卫生标准和要求，存在公共安全隐患的；（3）安宁疗护机构强制采集、非法提供患者及其亲属敏感个人信息，造成信息泄露安全隐患的；（4）销售使用假（劣）药品，以及违规采购、出售、使用麻精等管控药品的；（5）安宁疗护服务行业其他违法违规行为，侵犯患者合法权益，损害社会公共利益的。